Napoleon Hill

PENSE e ENRIQUEÇA

para o leitor de hoje

CITADEL
Grupo Editorial
2025

Título original: *Think and Grow Rich / Think and Grow Rich for the Modern Reader*

Pense e enriqueça para o leitor de hoje

1ª edição: Junho 2025
Direitos reservados desta edição: Citadel Editorial SA

O conteúdo desta obra é de total responsabilidade do autor e não reflete necessariamente a opinião da editora.

Autores:
Napoleon Hill e Fundação Napoleon Hill

Tradução:
Lúcia Brito, Mayã Guimarães e Débora Isidoro (bônus)

Preparação de texto:
Ronald Polito e Flavia Araujo (bônus)

Revisão:
3GB Comunicação e Daniela Georgeto

Projeto gráfico:
Jéssica Wendy

Capa:
Bruno Ortega

Impressão:
Plena Print

DADOS INTERNACIONAIS DE CATALOGAÇÃO NA PUBLICAÇÃO (CIP)

Hill, Napoleon, 1883-1970
Pense e enriqueça para o leitor de hoje / Napoleon Hill ; Fundação Napoleon Hill ; tradução de Lúcia Brito, Mayã Guimarães e Débora Isidoro. — Porto Alegre : Citadel, 2025.
400 p.

ISBN 978-65-5047-645-8
Título original: Think and Grow Rich For the Modern Reader

1. Enriquecimento 2. Autoajuda 3. Sucesso 4. Motivação I. Título II. Fundação Napoleon Hill III. Isidoro, Débora

25-2400 CDD 158.1

Angélica Ilacqua - Bibliotecária - CRB-8/7057

Produção editorial e distribuição:

CITADEL
Grupo Editorial

contato@citadel.com.br
www.citadel.com.br

PENSE E ENRIQUEÇA
PARA O LEITOR DE HOJE

A fórmula de Andrew Carnegie para se ganhar dinheiro, baseada nos treze passos comprovados para a riqueza, é ensinada pela primeira vez.

Organizado ao longo de 25 anos de pesquisa em colaboração com mais de quinhentos homens de grande destaque e riqueza, que comprovaram por suas realizações a aplicação prática desta filosofia.

POR NAPOLEON HILL

Autor da filosofia da Lei do Sucesso (1937)

QUAL É A COISA QUE VOCÊ MAIS QUER?

DINHEIRO, FAMA, PODER,
CONTENTAMENTO, PERSONALIDADE,
PAZ MENTAL, FELICIDADE?

Os treze passos para a riqueza descritos neste livro oferecem a mais resumida e confiável filosofia de realização pessoal já apresentada para o benefício do homem ou mulher que esteja em busca de um objetivo definido na vida.

Antes de dar início à leitura, será de enorme proveito você ter em mente que este livro não foi escrito para entretenimento. Você não conseguirá assimilar o conteúdo de modo apropriado em uma semana ou um mês.

Depois de ler todo o livro, o Dr. Miller Reese Hutchinson, consultor de engenharia nacionalmente conhecido e sócio de longa data de Thomas A. Edison, disse:

> Este não é um romance. É um compêndio de realizações individuais oriundo diretamente das experiências de centenas dos homens mais bem-sucedidos da América. Deve ser estudado, digerido, e depois deve-se meditar a respeito. Não mais que um capítulo deve ser lido em uma só noite. O leitor deve sublinhar as frases que mais o impressionam. Mais tarde, deve voltar aos trechos marcados e relê-los. Um estudante sério não apenas lerá este livro, ele absorverá o conteúdo e o tornará seu. O livro deve ser adotado por todas as escolas de ensino médio, e nenhum menino ou menina deve se formar sem ser aprovado satisfatoriamente em um exame sobre seu conteúdo. Esta filosofia não substituirá as disciplinas ensinadas nas escolas, mas permitirá organizar e aplicar o

conhecimento adquirido e convertê-lo em serviço útil e remuneração adequada sem perda de tempo.

O Dr. John R. Turner, reitor da Faculdade da Cidade de Nova York, depois de ler o livro, disse: "O melhor exemplo da solidez desta filosofia é seu filho, Blair, cuja história dramática você descreve no capítulo sobre desejo". Turner refere-se ao filho do autor, que, nascido sem capacidade auditiva normal, não apenas evitou se tornar um surdo-mudo, como também converteu a deficiência em um ativo inestimável, aplicando a filosofia aqui descrita. Depois de ler a história de Blair Hill (no capítulo 1), você perceberá que está prestes a se apossar de uma filosofia que pode ser transmutada em riqueza material ou servir prontamente para proporcionar paz mental, compreensão, harmonia espiritual e, em alguns casos – como o do filho do autor –, ajudar a dominar problemas físicos.

A MANEIRA MAIS PROVEITOSA DE USAR ESTE LIVRO

Ao analisar pessoalmente centenas de homens de sucesso, o autor descobriu que todos mantinham o hábito de trocar ideias por meio do que é comumente chamado de conferência. Quando tinham problemas a resolver, sentavam-se juntos e conversavam à vontade até descobrir, a partir do conjunto de ideias apresentadas, um plano adequado a seus propósitos.

Você obterá o máximo proveito da leitura deste livro colocando em prática o princípio do MasterMind aqui descrito. Você pode fazer isso (como outros que o fazem com sucesso) formando um clube de estudo composto por pessoas amigáveis e harmoniosas. O clube pode ter qualquer número de membros de sua escolha e deve se reunir em períodos regulares, se possível, uma vez por semana. O procedimento deve consistir na leitura de um capítulo do livro a cada reunião; a seguir, o conteúdo do capítulo deve ser discutido livremente por todos os membros. Cada integrante deve fazer anotações, registrando todas as ideias inspiradas pela discussão. Cada associado deve ler e analisar cuidadosamente cada capítulo vários dias antes da leitura e discussão no clube. A leitura no clube deve ser feita por alguém que leia bem e saiba colocar vivacidade e sentimento nas frases.

Ao seguir esse plano, todo leitor obterá destas páginas não apenas a soma total do melhor conhecimento organizado a partir das experiências de centenas de homens de sucesso, mas, muito mais importante, acessará novas fontes de conhecimento na própria mente, bem como adquirirá de todos os demais presentes conhecimento de valor inestimável. Se você seguir esse plano de modo persistente, com certeza descobrirá e se apropriará da fórmula secreta pela qual Andrew Carnegie adquiriu sua enorme fortuna, conforme mencionado na introdução do autor.

ELOGIOS DE GRANDES LÍDERES AMERICANOS AO AUTOR

Pense e enriqueça ficou 25 anos em elaboração. É o mais novo livro de Napoleon Hill, baseado em sua famosa filosofia da Lei do Sucesso. Seu trabalho e seus livros têm sido louvados por grandes líderes do mercado financeiro, da educação, da política e do governo.

Suprema Corte dos Estados Unidos

Washington, D.C.

Prezado Sr. Hill
Tive a oportunidade de concluir agora a leitura de seus textos da Lei do Sucesso e desejo expressar minha apreciação pelo esplêndido trabalho que você fez na organização dessa filosofia.

Seria proveitoso se todos os políticos do país assimilassem e aplicassem os 17 princípios nos quais suas lições se baseiam. Elas contêm um ótimo material, que todo líder em todas as áreas de atuação deve entender.

Fico feliz por ter tido o privilégio de lhe prestar uma pequena ajuda na organização desse curso esplêndido de filosofia do "bom senso".

Atenciosamente,

– William Howard Taft

(Ex-presidente dos Estados Unidos
e ex-presidente da Suprema Corte)

O rei das lojas de cinco e dez centavos

Mediante a aplicação de vários dos dezessete elementos da filosofia da Lei do Sucesso, construímos uma grande rede de lojas bem-sucedidas. Presumo que não seja exagero dizer que o Edifício Woolworth bem poderia ser considerado um monumento à solidez desses princípios.

– F. W. Woolworth

Um grande magnata da navegação a vapor

Sinto-me em dívida pelo privilégio de ter lido a Lei do Sucesso. Se eu dispusesse dessa filosofia há cinquenta anos, suponho que teria alcançado tudo o que consegui em menos da metade do tempo. Espero sinceramente que o mundo o descubra e o recompense.

– Robert Dollar

Famoso líder sindical americano

O domínio da filosofia da Lei do Sucesso equivale a uma apólice de seguro contra o fracasso.

– Samuel Gompers

Um ex-presidente dos Estados Unidos

Não posso deixar de parabenizá-lo pela persistência. Qualquer homem que dedique tanto tempo (...) deve necessariamente fazer descobertas de grande valor para os outros. Fiquei profundamente impressionado com a interpretação dos princípios do MasterMind que você descreveu com tanta clareza.

– Woodrow Wilson

Um príncipe mercador

Sei que seus dezessete elementos fundamentais do sucesso são sólidos porque os tenho aplicado em meus negócios há mais de trinta anos.

– John Wanamaker

Maior fabricante mundial de câmeras

Sei que você está fazendo um tremendo bem com sua Lei do Sucesso. Não me daria ao trabalho de fixar um valor monetário nesse treinamento porque este traz ao aluno qualidades que não podem ser mensuradas apenas em dinheiro.

– George Eastman

Um empresário de renome nacional

Todo o sucesso que obtive devo inteiramente à aplicação dos seus dezessete princípios fundamentais da Lei do Sucesso. Acredito ter a honra de ter sido o seu primeiro aluno.

– William Wrigley Jr.

SUMÁRIO

PREFÁCIO
DA EDIÇÃO BRASILEIRA

Até hoje, frequentemente procuro pensar em como posso atingir minhas metas, manter a visão e o legado que construí e materializar os sonhos que me energizam. Por isso, desde aquele outono de 1978, continuo estudando e pesquisando os textos do meu mentor. Mas para você que ainda não leu *O manuscrito original,* de Napoleon Hill, o que foi esse outono de 1978?

Sou o sétimo filho de uma família de onze irmãos. Meus pais eram colonos em uma fazenda próxima de Monte Carlo, vilarejo do oeste catarinense. Vivíamos todos com um salário mínimo. Na década de 1960, a cidadezinha tinha pouco mais de oitenta famílias, que trabalhavam na extração de araucária. Não bastasse a vida difícil, árdua, que por natureza já nos exigia enormes esforços, havia para mim um desafio ainda maior. Uma espécie de fantasma assustador rondava sempre à minha volta. Esse monstro aterrorizante era a minha timidez. Um misto do legado da orientação familiar e da rigorosa cultura religiosa a que fui submetido. Cresci como um tipo acanhado, fechado em mim, uma ostra. Falar com as pessoas era uma verdadeira tortura. O contato social me parecia impossível, havia uma barreira intransponível. Assim, a timidez, inimiga contumaz, foi o grande obstáculo a ser vencido na infância e adolescência. Minha mãe ensinou-me a ler na Bíblia, e foi esse o meu primeiro contato com a cultura. Quando entrei na escola, já sabia ler, o que naquela época e naquela região agrícola era algo raro. Isso de certa forma moldou meu caráter e me ajudou a desenvolver o gosto pela leitura. Tinha e tenho na Bíblia uma inesgotável fonte de conhecimento. Cheguei a Balneário Camboriú com nove para dez anos de idade. Vendia picolé na praia, engraxava sapatos na rodoviária, vendia lenha de casa em casa e carregava pacotes do caixa do supermercado até os carros para ganhar gorjeta. Dessa forma ajudava no sustento da casa. Segundo a orientação da igreja que nossa família frequentava, as crianças não podiam jogar bola nem ver televisão. Praia somente para trabalhar — para se divertir, era pecado. Como alternativa de lazer, restou-me apenas a leitura. No bairro de periferia onde morávamos, havia uma biblioteca pública a duas ruas da minha casa. Foi o meu *playground*. Aos quatorze anos, uma leitura teve efeito significativo em minha vida e marcou um novo momento. No outono de 1978, tive contato pela primeira vez com os manuscritos, de Napoleon Hill. Esse livro ajudou a curar uma das minhas feridas mortais, que era o medo da pobreza. Foi uma leitura de enorme ajuda. Fez-me decidir de uma vez por todas como eu realizaria meus objetivos. Unificou meu pensamento e proporcionou um caminho direto e claro para alcançar o que eu desejava. Aprendi no livro que mais de 90% das pessoas ricas não nasceram ricas. E que o fato de terem nascido pobres se tornou uma vantagem competitiva ao longo da vida, pois descobriram que problemas não matam. O livro me fez entender que eu não era pobre. Eu apenas não tinha dinheiro no momento. E isso foi libertador! Enchi-me de esperança, e, ao sair à rua no dia seguinte, meu ânimo era outro, meu olhar para o mundo era outro. Passei a cumprimentar as pessoas e fiz um planejamento que transformou minha vida de forma surpreendente. Quem me conhece hoje não reconhece o menino que saiu de Monte Carlo para conhecer Napoleon Hill numa biblioteca pública de Balneário Camboriú. Tornei-me professor universitário, palestrante internacional, ouvidor convidado da ONU. Meus livros já foram publicados em três continentes.

Como já disse naquela edição, o grupo editorial Citadel me comunicou que havia adquirido os direitos autorais do primeiro livro de Napoleon Hill (*Law of Success*) e que lançaria a versão original inédita no Brasil, com o título *O manuscrito original*. Emocionado, lembrei-me de toda a minha trajetória e fiquei lisonjeado e animado com a oportunidade de poder ajudar mais pessoas a percorrer o mesmo caminho. Esse é o meu legado.

Desta vez não é diferente. Este livro que está em suas mãos é o título mais conhecido de Napoleon Hill no mundo. *Pense e enriqueça* se apresentou como uma possibilidade mais sucinta de acesso aos conceitos de Hill, principalmente para aqueles que ainda não tinham tido nenhum contado com os manuscritos de *Law of success*. Essa edição foi capaz de transpor as barreiras territoriais, políticas e de linguagem, sendo traduzida para muitos países, com mais de cem milhões de cópias vendidas e um número infinito de vidas impactadas direta e indiretamente por sua mensagem. Sim, é este o material que chega em suas mãos agora: a versão original de 1937, com nova tradução e editado de maneira primorosa. O livro, que já era um sucesso no Brasil, agora chega com uma edição mais do que especial, chancelada pela Fundação Napoleon Hill internacional. Mesmo com o decorrer de muitas décadas, ele continua atual, original e totalmente aplicável à realidade moderna.

Quando falo de minha vida, não o faço por vaidade. Acredite! É porque sei que minha história tem, sim, um valor pedagógico. Como a vida de qualquer pessoa, aliás. Conto minha história para dizer que tenho plena convicção de que eu não teria realizado nenhum de meus sonhos se não tivesse me dedicado ao desenvolvimento contínuo.

Espero que, assim como fez comigo, as pérolas de Napoleon Hill lhe ensinem que o potencial está em você, e, independentemente de sua condição financeira atual, você não é pobre, porque aquilo que tem dentro de você vale muito mais do que o ouro. Tudo o que sua mente pode imaginar, você pode realizar, nunca se esqueça disso.

– JAMIL ALBUQUERQUE
Presidente do MasterMind e representante
da Fundação Napoleon Hill para a língua portuguesa

PREFÁCIO DO AUTOR

Em todos os capítulos deste livro é feita menção ao segredo de ganhar dinheiro que produziu as fortunas de mais de quinhentos homens tremendamente ricos que analisei com cuidado ao longo de muitos anos. O segredo foi trazido à minha atenção por Andrew Carnegie há mais de 25 anos. O sagaz e adorável velho escocês jogou-o despreocupadamente à minha mente quando eu não passava de um garoto. A seguir, recostou-se na cadeira com um brilho alegre nos olhos e me observou atentamente para ver se eu tinha cérebro suficiente para entender o pleno significado do que ele dissera.

Quando viu que eu havia captado a ideia, indagou se eu estaria disposto a passar vinte anos ou mais preparando-me para apresentá-la ao mundo, aos homens e mulheres que, sem o segredo, poderiam levar a vida como fracassados. Eu disse que sim e, com a cooperação de Carnegie, mantive minha promessa.

Este livro contém o segredo que foi testado na prática por milhares de pessoas de quase todos os níveis de vida. A ideia de Carnegie era a de que a fórmula mágica que lhe proporcionou uma fortuna estupenda deveria ser colocada ao alcance das pessoas que não dispõem de tempo para investigar como se ganha dinheiro, e ele esperava que eu pudesse testar e demonstrar a solidez da fórmula por intermédio da experiência de homens e mulheres de todas as profissões. Ele acreditava que a fórmula deveria ser ensinada nas escolas e faculdades públicas e era da opinião de que, se transmitida de maneira certa, revolucionaria o sistema de ensino de tal maneira que o tempo despendido na escola poderia ser reduzido a menos da metade.

A experiência com Charles M. Schwab e outros jovens do mesmo tipo convenceu Carnegie de que muito do que é ensinado nas escolas não tem valor algum no que se refere a ganhar a vida ou acumular riquezas. Ele chegou a essa conclusão porque tomou vários jovens sob seus cuidados, muitos deles com pouca escolaridade, e, ao treiná-los no uso dessa fórmula, desenvolveu neles uma rara liderança. Além disso, o treinamento produziu fortuna para todos que seguiram suas instruções.

No capítulo sobre fé, você lerá a espantosa história da organização da gigante United States Steel Corporation, concebida e executada por um dos jovens com os quais Carnegie provou que sua fórmula funcionará para todos que estejam prontos para ela. Essa aplicação singular do segredo pelo jovem Charles M. Schwab proporcionou-lhe uma enorme fortuna, tanto em dinheiro quanto em oportunidade. Essa aplicação específica da fórmula valeu, grosso modo, US$ 600 milhões.

Esses fatos – bem conhecidos por quase todo mundo que conheceu Carnegie – dão uma bela ideia do que a leitura deste livro pode lhe trazer, desde que você saiba o que quer.

Antes mesmo de passar por vinte anos de testes práticos, o segredo foi transmitido a mais de cem mil homens e mulheres que o usaram em benefício próprio, como Carnegie havia planejado. Alguns fizeram fortunas. Outros o usaram com sucesso na criação de harmonia em suas casas. Um clérigo usou-o com tanta eficiência que o segredo lhe propiciou uma renda anual superior a US$ 75 mil.

Arthur Nash, um alfaiate de Cincinnati, usou seu negócio quase falido como cobaia para testar a fórmula. O negócio ganhou vida e gerou uma fortuna para os proprietários. Ainda está prosperando, embora Nash tenha falecido. O experimento foi tão singular que jornais e revistas lhe deram o equivalente a mais de US$ 1 milhão em publicidade favorável.

O segredo foi transmitido a Stuart Austin Wier, de Dallas, Texas. Ele estava pronto – tão pronto que desistiu de sua profissão e foi estudar direito. Teve êxito? Essa história também será contada.

Eu dei o segredo para Jennings Randolph no dia em que ele se formou na faculdade; Randolph usou-o com tamanho sucesso que hoje cumpre o terceiro mandato como membro do Congresso, com uma excelente oportunidade de continuar a usá-lo até chegar à Casa Branca.

Enquanto atuava como gerente de publicidade da Universidade de Extensão LaSalle, quando esta era pouco conhecida, tive o privilégio de ver o reitor J. G. Chapline usar a fórmula com tamanha eficácia que fez da LaSalle uma das grandes escolas de extensão do país.

O segredo a que me refiro é mencionado nada menos que uma centena de vezes ao longo deste livro. Não é nomeado diretamente, pois parece funcionar com mais êxito quando é apenas desnudado e deixado à vista, onde aqueles que estão prontos e à procura dele podem pegá-lo. Por isso Carnegie o lançou para mim tão de mansinho, sem fornecer seu nome específico.

Se você estiver pronto para usá-lo, reconhecerá o segredo pelo menos uma vez em cada capítulo. Gostaria de ter o privilégio de contar como você saberá se está pronto, mas isso o privaria de grande parte do benefício que receberá ao fazer a descoberta por si.

Enquanto este livro era escrito, meu filho, que estava concluindo o último ano de faculdade, pegou o manuscrito do capítulo 1, leu-o e descobriu o segredo por si. Ele usou as informações com tanta eficiência que foi direto para um cargo de responsabilidade, com salário inicial maior do que o homem médio jamais chega a ganhar. A história é brevemente descrita no capítulo 1. Ao lê-la, talvez você abandone qualquer sensação que possa ter tido no início de que este livro promete demais. Além disso, se você já foi desencorajado, se teve dificuldades para superar algo que aniquilou sua alma, se você tentou e fracassou, se você tem deficiência por doença ou problema físico, a história da descoberta de meu filho e o uso da fórmula de Carnegie podem ser o oásis que você procura no deserto da esperança perdida.

O segredo foi amplamente utilizado pelo presidente Woodrow Wilson durante a Guerra Mundial. Foi transmitido a todos os soldados que lutaram na guerra, cuidadosamente embutido no treinamento recebido antes de irem para o *front*. O presidente Wilson me disse que o segredo foi um fator de peso na angariação dos fundos necessários para a guerra.

Mais de vinte anos atrás, Manuel L. Quezon (então comissário residente das Ilhas Filipinas) foi inspirado pelo segredo a obter a liberdade para seu povo. Ele conquistou a liberdade para as Filipinas e é o primeiro presidente do Estado livre.

Uma coisa peculiar sobre o segredo é que aqueles que o adquirem e o usam são literalmente levados de roldão para o sucesso, com pouco esforço, e nunca mais se submetem ao fracasso. Se você duvida disso, pesquise os nomes daqueles que o usaram sempre que forem mencionados, verifique seus históricos por conta própria e se convença.

Não existe essa coisa de algo a troco de nada.

O segredo a que me refiro não pode ser obtido sem um preço, embora o preço seja muito menor do que seu valor. O segredo não pode ser adquirido por preço algum por quem não o procura de forma deliberada. Não pode ser doado e não pode ser comprado com dinheiro porque é dividido em duas partes. Uma parte já está em posse daqueles que estão prontos.

O segredo serve igualmente bem a todos que estão prontos para ele. Não tem nada a ver com educação. Muito antes de eu nascer, o segredo havia chegado ao domínio de Thomas A. Edison, e ele o usou de maneira tão inteligente que se tornou o principal inventor do mundo, embora tivesse apenas três meses de escolaridade.

O segredo foi passado a um sócio comercial de Edison. Ele o usou com tamanha eficiência que, embora na época ganhasse apenas US$ 12 mil por ano, acumulou uma grande fortuna e se aposentou dos negócios ainda jovem. Você encontrará a história dele no início da Introdução. O relato deve convencê-lo de que a riqueza não está além do seu alcance, de que você ainda pode ser o que deseja, de que dinheiro, fama, reconhecimento e felicidade podem ser alcançados por todos os que estão prontos e determinados a receber essas bênçãos.

Como eu sei essas coisas? Você deve obter a resposta antes de terminar este livro. Você pode encontrá-la no primeiro capítulo ou na última página.

Enquanto eu realizava a pesquisa de vinte anos empreendida a pedido de Andrew Carnegie, analisei centenas de homens conhecidos, muitos dos quais admitiram ter acumulado suas vastas fortunas com a ajuda do segredo de Carnegie. Entre esses homens, estão: Henry Ford, Theodore Roosevelt, William Wrigley Jr., John W. Davis, John Wanamaker, Elbert Hubbard,

James J. Hill, Wilbur Wright, George S. Parker, William Jennings Bryan, E. M. Statler, Henry L. Doherty, David Starr Jordan, Cyrus H. K. Curtis, George Eastman, J. Odgen Armour, Charles M. Schwab, Arthur Brisbane, Harris F. Williams, Woodrow Wilson, Frank Gunsaulus, Howard Taft, Daniel Willard, Luther Burbank, King Gillette, Edward W. Bok, Ralph A. Weeks, Frank A. Munsey, Daniel T. Wright, Elbert H. Gary, John D. Rockefeller, Alexander Graham Bell, Thomas A. Edison, Frank A. Vanderlip, John H. Patterson, F. W. Woolworth, Julius Rosenwald, Robert A. Dollar, Stuart Austin Wier, Edward A. Filene, Frank Crane, Edwin C. Barnes, George M. Alexander, Jennings Randolph, J. G. Chapline, Arthur Nash e Clarence Darrow.

Esses nomes representam apenas uma pequena fração das centenas de americanos famosos cujas realizações, financeiras e outras, provam que aqueles que entendem e aplicam o segredo de Carnegie atingem altos patamares na vida. Nunca conheci alguém que tenha sido inspirado a usar o segredo e não tenha alcançado sucesso notável em sua vocação. Nunca conheci alguém que se distinguisse ou acumulasse riquezas de qualquer ordem sem a posse do segredo. A partir desses dois fatos, chego à conclusão de que o segredo é mais importante como parte do conhecimento essencial para a autodeterminação do que aquilo que se recebe por meio do que é conhecido popularmente como "educação".

O que é educação, aliás? Isso é respondido em detalhes.

Quanto a escolaridade, muitos desses homens tinham pouquíssima. John Wanamaker me disse uma vez que a pouca escolaridade que tinha ele havia adquirido da mesma maneira que uma locomotiva moderna absorve água, "recolhendo-a enquanto corre". Henry Ford nunca chegou ao ensino médio, muito menos à faculdade. Não estou tentando minimizar o valor da escolaridade, mas expressando minha sincera crença de que aqueles que dominam e aplicam o segredo alcançarão altos postos, acumularão riquezas e barganharão com a vida nos próprios termos, mesmo que sua escolaridade seja ínfima.

Em algum lugar, enquanto você lê, o segredo a que me refiro pulará da página e permanecerá audaciosamente à sua frente – se você estiver pronto. Quando ele aparecer, você o reconhecerá. Ao receber o sinal, seja no primeiro ou no último capítulo, pare por um momento quando ele se apresentar e comemore, pois a ocasião marcará o ponto de virada mais importante de sua vida.

Passemos agora à Introdução e à história de meu querido amigo que generosamente reconheceu ter visto o sinal místico e cujas realizações nos negócios são evidência suficiente de que ele celebrou a descoberta. Ao ler a história dele e de outros, lembre-se de que elas abordam os problemas importantes que todos os indivíduos experimentam na vida: os problemas decorrentes do esforço para obter o sustento, encontrar esperança, coragem, contentamento e paz mental, acumular riquezas e gozar da liberdade de corpo e espírito.

Lembre-se também, ao longo da leitura, que este livro aborda fatos, e não ficção, com o objetivo de transmitir uma grande verdade universal com a qual todos os que estão prontos podem aprender não apenas o que fazer, mas também como fazer, e, além disso, receber o estímulo necessário para começar.

Como uma palavra final de preparação antes de você começar a Introdução, posso oferecer uma breve sugestão capaz de dar uma pista de como o segredo de Carnegie pode ser reconhecido? A dica é a seguinte: todas as realizações, todas as riquezas conquistadas, têm início com uma ideia. Se você está pronto para o segredo, já tem metade dele; portanto, reconhecerá prontamente a outra metade no momento em que ela vier à mente.

– O AUTOR

INTRODUÇÃO

O HOMEM QUE "PENSOU" SEU CAMINHO PARA UMA PARCERIA COM THOMAS A. EDISON

"Pensamentos são coisas", é verdade, e coisas poderosas quando misturados com determinação de propósito, persistência e desejo ardente de traduzi-los em riqueza ou outros objetos materiais.

Há pouco mais de trinta anos, Edwin C. Barnes descobriu como os homens realmente pensam e enriquecem. Sua descoberta não aconteceu de uma sentada. Veio pouco a pouco, começando com um desejo ardente de se tornar parceiro comercial do grande Thomas Edison.

Uma das principais características do desejo de Barnes é que era definido. Ele queria trabalhar com Edison, não para ele. Observe com cuidado a descrição de como ele traduziu seu desejo em realidade e você terá melhor compreensão dos treze princípios que levam à riqueza.

Quando esse desejo, ou impulso de pensamento, surgiu pela primeira vez na sua mente, Barnes não estava em posição de agir. Duas dificuldades apresentavam-se em seu caminho. Ele não conhecia Edison e não tinha dinheiro para pagar o bilhete de trem para Orange, New Jersey.

Essas dificuldades seriam suficientes para desencorajar a maioria dos homens de fazer qualquer tentativa de realizar o desejo. Mas o desejo de Barnes não era comum. Ele estava tão determinado a encontrar uma maneira de realizar seu desejo que por fim decidiu viajar em "vagão fechado" em vez de ser derrotado. (Para os não familiarizados, isso significa que ele foi para East Orange em um trem de carga.)

Barnes se apresentou no laboratório de Edison e anunciou que viera tratar de negócios com o inventor. Anos depois, ao falar da primeira reunião com Barnes, Edison disse: "Ele ficou parado ali na minha frente parecendo um vagabundo qualquer, mas havia algo em seu semblante que transmitia a impressão de que estava determinado a conseguir o que buscava. Em anos de experiência com os homens, aprendi que, quando um indivíduo realmente deseja algo tão intensamente que está disposto a apostar todo o seu futuro em um único giro da roda a fim de obtê-lo, ele com certeza vencerá. Dei a Barnes a oportunidade que ele pedia porque vi que ele havia decidido aguardar até conseguir. O desenrolar dos acontecimentos provou que não foi um erro".

O que o jovem Barnes disse a Edison naquela ocasião foi muito menos importante do que aquilo que ele pensava. O próprio Edison disse isso. Não foi a aparência do jovem que lhe garantiu um começo no escritório de Edison, pois esta definitivamente estava contra ele. Era o que ele pensava que fez diferença. Se o significado dessa afirmação pudesse ser transmitido a todas as pessoas que a leem, não haveria necessidade do restante deste livro.

Barnes não conseguiu sua parceria com Edison na primeira entrevista. Conseguiu foi uma chance de trabalhar nos escritórios de Edison com um salário irrisório, fazendo um trabalho que não era importante para Edison, mas muito importante para Barnes, porque lhe deu a oportunidade de exibir sua "mercadoria" onde seu pretendido "parceiro" poderia ver.

Meses se passaram. Aparentemente, nada aconteceu para concretizar a cobiçada meta que Barnes havia estabelecido em sua mente como objetivo principal definido. Mas algo importante estava acontecendo na mente de Barnes. Ele intensificava constantemente o desejo de se tornar sócio de Edison.

Os psicólogos estão certos ao dizer que, quando alguém está realmente pronto para uma coisa, ela aparece. Barnes estava pronto para uma associação comercial com Edison. Além disso, estava determinado a permanecer pronto até conseguir o que buscava.

Ele não disse para si mesmo: "Ah, bem, de que adianta? Acho que vou mudar de ideia e tentar um emprego de vendedor". Ele disse: "Vim aqui para fazer negócios com Edison e alcançarei esse objetivo mesmo que leve o resto da vida". Ele falava sério. Que história diferente os homens teriam para contar se apenas adotassem um objetivo definido e o mantivessem até essa meta se tornar uma obsessão que tudo consome?

Talvez o jovem Barnes não soubesse disso na época, mas sua determinação de buldogue e sua persistência em nutrir um único desejo estavam destinadas a abater toda a oposição e lhe trazer a oportunidade que procurava.

Quando veio, a oportunidade apareceu de forma diferente e de uma direção diferente da que Barnes esperava. Esse é um dos truques da oportunidade. Ela tem o hábito astucioso de entrar de mansinho pela porta dos fundos e muitas vezes aparece disfarçada na forma de infortúnio ou derrota temporária. Talvez seja por isso que tantos falhem em reconhecer oportunidades.

Edison acabara de aperfeiçoar um novo equipamento de escritório, conhecido na época como Máquina de Ditar Edison (agora Edifone). Os vendedores não ficaram entusiasmados com a máquina. Não acreditavam que ela pudesse ser vendida sem grande esforço. Barnes viu ali a sua oportunidade. Ela havia se esgueirado em silêncio, escondida em uma máquina de aparência estranha que não interessava a ninguém, exceto Barnes e o inventor.

Barnes sabia que poderia vender a máquina de ditar. Sugeriu isso a Edison e prontamente teve sua chance. Ele vendeu a máquina. De fato, vendeu com tanto sucesso que Edison lhe deu um contrato para distribuir e comercializar o equipamento por todo o país. Dessa associação comercial surgiu o *slogan* "Feito por Edison e instalado por Barnes".

A aliança de negócios está em vigor há mais de trinta anos. Graças a ela, Barnes ficou rico em dinheiro, mas fez algo infinitamente maior – provou que realmente se pode "pensar e enriquecer".

Quanto dinheiro em si o desejo original de Barnes lhe rendeu não tenho como saber. Talvez tenha lhe trazido US$ 2 milhões ou US$ 3 milhões, mas a quantia, seja qual for, se torna insignificante quando comparada ao patrimônio muito maior que Barnes adquiriu na forma de conhecimento definitivo de que um impulso intangível de pensamento pode ser transmutado em sua contraparte física pela aplicação de princípios conhecidos.

Barnes literalmente entrou em uma parceria com o grande Edison pelo pensamento. Ele fez fortuna em pensamento. Ele não tinha nada para começar, exceto a capacidade de saber o que queria e a determinação de alimentar esse desejo até realizá-lo.

Barnes não tinha dinheiro para começar. Tinha pouca instrução. Não tinha influência. Mas tinha iniciativa, fé e vontade de vencer. Com essas forças intangíveis, se tornou o homem número um do maior inventor que já existiu.

Agora vamos ver uma situação diferente e estudar um homem que tinha evidências profusas e tangíveis de riqueza, mas a perdeu porque parou a um metro do objetivo que buscava.

A TRÊS PASSOS DO OURO

Uma das causas mais comuns de fracasso é o hábito de desistir quando se é atingido por uma derrota temporária. Toda pessoa é culpada desse erro uma vez ou outra.

Um tio de R. U. Darby foi acometido pela "febre do ouro" nos tempos da corrida do ouro e foi para o Oeste, para cavar e enriquecer. Ele nunca ouvira dizer que mais ouro foi extraído do cérebro dos homens do que já foi tirado da terra. Ele escriturou um terreno e lá foi trabalhar com pá e picareta. A lida era bruta, mas sua ânsia por ouro era absoluta.

Após semanas de trabalho, ele foi recompensado pela descoberta do minério brilhante. Ele precisava de equipamentos para trazer o minério à superfície. Sem alarde, encobriu a mina, fez o caminho de volta para casa em Williamsburg, Maryland, e contou aos parentes e alguns vizinhos sobre a descoberta. Estes juntaram o dinheiro para as máquinas necessárias e as mandaram de navio. O tio e Darby retomaram o trabalho na mina.

O primeiro carro de minério foi extraído e enviado para uma fundição. O rendimento comprovou que tinham em mãos uma das minas mais ricas do Colorado. Mais alguns carros de minério quitariam as dívidas. Aí viria a grande festança dos lucros.

Desceram as perfuratrizes. Subiram as esperanças de Darby e seu tio. E então aconteceu uma coisa. O veio do minério de ouro sumiu. Tinham chegado ao fim do arco-íris, e o pote de ouro não estava mais lá. Seguiram perfurando, tentando desesperadamente reencontrar o veio de novo – sem sucesso.

Por fim, decidiram desistir. Venderam o maquinário para um sucateiro por algumas centenas de dólares e pegaram o trem de volta para casa. Alguns sucateiros são burros, mas não este. Ele chamou um engenheiro de mineração para examinar o terreno e fazer alguns cálculos. O engenheiro informou que o projeto havia fracassado porque os proprietários não estavam familiarizados com as "linhas de falha". Seus cálculos mostraram que o veio se encontrava a apenas um metro de onde os Darbys haviam parado de perfurar. E foi exatamente onde foi encontrado.

O sucateiro tirou milhões de dólares em ouro da mina, pois sabia o suficiente para procurar aconselhamento especializado antes de desistir.

A maior parte do dinheiro investido nas máquinas foi obtida pelos esforços da R. U. Darby, na época um rapazola. O dinheiro veio de parentes e vizinhos por causa da fé deles no jovem. Ele pagou cada dólar, embora tenha levado anos.

Muito tempo depois, Darby recuperou sua perda multiplicada por várias vezes, quando descobriu que o desejo pode ser transmutado em ouro. A descoberta ocorreu depois que ele entrou para o ramo de venda de seguros de vida.

Lembrando que havia perdido uma enorme fortuna por ter parado a três passos do ouro, Darby lucrou com aquela experiência no novo trabalho pelo simples método de dizer a si mesmo: "Parei a um metro do ouro, mas nunca vou parar porque as pessoas dizem 'não' quando lhes ofereço um seguro".

Darby faz parte de um pequeno grupo de menos de cinquenta homens que vendem mais de US$ 1 milhão em seguros de vida anualmente. Ele deve sua persistência à lição que aprendeu com a desistência no negócio de mineração de ouro.

Antes que o sucesso chegue à vida de qualquer pessoa, ela com certeza encontrará muitas derrotas temporárias e talvez algum fracasso. Quando a derrota atinge um indivíduo, a coisa mais fácil e mais lógica a fazer é desistir. É exatamente isso que a maioria das pessoas faz.

Mais de quinhentos dos homens de maior sucesso que este país já conheceu disseram ao autor que seu maior êxito veio um passo depois do ponto em que a derrota os atingira. O fracasso é um trapaceiro com um agudo senso de ironia e astúcia. Ele tem grande satisfação em dar uma rasteira quando o sucesso está quase ao alcance da pessoa.

UMA LIÇÃO DE CINCO CENTAVOS EM PERSISTÊNCIA

Logo depois que Darby se formou na Universidade dos Golpes Duros e decidiu lucrar com sua experiência no negócio de mineração de ouro, teve a sorte de estar presente em uma ocasião que comprovou que "não" não necessariamente significa não.

Certa tarde ele estava ajudando o tio a moer trigo em um antigo moinho. O tio gerenciava uma grande fazenda na qual viviam vários arrendatários negros. A porta abriu-se discretamente, e uma criancinha negra, filha de um arrendatário, entrou e se posicionou perto da porta.

O tio se virou, viu a criança e rosnou para ela em tom grosseiro: "O que você quer?".

A criança respondeu mansamente: "Minha mãe disse que é para dar cinquenta centavos para ela".

"Não vou dar nada", retrucou o tio, "agora voe para casa."

"Sim, senhor", respondeu a criança. Mas não se mexeu.

O tio foi em frente com o trabalho, tão ocupado que nem prestou atenção suficiente na criança para perceber que ela não tinha ido embora.

Quando ergueu os olhos e a viu ainda parada ali, gritou: "Eu disse para você ir para casa! Agora vá ou vou pegar uma vara para bater em você".

A garotinha disse "sim, senhor", mas não se moveu nem um centímetro. O tio deixou cair o saco de grãos que estava prestes a despejar na tremonha, pegou uma ripa de barril e avançou para a criança com um semblante que indicava problemas.

Darby prendeu a respiração. Teve certeza de que estava prestes a testemunhar um assassinato. Sabia que o tio tinha um temperamento feroz. Sabia que crianças de cor não deveriam desafiar os brancos naquela parte do país.

Quando o tio chegou ao local onde a criança estava, ela deu um rápido passo à frente, olhou nos olhos dele e berrou a plenos pulmões com sua voz estridente: "Minha mãe quer cinquenta centavos!".

O tio parou, olhou para ela por um momento, depois soltou a ripa no chão lentamente, colocou a mão no bolso, tirou meio dólar e deu à menininha. A criança pegou o dinheiro e se encaminhou lentamente para a porta, sem tirar os olhos do homem que acabara de derrotar. Depois que ela se foi, o tio sentou-se em uma caixa e ficou olhando ao longe pela janela por mais de dez minutos. Estava refletindo, assombrado, sobre a chicotada que acabara de levar.

Darby também ficou pensando. Era a primeira vez em toda a sua experiência que ele tinha visto uma criança de cor deliberadamente dominar um adulto branco. Como ela fez isso? O que aconteceu com seu tio que o fez perder a ferocidade e ficar dócil como um cordeirinho? Que estranho poder aquela criança usou que a fez dominar seu superior? Essas e outras perguntas semelhantes surgiram na mente de Darby, mas ele não encontrou a resposta até anos depois, quando me contou a história.

Curiosamente, a história dessa experiência incomum foi contada ao autor no antigo moinho, no exato local em que o tio levou a chicotada. Curiosamente também, eu havia dedicado quase um quarto de século ao estudo do poder que permitia a uma criança negra, ignorante e analfabeta derrotar um homem inteligente.

Enquanto estávamos lá naquele moinho velho e mofado, Darby repetiu a história da conquista inusitada e terminou perguntando: "O que você acha disso? Que poder estranho aquela criança usou para dar tamanha lambada em meu tio?".

A resposta para essa pergunta será encontrada nos princípios descritos neste livro. A resposta é plena e completa. Contém detalhes e instruções suficientes para permitir que qualquer um entenda e aplique a mesma força com que a criança deparou por acaso.

Mantenha sua mente alerta e você observará exatamente qual o estranho poder que veio em socorro da criança. Você terá um vislumbre desse poder no próximo capítulo. Em algum lugar deste livro você encontrará uma ideia que vai ativar seus poderes receptivos e colocar esse poder irresistível sob o seu comando, para o seu benefício. A consciência desse poder pode chegar no primeiro capítulo ou aparecer em sua mente em algum capítulo posterior. Pode vir na forma de uma única ideia. Ou pode vir como um plano ou um propósito. Pode fazer com que você volte a experiências passadas de fracasso ou derrota e traga à tona alguma lição com a qual você possa recuperar tudo o que perdeu com a derrota.

Depois que descrevi a Darby o poder usado de modo involuntário pela criancinha de cor, ele repassou rapidamente seus trinta anos de experiência como vendedor de seguros de vida e reconheceu com franqueza que seu sucesso no setor se devia em grande parte à lição que aprendera com a criança.

Darby explicou: "Toda vez que um cliente potencial tentava me mandar embora sem comprar, eu via aquela criança lá no antigo moinho, os grandes olhos dela flamejando em desafio, e dizia a mim mesmo: 'Tenho que fazer essa venda'. A maior parte de todas as vendas que fiz ocorreu depois de as pessoas dizerem não".

Ele lembrou também o erro de ter parado a apenas três passos do ouro, "mas aquela experiência foi uma bênção disfarçada. Me ensinou a continuar em frente, não importa o quão difícil possa ser, uma lição que eu precisava aprender antes de ter sucesso em qualquer coisa".

A história de R. U. Darby e seu tio, da criança de cor e da mina de ouro sem dúvida será lida por centenas de homens que ganham a vida vendendo seguros de vida, e a todos eles o autor deixa a sugestão de que Darby deve a essas duas experiências sua capacidade de vender mais de US$ 1 milhão em seguros de vida todos os anos.

A vida é estranha e muitas vezes imponderável. Tanto os sucessos quanto os fracassos têm raízes em experiências simples. As experiências de Darby foram banais e bastante simples, mas continham a resposta para seu destino na vida; portanto, eram tão importantes (para ele) quanto a própria vida. Darby lucrou com essas duas experiências dramáticas porque as analisou e encontrou a lição que ensinavam. Mas e o homem que não tem tempo nem disposição para estudar o fracasso em busca de conhecimento que possa levar ao sucesso? Onde e como ele deve aprender a arte de converter a derrota em trampolim para a oportunidade?

Este livro foi escrito em resposta a essas perguntas. A resposta exigiu uma descrição de treze princípios, mas lembre-se enquanto lê: a resposta que você procura para as perguntas que o levaram a refletir sobre a estranheza da vida podem ser encontradas em sua mente, em alguma ideia, plano ou propósito que possa surgir em sua mente enquanto você lê.

Uma boa ideia é tudo de que precisamos para alcançar o sucesso. Os princípios descritos neste livro contêm o melhor e o mais prático de tudo o que se sabe sobre os meios de criar ideias úteis.

Antes de prosseguirmos em nossa abordagem da descrição dos princípios, acreditamos que você tem o direito de receber uma sugestão importante: quando a riqueza começa a vir, ela vem tão depressa e em tamanha abundância que você se pergunta onde ela estivera se escondendo durante todos aqueles anos de escassez. Essa é uma afirmação espantosa, ainda mais quando levamos em conta a crença popular de que a riqueza chega apenas para aqueles que trabalham duro e por muito tempo.

Quando você começar a pensar e enriquecer, vai observar que a riqueza começa com um estado mental, com uma definição de objetivo, com pouco ou nenhum trabalho duro. Você e todas as outras pessoas devem estar interessados em saber como adquirir o estado mental que atrairá a riqueza. Passei 25 anos pesquisando, analisando mais de 25 mil pessoas, porque eu também queria saber como os homens ricos ficam ricos. Sem essa pesquisa, este livro não poderia ter sido escrito.

Observe aqui uma verdade muito significativa, que é a seguinte: a depressão econômica iniciada em 1929 seguiu avançando para o recorde de maior destruição da história até algum tempo após o presidente Roosevelt assumir o cargo. Então a Depressão começou a desaparecer no nada. Assim como um eletricista em um teatro aumenta a iluminação de modo tão gradativo que a escuridão é transmutada em luz antes que você perceba, o feitiço do medo na mente das pessoas desaparece gradualmente e se torna fé.

Observe com atenção que, assim que você dominar os princípios desta filosofia e começar a seguir as instruções para aplicá-los, sua condição financeira começará a melhorar e tudo o que você tocar começará a se transformar em um ativo para o seu benefício. Impossível? De jeito nenhum.

Uma das maiores fraquezas da humanidade é a familiaridade do homem comum com a palavra "impossível". Ele conhece todas as regras que não funcionarão. Sabe todas as coisas que não podem ser feitas. Este livro foi escrito para aqueles que buscam as regras que tornaram outras pessoas bem-sucedidas e estão dispostos a apostar tudo nessas regras.

Há muitos anos, comprei um bom dicionário. A primeira coisa que fiz foi buscar a palavra "impossível" e recortá-la cuidadosamente do livro. Não seria imprudente você fazer a mesma coisa.

O sucesso chega àqueles que se tornam conscientes do sucesso. O fracasso chega àqueles que, indiferentes, se permitem ficar conscientes do fracasso. O objetivo deste livro é ajudar a todos que buscam o sucesso a aprender a arte de mudar a mentalidade, da consciência de fracasso para a consciência de sucesso.

Outra fraqueza encontrada em muita gente é o hábito de medir tudo e todos pelas próprias impressões e crenças. Alguns que lerem isto vão acreditar que ninguém pode pensar e enriquecer. Essas pessoas não conseguem pensar em termos de riqueza porque seus hábitos de pensamento estão impregnados de pobreza, carência, miséria, fracasso e derrota.

Essas pessoas infelizes me lembram um chinês proeminente que veio à América para ser educado à moda americana. Ele frequentou a Universidade de Chicago. Um dia, o reitor Harper encontrou o jovem oriental no *campus*, parou para conversar com ele por alguns minutos e perguntou o que o impressionara como a característica mais notável do povo americano.

"Ora", exclamou o chinês, "a inclinação estranha dos olhos. Os olhos de vocês são inclinados!"

O que dizemos sobre os chineses?

Recusamo-nos a acreditar naquilo que não entendemos. Acreditamos tolamente que nossas próprias limitações são a medida adequada das limitações. Claro, os olhos do outro estão inclinados porque não são iguais aos nossos.

Milhões de pessoas olham para as realizações de Henry Ford depois de concretizadas e o invejam por causa da boa fortuna, sorte, gênio ou seja o que for que considerem a causa da riqueza de Ford. Talvez uma pessoa em cada cem mil saiba o segredo do sucesso de Ford, e as que sabem são muito modestas ou ficam muito relutantes em falar sobre isso devido à simplicidade. Um único episódio ilustrará o segredo com perfeição.

Anos atrás, Ford decidiu produzir o agora famoso motor V-8. Ele decidiu construir um motor com os oito cilindros fundidos em um só bloco e instruiu seus engenheiros a produzir um projeto para o motor. O *design* foi colocado no papel, mas os engenheiros concordaram por unanimidade que era simplesmente impossível moldar um bloco de motor a gasolina de oito cilindros em uma peça única.

Ford disse: "Produzam assim mesmo".

"Mas é impossível!", afirmaram os engenheiros.

"Vão em frente", ordenou Ford, "e continuem nesse trabalho até obter sucesso, não importa quanto tempo seja necessário."

Os engenheiros foram em frente. Não havia outra opção se quisessem permanecer na equipe de Ford. Seis meses se passaram, nada aconteceu. Mais seis meses se passaram e nada ainda aconteceu. Os engenheiros tentaram todos os planos possíveis para executar o pedido, mas a coisa parecia fora de questão; "impossível".

No final do ano, Ford conversou com seus engenheiros e foi novamente informado de que não haviam encontrado nenhuma maneira de cumprir suas ordens.

"Vão em frente", disse Ford, "eu quero e vou ter esse motor."

A equipe seguiu em frente e então, como se por um passe de mágica, o segredo foi descoberto. A determinação de Ford venceu mais uma vez.

Essa história pode não ser sido contada com precisão minuciosa, mas a essência e o desfecho estão corretos. Tente extrair do relato, você que deseja pensar e enriquecer, o segredo dos milhões de Ford. Você não vai precisar procurar muito longe.

Henry Ford é um sucesso porque entende e aplica os princípios do sucesso. Um deles é o desejo: saber o que se quer. Lembre-se da história de Ford enquanto lê este livro e selecione as frases nas quais o segredo de sua realização estupenda é descrito. Se conseguir fazer isso, se conseguir identificar o grupo específico de princípios que enriqueceu Henry Ford, você poderá igualar suas realizações em quase qualquer ocupação para a qual você seja talhado.

VOCÊ É "O MESTRE DO SEU DESTINO, O CAPITÃO DA SUA ALMA", PORQUE...

Quando Henley escreveu as linhas proféticas "Sou o mestre do meu destino, sou o capitão da minha alma", ele deveria ter informado que somos os mestres do nosso destino, os capitães da nossa alma porque temos o poder de controlar nossos pensamentos. Deveria ter dito que o éter no qual esta pequena Terra flutua, no qual nos movemos e existimos, é uma forma de energia que se move a uma taxa de vibração inconcebivelmente alta e que esse éter é preenchido com uma forma de poder universal que se adapta à natureza dos pensamentos que temos em nossa mente e nos influencia, de maneira natural, a transmutar nossos pensamentos em seu equivalente físico.

Se o poeta tivesse dito essa grande verdade, saberíamos por que somos os mestres de nosso destino, os capitães de nossa alma. Ele deveria ter dito com grande ênfase que esse poder não tenta discriminar pensamentos destrutivos e pensamentos construtivos, que nos incitará a traduzir pensamentos de pobreza em realidade física com a mesma rapidez com que nos influenciará a agir sobre pensamentos de riqueza.

Ele deveria ter dito também que nosso cérebro se magnetiza com os pensamentos dominantes que mantemos na mente e que, por meios que ninguém conhece, esses "ímãs" atraem para nós as forças, as pessoas, as circunstâncias de vida que se harmonizam com a natureza de nossos pensamentos dominantes.

Ele deveria ter dito que, antes que possamos acumular riquezas abundantes, devemos magnetizar nossa mente com intenso desejo por riqueza, devemos nos tornar conscientes do dinheiro até que o desejo por dinheiro nos leve a criar planos definidos para adquiri-lo. Porém, sendo poeta e não filósofo, Henley se contentou em afirmar uma grande verdade em forma poética, deixando aqueles que o sucederam a interpretar o significado filosófico de suas frases.

Pouco a pouco, a verdade se revelou, e agora parece certo que os princípios descritos neste livro contêm o segredo do domínio de nosso destino econômico. Agora estamos prontos para examinar o primeiro desses princípios. Mantenha a mente aberta e lembre-se, enquanto lê, de que os princípios não foram inventados por nenhum homem. Os princípios foram reunidos a partir das experiências de vida de mais de quinhentos homens que realmente acumularam riqueza em quantidades imensas, homens que começaram na pobreza, com pouca educação, sem influência. Os princípios funcionaram para esses homens. Você pode colocá-los a funcionar para seu benefício duradouro.

Você achará fácil, não difícil, de fazer.

Antes de ler o próximo capítulo, quero que saiba que ele transmite informações factuais que podem facilmente mudar o seu destino financeiro, assim como provocaram mudanças de proporções estupendas em duas pessoas citadas.

Quero que você também saiba que meu relacionamento com esses dois homens é tal que eu não poderia tomar liberdades com os fatos mesmo que quisesse. Um deles é meu amigo mais próximo há quase 25 anos, o outro é meu filho. O sucesso incomum desses dois homens, sucesso que eles generosamente creditam ao princípio descrito no próximo capítulo, mais do que justifica a referência pessoal como forma de enfatizar o poder abrangente do princípio.

Há quase quinze anos, proferi o discurso de formatura na Faculdade de Salem, na Virgínia Ocidental. Enfatizei o princípio descrito no próximo capítulo com tanta intensidade que um dos formandos se apropriou decididamente dele e o tornou parte de sua filosofia. O jovem é agora um membro do Congresso e figura importante do atual governo. Pouco antes de este livro ir para o editor, ele me escreveu uma carta na qual declara sua opinião sobre o princípio descrito no próximo capítulo com tamanha clareza que decidi publicá-la como introdução ao capítulo. A carta dá uma ideia das recompensas por vir.

> **Caro Napoleon**
>
> Minha atuação como membro do Congresso proporcionou uma visão dos problemas de homens e mulheres; assim, escrevo para oferecer uma sugestão que pode se tornar útil para milhares de pessoas dignas. Se me permite, devo antecipar que a sugestão, caso aceita, significará vários anos de trabalho e responsabilidade para você, mas fico entusiasmado em fazê-la porque conheço seu grande amor por prestar serviço útil.
>
> Em 1922, quando você proferiu o discurso de formatura na Faculdade de Salem, eu estava na turma de formandos. Naquele discurso, você plantou em minha mente a ideia responsável pela oportunidade que hoje tenho de servir o povo do meu estado e será responsável em grande medida por qualquer sucesso que eu possa ter no futuro.

A sugestão que tenho em mente é que você coloque em um livro a essência do discurso que proferiu na Faculdade de Salem, proporcionando com isso ao povo da América a oportunidade de lucrar com seus muitos anos de experiência e associação com os homens que, por sua grandeza, fizeram da América a nação mais rica do mundo.

Lembro como se fosse ontem a maravilhosa descrição que você fez do método pelo qual Henry Ford, com pouca escolaridade, sem um tostão, sem amigos influentes, alcançou grandes alturas. Decidi então, mesmo antes de você terminar o discurso, que eu conquistaria um espaço para mim, independentemente de quantas dificuldades tivesse que superar.

Milhares de jovens terminarão seus estudos neste ano e nos próximos anos. Cada um deles estará buscando uma mensagem de incentivo prático como a que recebi de você. Eles vão querer saber para onde se direcionar, o que fazer para começar a vida. Você pode contar a eles, pois ajudou a resolver os problemas de muita, muita gente.

Se existir alguma maneira possível de você prestar esse excelente serviço, permita-me sugerir que inclua em todos os livros um de seus gráficos de análise pessoal, para que o leitor tenha o benefício de um autoinventário completo, indicando, como você me indicou anos atrás, exatamente o que está impedindo o sucesso. Um serviço como esse, proporcionando aos leitores de seu livro um retrato completo e imparcial de suas falhas e virtudes, significaria para eles a diferença entre sucesso e fracasso. O serviço seria inestimável.

Milhões de pessoas enfrentam hoje o problema de voltar à ativa devido à Depressão, e falo por experiência própria quando digo que sei que essas pessoas sérias gostariam de ter a oportunidade de lhe contar seus problemas e receber sugestões para a solução. Você conhece os problemas daqueles que enfrentam a necessidade de começar tudo de novo. Existem hoje milhares de pessoas na América que gostariam de saber como converter ideias em dinheiro, pessoas que precisam começar do zero, sem finanças, e recuperar suas perdas. Se tem alguém que pode ajudá-los, esse alguém é você.

Caso publique o livro, gostaria de receber a primeira cópia saída da prensa, autografada por você.

Com os melhores e mais sinceros votos,

Cordialmente,

— Jennings Randolph

Capítulo 1

DESEJO

O PONTO DE PARTIDA DE TODA REALIZAÇÃO

Primeiro passo para a riqueza

Quando Edwin C. Barnes desceu do trem de carga em Orange, Nova York, há mais de trinta anos, ele podia parecer um vagabundo, mas seus pensamentos eram os de um rei. Enquanto caminhava dos trilhos da ferrovia até o escritório de Thomas A. Edison, sua mente trabalhava. Ele se viu parado diante de Edison. Ele se ouviu pedindo a Edison uma oportunidade de realizar a única obsessão de sua vida, o desejo ardente que o consumia – tornar-se parceiro de negócios do grande inventor.

O desejo de Barnes não era uma esperança. Não era uma mera vontade. Era um desejo agudo e pulsante que transcendia todo o resto. Era definido. O desejo não era novo quando Barnes se aproximou de Edison. Aquele era o desejo dominante de Barnes havia muito tempo. No começo, quando o desejo apareceu em sua mente, pode ter sido, provavelmente era, apenas uma vontade, mas não era uma mera vontade quando Barnes apareceu diante de Edison.

Poucos anos depois, Edwin C. Barnes ficou outra vez diante de Edison no mesmo escritório em que conheceu o inventor. Dessa vez seu desejo foi traduzido em realidade. Ele firmou uma parceria com Edison. O sonho dominante de sua vida tornou-se realidade. Hoje as pessoas que conhecem Barnes o invejam por causa do "refresco" que a vida lhe proporcionou. Veem Barnes nos dias de triunfo sem se dar ao trabalho de investigar a causa de seu sucesso.

Barnes teve êxito porque escolheu um objetivo definido, colocou toda a sua energia, toda a sua força de vontade, todo o seu esforço, colocou tudo na sustentação do objetivo. Ele não se tornou parceiro de Edison no dia em que chegou. Ficou contente em começar no trabalho mais subalterno, pois proporcionava a oportunidade de dar pelo menos um passo na direção de sua acalentada meta.

Cinco anos se passaram antes que a chance que Barnes procurava aparecesse. Durante esses anos, nem um raio de esperança, nem uma promessa de realização de seu desejo lhe foram concedidos. Para todos, exceto para si mesmo, Barnes parecia ser apenas mais uma engrenagem na roda comercial de Edison, mas, em sua mente, ele era parceiro de Edison o tempo todo desde o primeiro dia em que foi trabalhar.

Esse é um exemplo notável do poder de um desejo definido. Barnes conquistou sua meta porque queria ser sócio de Edison mais do que qualquer outra coisa. Ele criou um plano para atingir o objetivo. E também queimou todas as pontes atrás de si. Manteve-se firme em seu desejo até este se tornar a obsessão dominante de sua vida – e, por fim, realidade.

Quando foi para Orange, Barnes não disse a si mesmo: “Vou tentar convencer Edison a me dar qualquer emprego”. Ele disse: “Vou ver Edison e avisá-lo de que vim para começar um negócio com ele”. Ele não disse: “Vou trabalhar lá por uns meses e, se não receber incentivo, vou largar de mão e conseguir um emprego em outro lugar”. Ele disse: “Começarei em qualquer função. Farei qualquer coisa que Edison me mande fazer, mas, antes de dar por encerrado, serei sócio dele”.

Barnes não disse: “Ficarei de olhos abertos para outras oportunidades, caso não consiga o que quero na organização de Edison”. Ele disse: “Há apenas uma coisa neste mundo que estou determinado a ter, e essa coisa é uma associação comercial com Thomas A. Edison. Vou queimar todas as pontes atrás de mim e apostar meu futuro inteiro na minha capacidade de conseguir o que quero”.

Barnes não deixou margem para recuo. Era vencer ou perecer. Isso resume a trajetória de sucesso dele.

Há muito tempo, um grande guerreiro enfrentou uma situação que exigiu uma tomada de decisão para garantir o sucesso no campo de batalha. Ele estava prestes a enviar seus exércitos contra um inimigo poderoso, cujo número de soldados era maior que o dele. O militar embarcou os soldados em navios, navegou para o país inimigo, desembarcou os homens e equipamentos e então deu a ordem para queimar as embarcações. Dirigindo-se às tropas antes da primeira batalha, ele disse: "Vocês estão vendo os barcos virar fumaça. Isso significa que não podemos deixar essas margens vivos a menos que ganhemos. Agora não temos escolha – é vencer ou perecer". Eles venceram.

Toda pessoa que deseja vencer em qualquer empreendimento deve estar disposta a queimar seus navios e cortar todas as linhas de retirada. Só assim é possível ter certeza de manter o estado de espírito conhecido como desejo ardente de vencer, essencial para o sucesso.

Na manhã seguinte ao grande incêndio em Chicago, um grupo de comerciantes ficou na State Street olhando os restos fumegantes do que haviam sido suas lojas. Fizeram uma conferência para decidir se tentariam reconstruir ou se deixariam Chicago e recomeçariam em uma região mais promissora do país. Todos decidiram deixar Chicago – exceto um.

O comerciante que decidiu ficar e reconstruir sua loja apontou para os restos de seu estabelecimento e disse: "Senhores, nesse mesmo local construirei a maior loja do mundo, não importa quantas vezes ela queime".

Isso foi há mais de cinquenta anos. A loja foi construída. Está lá até hoje, um imponente monumento ao poder do estado de espírito conhecido como desejo ardente. A coisa mais fácil para Marshal Field seria ter feito exatamente o que seus colegas comerciantes fizeram. Quando a situação ficou difícil e o futuro parecia sombrio, eles largaram tudo e foram para onde a coisa parecia mais fácil.

Note bem essa diferença entre Marshal Field e os outros comerciantes, porque é a mesma que distingue Edwin C. Barnes de milhares de outros jovens que trabalharam na organização de Edison. É a mesma diferença que distingue praticamente todos os que têm sucesso daqueles que fracassam.

Todo ser humano que chega à idade do entendimento do propósito do dinheiro tem vontade de ter dinheiro. Ter vontade não trará riqueza. Mas desejar riqueza com um estado mental que se torne uma obsessão, planejar meios definidos para adquirir riqueza e respaldar esses planos com persistência que não reconhece fracasso trará riqueza.

O método pelo qual o desejo de riqueza pode ser transmutado em seu equivalente financeiro consiste em seis etapas práticas e definidas. São elas:

1. Fixar na mente a quantidade exata de dinheiro que você deseja. Não basta dizer apenas "quero bastante dinheiro". Seja específico quanto ao montante. (Existe um motivo psicológico para a exatidão, que será descrito em um capítulo posterior.)
2. Determine exatamente o que você pretende dar em troca do dinheiro que deseja. (Não existe essa coisa de "algo a troco de nada".)
3. Estabeleça a data definida em que você pretende ter o dinheiro que deseja.
4. Crie um plano definido para realizar seu desejo e comece a colocar o plano em ação imediatamente, esteja pronto ou não.
5. Escreva uma declaração clara e concisa da quantia de dinheiro que você pretende adquirir, cite o prazo para a aquisição, indique o que você pretende dar em troca do dinheiro e descreva com clareza o plano pelo qual pretende acumular a quantia.
6. Leia sua declaração escrita duas vezes por dia em voz alta, uma vez antes de se recolher à noite e uma vez após se levantar pela manhã. Ao ler, veja, sinta e acredite que já está de posse do dinheiro.

É importante que você siga as instruções descritas nessas seis etapas. É especialmente importante que você observe e siga as instruções do sexto item. Você pode reclamar que é impossível se ver de posse do dinheiro antes de realmente tê-lo. É aqui que um desejo ardente virá em seu auxílio. Se você desejar o dinheiro com tamanha intensidade que seu desejo seja uma obsessão, não terá dificuldade de se convencer de que irá adquiri-lo. O objetivo é querer o dinheiro e ficar tão determinado a tê-lo que você se convença de que o terá.

Apenas aqueles que se tornam conscientes do dinheiro acumulam grande riqueza. Consciência do dinheiro significa que a mente fica tão completamente saturada com o desejo por dinheiro que a pessoa consegue se ver já de posse dele.

Para os não familiarizados, que não foram instruídos sobre os princípios do funcionamento da mente humana, essas instruções podem parecer impraticáveis. Pode ser útil para todos que não reconhecem a solidez das seis etapas saber que essas informações foram dadas por Andrew Carnegie, que começou como um operário comum de usina siderúrgica, mas conseguiu, apesar do começo humilde, fazer com que esses princípios lhe rendessem uma fortuna muito superior a US$ 100 milhões.

Também pode ser útil saber que as seis etapas aqui recomendadas foram cuidadosamente examinadas por Thomas A. Edison, que lhes concedeu seu selo de aprovação por serem não apenas essenciais para a acumulação de dinheiro, mas também necessárias para a consecução de qualquer objetivo definido.

As etapas não exigem trabalho duro. Não exigem sacrifício. Não requerem que a pessoa se torne ridícula ou crédula. Aplicá-las não requer um grau elevado de instrução. Contudo, a aplicação bem-sucedida das seis etapas exige imaginação suficiente para ver e entender que a acumulação de dinheiro não pode ser deixada ao acaso, à sorte e à boa fortuna. É preciso perceber que todos os que acumularam grandes fortunas primeiro sonharam, esperaram, quiseram, desejaram e planejaram antes de adquirir o dinheiro.

Você também deve ficar ciente de que nunca poderá ter grande riqueza a menos que consiga chegar a um estado de desejo abrasador por dinheiro e acreditar de verdade que o obterá. Deve ficar ciente ainda de que todo grande líder, desde o início da civilização até o presente, é um sonhador. O cristianismo é o maior poder potencial do mundo hoje porque seu fundador foi um sonhador ardente dotado de visão e imaginação para ver realidades em formas mentais e espirituais antes de estas serem transmutadas em formas físicas.

Se você não vê grande riqueza em sua imaginação, nunca a verá em seu saldo bancário.

Nunca na história da América houve tamanha oportunidade para os sonhadores práticos como existe hoje. O colapso econômico de seis anos reduziu todos os homens basicamente ao mesmo nível. Uma nova corrida está prestes a ser disputada. As apostas representam enormes fortunas que serão acumuladas nos próximos dez anos. As regras da corrida mudaram, porque agora vivemos em um mundo modificado que sem dúvida favorece as massas, aqueles que tiveram pouca ou nenhuma oportunidade de vencer nas condições existentes durante a Depressão, quando o medo paralisou o crescimento e o desenvolvimento.

Nós que estamos na corrida pela riqueza devemos ficar motivados por saber que esse mundo transformado em que vivemos exige novas ideias, novas maneiras de fazer as coisas, novos líderes, novas invenções, novos métodos de ensino, novos métodos de *marketing*, novos livros, nova literatura, novos programas de rádio, novas ideias para filmes. Por trás de toda essa demanda por coisas novas e melhores, há uma qualidade que é preciso ter para vencer – e esta é a definição de objetivo, o conhecimento do que se quer e um desejo ardente de tê-lo.

A depressão econômica marcou a morte de uma era e o nascimento de outra. Esse mundo transformado exige sonhadores práticos que consigam colocar seus sonhos em ação. Os sonhadores práticos sempre foram e sempre serão os criadores de padrões da civilização.

Nós que desejamos acumular riquezas devemos lembrar que os verdadeiros líderes do mundo sempre foram homens que aproveitaram e colocaram em uso prático as forças intangíveis e invisíveis da oportunidade vindoura e converteram essas forças (ou impulsos de pensamento) em arranha-céus, cidades, fábricas, aviões, automóveis e toda forma de conforto que torna a vida mais agradável.

Tolerância e mente aberta são artigos de primeira necessidade dos sonhadores de hoje. Quem tem medo de novas ideias está condenado antes de começar. Nunca houve época mais favorável para os pioneiros do que o presente. É verdade que não existe um oeste selvagem e desconhecido a ser conquistado, como no tempo das diligências, mas há um vasto mundo comercial, financeiro e industrial a ser remodelado e redirecionado segundo novas e melhores diretrizes.

Ao planejar adquirir seu quinhão de riqueza, não deixe ninguém o influenciar a desprezar o aspecto sonhador. Para vencer as grandes apostas neste mundo transformado, você deve se apoderar do espírito dos grandes pioneiros do passado, cujos sonhos deram à civilização tudo o que ela tem de valor, o espírito que serve como o sangue vital do próprio país – sua oportunidade e a minha de desenvolvermos e comercializarmos nossos talentos.

Não esqueçamos que Colombo sonhou com um mundo desconhecido, apostou sua vida na existência de tal mundo e o descobriu.

Copérnico, o grande astrônomo, sonhou com uma multiplicidade de mundos e os revelou. Ninguém o denunciou como "irrealista" depois que ele triunfou. Em vez disso, o mundo o venerou em seu santuário, provando mais uma vez que o sucesso não exige desculpas e o fracasso não permite álibis.

Se a coisa que você deseja fazer é certa e você acredita nela, vá em frente e faça. Revele seu sonho e não se preocupe com o que os outros vão dizer caso você se depare com uma derrota temporária, pois os outros talvez não saibam que todo fracasso traz consigo a semente de um sucesso equivalente.

Henry Ford, pobre e sem instrução, sonhou com uma carruagem sem cavalos, começou a trabalhar com as ferramentas de que dispunha, sem esperar ser agraciado por uma oportunidade, e agora a evidência de seu sonho espalha-se por toda a Terra. Ford colocou mais rodas em operação do que qualquer outro homem até hoje porque não teve medo de defender seus sonhos.

Thomas Edison sonhou com uma lâmpada que pudesse ser acionada pela eletricidade, começou onde estava para colocar o sonho em ação e, apesar de mais de dez mil fracassos, manteve o sonho até torná-lo realidade física. Sonhadores práticos não desistem.

Whelan sonhou com uma rede de tabacarias, transformou o sonho em ação e agora as lojas Cigar United ocupam as melhores esquinas da América.

Lincoln sonhou com a liberdade dos escravos negros, pôs o sonho em prática e mal pôde ver o Norte e o Sul unidos traduzirem seu sonho em realidade.

Os irmãos Wright sonharam com uma máquina que voasse pelo ar. Agora pode-se ver por todo o mundo as evidências de que o sonho tinha fundamento.

Marconi sonhou com um sistema para aproveitar as forças intangíveis do éter. As evidências de que ele não sonhou em vão podem ser encontradas em todos os telégrafos sem fio e rádios do mundo. Além disso, o sonho de Marconi colocou lado a lado a cabana mais humilde e a mansão mais imponente. Tornou vizinhas as pessoas de todas as nações da Terra. Deu ao presidente dos Estados Unidos um meio para conversar com todo o povo da América ao mesmo tempo e ao vivo. Pode ser interessante saber que os "amigos" de Marconi o levaram sob custódia para exame em um hospital psiquiátrico quando ele anunciou que havia descoberto um princípio pelo qual podia enviar mensagens pelo ar sem a ajuda de fios ou outros meios físicos diretos de comunicação.

Os sonhadores de hoje se saem melhor. O mundo se acostumou a novas descobertas. Mais que isso, demonstra vontade de recompensar o sonhador que oferece uma nova ideia.

De início e por um tempo, as maiores realizações não passam de sonhos. O carvalho dorme na semente. O pássaro espera no ovo, e, na visão mais elevada da alma, um anjo se mexe delicadamente ao acordar. Sonhos são as sementes da realidade.

Despertem, levantem-se e se afirmem, sonhadores do mundo. A estrela de vocês está agora em ascensão. A Depressão mundial trouxe a oportunidade que vocês esperavam. Ensinou humildade, tolerância e mente aberta às pessoas. O mundo está repleto de uma abundância de oportunidades que os sonhadores do passado jamais conheceram.

Um desejo ardente de ser e fazer é o ponto de partida do qual o sonhador deve decolar. Os sonhos não nascem de indiferença, preguiça ou falta de ambição.

O mundo não zomba mais do sonhador, nem o chama de irrealista. Se você acha que sim, vá ao Tennessee e testemunhe o que um presidente sonhador fez para domar e usar o grande poder hídrico da América. Alguns anos atrás, esse sonho pareceria loucura.

Você se decepcionou, foi submetido à derrota durante a Depressão, sentiu seu coração ser apertado até sangrar. Tenha coragem, pois essas experiências temperaram o metal espiritual de que você é feito – elas são ativos de valor incomparável.

Lembre-se também de que todos aqueles que têm sucesso na vida começam mal e passam por muitas lutas de partir o coração antes de chegar lá. O momento decisivo na vida daqueles que obtêm sucesso geralmente ocorre em alguma crise, quando são apresentados a seus "outros eus".

John Bunyan escreveu *O peregrino*, que figura entre as melhores obras de toda a literatura inglesa, depois de ser confinado à prisão e severamente punido por seus pontos de vista sobre religião. O. Henry descobriu o gênio que dormia em seu cérebro depois de topar com grande infortúnio e ser confinado a uma cela de prisão em Columbus, Ohio. Forçado pelo infortúnio a se familiarizar com seu "outro eu" e a usar a imaginação, ele se descobriu um grande autor em vez de um criminoso e pária desgraçado.

Estranhos e variados são os caminhos da vida, e mais estranhos ainda são os caminhos da Inteligência Infinita, através dos quais os homens às vezes são forçados a sofrer todo tipo de punição antes de descobrir o próprio cérebro e a própria capacidade de gerar ideias úteis com a imaginação. Edison, o maior inventor e cientista do mundo, era um operador de telégrafo "vagabundo", fracassou inúmeras vezes antes de enfim ser conduzido à descoberta do gênio que dormia em seu cérebro.

Charles Dickens começou a vida colando rótulos em potes de graxa de sapato. A tragédia de seu primeiro amor penetrou nas profundezas de sua alma e o converteu em um dos maiores autores do mundo. A tragédia produziu primeiro *David Copperfield*, depois uma sucessão de obras que tornaram este mundo mais rico e melhor para todos que leram seus livros. A decepção no amor em geral tem o efeito de levar homens à bebida e mulheres à ruína, isso porque a maioria nunca aprende a arte de transmutar suas emoções mais fortes em sonhos de natureza construtiva.

Helen Keller ficou surda, muda e cega logo após o nascimento. Apesar de seu imenso infortúnio, escreveu seu nome de modo indelével nas páginas da história dos grandes. Sua vida serve como prova de que ninguém está derrotado até a derrota ser aceita como realidade.

Robert Burns era um rapaz interiorano, analfabeto e amaldiçoado pela pobreza; para completar, se tornou um bêbado quando adulto. O mundo ficou melhor por ele ter vivido, porque Burns revestiu belos pensamentos de poesia e assim arrancou espinhos e plantou rosas no lugar.

Booker T. Washington nasceu na escravidão, em desvantagem pela raça e pela cor. Por ser tolerante, ter uma mente aberta em todas as ocasiões e em todos os assuntos e ser um sonhador, deixou sua marca para sempre em toda uma raça.

Beethoven era surdo, Milton era cego, mas seus nomes hão de permanecer pela eternidade, pois eles sonharam e traduziram seus sonhos em pensamento organizado. Antes de passar para o próximo capítulo, acenda novamente o fogo da esperança, da fé, da coragem e da tolerância em sua mente. Se você tiver esses estados mentais e um conhecimento prático dos princípios descritos, tudo o mais que precisar virá até você quando estiver pronto para receber. Deixe Emerson declarar o pensamento com as seguintes palavras: "Todo provérbio, todo livro, todo epítome que lhe pertence para ajuda ou conforto seguramente voltará para casa por meio de passagens abertas ou sinuosas. Todo amigo que não for sua vontade fantasiosa, mas que o grande e terno coração em você desejar, haverá de prendê-lo em seus braços".

Existe uma diferença entre desejar uma coisa e estar pronto para recebê-la. Ninguém está pronto para nada até acreditar que possa adquiri-la. O estado mental deve ser de crença, não meramente de esperança ou vontade. A mente aberta é essencial para a crença. Mentes fechadas não inspiram fé, coragem e crença.

Lembre-se, não é necessário mais esforço para ter um grande objetivo na vida, exigir abundância e prosperidade do que para aceitar a miséria e a pobreza. Um grande poeta afirmou corretamente essa verdade universal com as seguintes linhas:

Barganhei com a vida por um centavo,
E a vida não pagava mais,
Por mais que eu implorasse à noite,
Quando contava minhas parcas reservas.

Pois a vida é apenas empregadora,
Ela dá o que você pede,
Mas, uma vez que tenha estabelecido o salário,
Ora, é preciso aguentar a tarefa.

Trabalhei por um salário vil,
Só para descobrir, consternado,
Que qualquer salário que eu tivesse pedido à vida,
A vida teria pagado de bom grado.

O DESEJO DESPISTA A MÃE NATUREZA

Como um clímax adequado para este capítulo, desejo apresentar uma das pessoas mais incomuns que já conheci. Eu o vi pela primeira vez há 24 anos, minutos depois de ele ter nascido. Ele veio ao mundo sem nenhum sinal físico de ouvidos, e o médico admitiu, quando pressionado por uma opinião, que a criança talvez fosse surda e muda a vida inteira.

Eu desafiei a opinião do médico. Eu tinha o direito de fazê-lo – eu era o pai da criança. Também tomei uma decisão e dei uma opinião, mas me expressei em silêncio, no segredo de meu coração. Decidi que meu filho ouviria e falaria. A natureza poderia me enviar um filho sem ouvidos, mas a natureza não poderia me induzir a aceitar a realidade da deficiência.

Em minha mente eu sabia que meu filho ouviria e falaria. Como? Eu tinha certeza de que deveria haver um caminho e sabia que o encontraria. Pensei nas palavras do imortal Emerson: "Todo o curso das coisas vai nos ensinar fé. Precisamos apenas obedecer. Há orientação para cada um de nós e, ouvindo com humildade, ouviremos a palavra certa".

A palavra certa? Desejo. Mais do que qualquer outra coisa, desejei que meu filho não fosse surdo-mudo. Desse desejo nunca recuei nem por um segundo.

Muitos anos antes, eu havia escrito: "Nossas únicas limitações são aquelas que estabelecemos na própria mente". Pela primeira vez, indaguei se essa afirmação era verdadeira. Deitado na cama à minha frente estava um bebê recém-nascido sem o equipamento natural da audição. Mesmo que pudesse ouvir e falar, ele estava obviamente desfigurado para toda a vida. Com certeza, aquela era uma limitação que a criança não havia estabelecido na própria mente.

O que eu poderia fazer a respeito? De alguma forma eu encontraria uma maneira de transplantar para a mente daquela criança meu desejo ardente de encontrar maneiras de transmitir som ao cérebro sem o auxílio dos ouvidos. Assim que meu filho tivesse idade suficiente para cooperar, eu preencheria sua mente tão completamente com o desejo ardente de ouvir que a natureza, por seus próprios métodos, traduziria tal desejo em realidade física.

Todo esse pensamento se desenrolou em minha mente, mas não falei nada para ninguém. Todo dia renovava a promessa que havia feito a mim mesmo de não aceitar que meu filho fosse surdo-mudo. Quando o bebê cresceu e começou a perceber as coisas ao redor, observamos que ele tinha um leve grau de audição. Quando chegou à idade em que as crianças em geral começam a conversar, ele não fez nenhuma tentativa de falar, mas pudemos notar por suas ações que ele conseguia ouvir alguns sons tênues. Era tudo o que eu precisava saber. Eu estava convencido de que, se ele conseguia ouvir, mesmo que pouco, poderia desenvolver uma capacidade auditiva maior. Então aconteceu uma coisa que me deu esperança. Veio de uma fonte totalmente inesperada.

Compramos uma vitrola. Quando nosso filho ouviu música pela primeira vez, entrou em êxtase e rapidamente se apropriou do aparelho. Logo mostrou preferência por determinadas gravações, entre elas "It's a Long Way to Tipperary". Em uma ocasião, tocou a faixa vezes e mais vezes, por quase duas horas, em pé diante da vitrola, com os dentes presos na beirada do equipamento. O significado desse hábito espontâneo só ficou claro para nós anos depois, pois até então nunca tínhamos ouvido falar do princípio da condução do som por via óssea.

Logo depois que Blair se apropriou da vitrola, descobri que ele conseguia me ouvir bastante bem quando eu falava com os lábios tocando no seu osso mastoide ou na base de sua cabeça. Essas descobertas me colocaram de posse dos meios pelos quais comecei a traduzir em realidade o desejo ardente de ajudar meu filho a desenvolver a audição e a fala. Naquela época, ele estava tentando falar certas palavras. A perspectiva estava longe de ser animadora, mas o desejo amparado pela fé não conhece a palavra "impossível".

Tendo determinado que ele conseguia ouvir nitidamente o som de minha voz, comecei de imediato a transferir para sua mente o desejo de ouvir e falar. Logo descobri que meu filho gostava de histórias de ninar, então fui ao trabalho, criando histórias destinadas a desenvolver autoconfiança, imaginação e um desejo intenso de ouvir e ser normal.

Havia uma história em particular que eu enfatizava, conferindo-lhe novos tons dramáticos cada vez que a contava. Essa história foi projetada para plantar na mente de Blair o pensamento de que sua deficiência não era um passivo, mas um ativo de grande valor. Apesar de toda a filosofia que eu havia examinado indicar claramente que toda adversidade traz consigo a semente de uma vantagem equivalente, devo confessar que não tinha a menor ideia de como a deficiência de Blair poderia se tornar um ativo. No entanto, continuei a prática de incluir essa filosofia nas histórias de ninar, esperando que chegasse a hora em que ele encontrasse algum plano pelo qual sua deficiência pudesse servir a um propósito útil.

A razão me dizia sem rodeios que não havia compensação adequada para a falta de ouvidos e de aparelho auditivo natural. O desejo apoiado pela fé empurrou a razão para fora do caminho e me inspirou a continuar.

Ao analisar a experiência em retrospecto, percebo agora que a fé de meu filho em mim teve muito a ver com os resultados surpreendentes. Ele não questionou nada do que eu disse. Vendi a ideia de que ele tinha uma vantagem distinta sobre o irmão mais velho e que essa vantagem se refletia de várias maneiras. Por exemplo, os professores da escola observavam que ele não tinha ouvidos, por isso dedicavam-lhe atenção especial e o tratavam com extraordinária bondade. Sempre foi assim. Sua mãe cuidava disso, visitando os professores e combinando com eles para que dessem a nosso filho a atenção extra necessária. Também vendi a ideia de que, quando ele tivesse idade suficiente para vender jornais (o irmão mais velho já havia se tornado comerciante de jornais), ele teria uma grande vantagem sobre o irmão, pois as pessoas lhe dariam dinheiro extra pela mercadoria ao ver que ele era um garoto brilhante e trabalhador, apesar de não ter ouvidos.

Percebemos que, gradualmente, a audição de nosso filho estava melhorando. Além disso, não tinha a menor tendência de ficar constrangido por causa de sua condição. Quando tinha sete anos de idade, ele deu a primeira prova de que nosso método de nutrir sua mente estava dando frutos. Por vários meses, implorou pelo privilégio de vender jornais, mas sua mãe não consentia. Ela temia que a surdez tornasse perigoso ele ir sozinho à rua.

Por fim, Blair se encarregou do assunto por si. Certa tarde, quando foi deixado em casa com os empregados, escalou a janela da cozinha, saltou para o lado de fora e partiu por conta própria. Pediu emprestados seis centavos de capital ao sapateiro do bairro, investiu em jornais, vendeu tudo, reinvestiu e repetiu a operação até tarde da noite. Depois de fazer o balanço contábil e pagar os seis centavos emprestados por seu banqueiro, verificou um lucro líquido de 42 centavos. Quando chegamos a casa naquela noite, o encontramos na cama dormindo com o dinheiro preso na mão bem fechada.

A mãe abriu a mão dele, tirou as moedas e chorou. Ora, francamente! Chorar por causa da primeira vitória do filho me pareceu muito inapropriado. Minha reação foi inversa. Ri de todo o coração, pois soube que o esforço de plantar na mente de meu filho uma atitude de fé em si mesmo tinha sido bem-sucedido.

A mãe viu no primeiro empreendimento comercial do filho um garotinho surdo que saíra pelas ruas e arriscara a vida para ganhar dinheiro. Eu vi um homenzinho empreendedor corajoso, ambicioso e autoconfiante, cuja confiança em si mesmo havia aumentado cem por cento ao fazer negócios por iniciativa própria e vencer. A transação me agradou, porque soube que Blair havia demonstrado uma característica de desenvoltura que o acompanharia por toda a vida. Eventos posteriores provaram que isso era verdade.

Quando seu irmão mais velho queria alguma coisa, se atirava no chão, esperneava e chorava pelo que queria – e conseguia. Quando o "menino surdo" queria alguma coisa, planejava uma maneira de ganhar o dinheiro e depois comprava por si. Ele ainda segue o mesmo plano.

A verdade é que meu filho me ensinou que as desvantagens podem ser convertidas em degraus pelos quais se pode subir na direção de algum objetivo digno, a menos que sejam aceitas como obstáculos e usadas como álibis.

O menino surdo passou de ano nas séries fundamentais, no ensino médio e na faculdade sem conseguir ouvir seus professores, exceto quando gritavam alto e a curta distância. Ele não frequentou escolas para surdos. Não permitimos que ele aprendesse a linguagem dos sinais. Decidimos que ele deveria levar uma vida normal e se relacionar com crianças normais e mantivemos tal decisão, embora nos custasse muitos debates acalorados com o pessoal das escolas.

Enquanto cursava o ensino médio, nosso filho experimentou um aparelho auditivo elétrico, mas não serviu de nada, devido, acreditamos nós, à condição revelada quando ele tinha seis anos de idade: o Dr. J. Gordon Wilson, de Chicago, operou um lado de sua cabeça e descobriu que não havia sinal de aparelho auditivo natural.

Durante a última semana de faculdade (dezoito anos após aquela cirurgia), aconteceu uma coisa que marcou a virada mais importante da vida de Blair. Mediante o que pareceu mero acaso, ele ganhou outro aparelho auditivo elétrico, enviado para teste. Ele demorou a testá-lo, devido à decepção anterior com dispositivo semelhante. Por fim, pegou o aparelho, colocou-o na cabeça sem muito cuidado, ligou a bateria e eis que, como se por um passe de mágica, o desejo de toda a sua vida de ter uma audição normal se tornou realidade. Pela primeira vez na vida, Blair ouviu praticamente tanto quanto qualquer pessoa com audição normal. "Deus se move de formas misteriosas para realizar suas maravilhas."

Exultante por causa do mundo transformado que lhe fora trazido pelo aparelho auditivo, ele correu para o telefone, ligou para a mãe e ouviu a voz dela com perfeição. No dia seguinte, ouviu claramente as vozes dos professores na sala de aula pela primeira vez na vida. Antes ele só conseguia ouvi-los quando gritavam a curta distância. Ele ouviu rádio. Ouviu filmes. Pela primeira vez na vida, pôde conversar livremente com outras pessoas sem a necessidade de que falassem alto. A verdade é que ele tomou posse de um mundo modificado. Nos recusamos a aceitar o erro da natureza e, por um desejo persistente, induzimos a natureza a corrigir o erro pelos únicos meios práticos disponíveis.

O desejo havia começado a pagar dividendos, mas a vitória ainda não estava completa. O garoto ainda precisava encontrar uma maneira prática e definitiva de converter sua deficiência em um ativo equivalente.

Mal percebendo o significado do que já havia alcançado, mas intoxicado pela alegria do mundo sonoro recém-descoberto, Blair escreveu uma carta ao fabricante do aparelho auditivo, descrevendo sua experiência com entusiasmo. Algo na carta, algo que talvez não estivesse escrito nas frases, mas por trás delas, levou a empresa a convidá-lo a ir a Nova York. Quando chegou, Blair fez uma visita guiada pela fábrica e, enquanto conversava com o engenheiro-chefe, contando sobre a transformação de seu mundo, um palpite, uma ideia ou uma inspiração – chame como quiser – fulgurou em sua mente. Foi o impulso de pensamento que transformou sua deficiência em um ativo destinado a pagar dividendos em dinheiro e felicidade aos milhares para sempre dali em diante.

A essência do impulso de pensamento foi a seguinte: ele poderia ajudar os milhões de surdos que passam a vida sem o benefício de aparelhos auditivos caso conseguisse encontrar uma maneira de contar para eles a história de seu mundo transformado. Naquele momento, Blair decidiu dedicar o resto da vida a prestar um serviço útil a pessoas com problemas de audição.

Durante um mês inteiro, ele executou uma pesquisa intensiva, analisando todo o sistema de *marketing* do fabricante de aparelhos auditivos, e criou meios de se comunicar com pessoas com deficiência auditiva em todo o mundo a fim de compartilhar com elas seu mundo transformado recém-descoberto. Feito isso, elaborou um plano de dois anos com base em seus achados. Quando apresentou o plano à empresa, recebeu um cargo na mesma hora com o objetivo de realizar sua ambição.

Mal sonhava ele, quando foi trabalhar, que estava destinado a levar esperança e alívio prático a milhares de surdos que, sem sua ajuda, estariam condenados para sempre ao surdimutismo.

Logo depois de se associar ao fabricante de aparelhos auditivos, meu filho me convidou para assistir a uma aula organizada por sua empresa com o objetivo de ensinar surdos a ouvir e a falar. Eu nunca tinha ouvido falar dessa forma de educação, portanto fui à aula cético, mas com uma esperança de que meu tempo não fosse totalmente desperdiçado. Ali vi uma demonstração que me deu uma visão muito ampliada do que eu tinha feito para despertar e manter vivo na mente de meu filho o desejo de ouvir normalmente. Vi surdos-mudos sendo ensinados a ouvir e a falar mediante a aplicação do mesmo princípio que eu havia usado mais de vinte anos antes para salvar meu filho do surdimutismo.

Assim, por um estranho giro da roda do destino, meu filho Blair e eu estávamos destinados a ajudar a corrigir o surdimutismo daqueles que ainda nem nasceram, porque somos os únicos seres humanos vivos, que eu saiba, que estabeleceram definitivamente o fato de que o surdimutismo pode ser corrigido a ponto de restaurar a vida normal àqueles que sofrem dessa deficiência. Se foi possível para um, será possível para outros.

Não há dúvida de que Blair teria sido surdo-mudo a vida inteira se sua mãe e eu não tivéssemos conseguido moldar sua mente como moldamos. O médico que assistiu o parto nos disse confidencialmente que a criança talvez nunca ouvisse ou falasse. Algumas semanas atrás, o Dr. Irving Voorhees, respeitado especialista nesses casos, examinou Blair minuciosamente. Ficou espantado ao constatar o quanto meu filho ouve e fala e disse que seu exame indicava que, "teoricamente, o garoto não deveria conseguir ouvir nada". Mas o rapaz ouve, apesar de as imagens de raios X mostrarem que não há nenhuma abertura no crânio onde seus ouvidos deveriam estar.

Quando plantei na mente de Blair o desejo de ouvir, conversar e viver como uma pessoa normal, esse impulso produziu alguma influência estranha que levou a natureza a se tornar construtora de pontes e transpor o abismo de silêncio entre o cérebro de Blair e o mundo exterior por meios que os especialistas médicos mais argutos não foram capazes de interpretar. Seria um sacrilégio para mim sequer conjeturar sobre como a natureza realizou esse milagre. Seria imperdoável se eu deixasse de contar ao mundo o que sei a respeito do humilde papel que desempenhei nesse estranho acontecimento. É meu dever e privilégio dizer que acredito, e não sem razão, que nada é impossível para a pessoa que sustenta o desejo com a fé duradoura.

Na verdade, um desejo ardente tem maneiras tortuosas de se transmutar em seu equivalente físico. Blair desejou uma audição normal, agora a tem. Ele nasceu com uma desvantagem que poderia facilmente ter enviado alguém com desejo menos definido para a rua com um punhado de lápis e uma caneca de lata. Essa desvantagem agora promete servir de meio pelo qual ele prestará um serviço útil a muitos milhões de deficientes auditivos, além de lhe proporcionar um emprego útil com compensação financeira adequada pelo resto da vida.

As pequenas mentiras brancas que plantei na mente de Blair quando ele era criança, levando-o a acreditar que sua deficiência se tornaria um grande patrimônio, que ele poderia capitalizar, estão justificadas. Na verdade, não há nada, certo ou errado, que a crença somada ao desejo ardente não possa tornar real. Essas qualidades estão à disposição de todos.

Em toda a minha experiência ao lidar com homens e mulheres com problemas pessoais, nunca lidei com um único caso que demonstre mais definitivamente o poder do desejo. Às vezes os autores cometem o erro de escrever sobre assuntos dos quais têm apenas conhecimento superficial ou muito elementar. Foi uma sorte eu ter tido o privilégio de testar a solidez do poder do desejo a partir da condição de meu filho. Talvez tenha sido providencial a experiência ter ocorrido dessa forma, pois com certeza ninguém está mais preparado do que ele para servir de exemplo do que acontece quando o desejo é posto à prova. Se a mãe natureza se curva à vontade do desejo, seria lógico achar que meros humanos possam derrotar um desejo ardente?

Estranho e imponderável é o poder da mente humana. Não entendemos o método pelo qual ela utiliza todas as circunstâncias, todos os indivíduos, todas as coisas físicas ao seu alcance como meios de transmutar o desejo em sua contraparte física. Talvez a ciência descubra esse segredo.

Plantei na mente do meu filho o desejo de ouvir e falar como qualquer pessoa normal ouve e fala. Esse desejo agora se tornou realidade. Plantei em sua mente o desejo de converter seu maior obstáculo em seu maior patrimônio. Esse desejo foi realizado. O *modus operandi* pelo qual o resultado espantoso foi alcançado não é difícil de descrever. Consiste em três fatos muito definidos: primeiro, misturei a fé com o desejo de audição normal e transmiti isso a meu filho. Segundo, comuniquei a ele meu desejo por todos os meios disponíveis, mediante esforço persistente e contínuo ao longo de anos. Terceiro, ele acreditou em mim.

Quando este capítulo estava sendo concluído, chegaram as notícias da morte de Mme. Schumann-Heink. Um breve parágrafo no comunicado de imprensa dá a pista para o sucesso estupendo dessa cantora e mulher incomum. Cito o parágrafo porque a pista que contém não é outra senão o desejo.

No início de sua carreira, Ernestine Schumann-Heink visitou o diretor da Ópera da Corte de Viena para um teste de voz. Mas ele não a testou. Depois de dar uma olhada na garota desajeitada e malvestida, ele exclamou sem muita gentileza: "Com essa cara e sem qualquer personalidade, como você pode esperar ter sucesso na ópera? Minha boa criança, desista dessa ideia. Compre uma máquina de costura e vá trabalhar. Você nunca poderá ser cantora".

Nunca é muito tempo. O diretor da Ópera da Corte de Viena sabia muito sobre técnica de canto. Mas pouco sabia sobre o poder do desejo quando assume a proporção de uma obsessão. Se soubesse mais sobre esse poder, não teria cometido o erro de condenar um gênio sem lhe dar uma oportunidade.

Há muitos anos, um de meus colegas de trabalho adoeceu. Com o passar do tempo ele piorou e acabou levado ao hospital para uma cirurgia. Pouco antes de ele ser conduzido para a sala de cirurgia, dei uma olhada nele e me perguntei como alguém tão magro e debilitado poderia passar por uma grande operação com sucesso. O médico avisou que havia pouca ou nenhuma chance de eu vê-lo vivo novamente. Mas essa era a opinião do médico. Não era a opinião do paciente. Pouco antes de ser levado embora, ele sussurrou debilmente: "Não se preocupe, chefe, vou sair daqui em alguns dias". A enfermeira assistente olhou para mim com pena. Mas o paciente se salvou. Depois que tudo terminou, o médico disse: "Nada além do próprio desejo de viver o salvou. Ele nunca teria conseguido se não tivesse se recusado a aceitar a possibilidade da morte".

Acredito no poder do desejo apoiado pela fé porque vi esse poder alçar homens de começos humildes a elevados patamares de poder e riqueza, vi esse poder roubar o túmulo de suas vítimas, vi esse poder servir de meio pelo qual os homens dão a volta por cima depois de derrotados de centenas de maneiras diferentes, vi esse poder proporcionar uma vida normal, feliz e bem-sucedida a meu filho, apesar de a natureza o ter enviado ao mundo sem ouvidos.

Como alguém pode aproveitar e usar o poder do desejo? Isso é respondido neste e nos capítulos subsequentes deste livro. Essa mensagem está sendo divulgada ao mundo ao final da mais longa e talvez mais devastadora depressão que a América já viu. É razoável presumir que a mensagem possa chamar a atenção de muitos que foram atingidos pela Depressão, aqueles que perderam suas fortunas, aqueles que perderam suas posições e as multidões que precisam reorganizar seus planos e dar a volta por cima. A todos eles desejo transmitir o pensamento de que toda conquista, não importa qual seja sua natureza ou propósito, deve começar com um desejo intenso e ardente por algo definido.

Por meio de algum estranho e poderoso princípio de "química mental" nunca revelado, a natureza encerra no impulso do desejo intenso "aquele algo" que não reconhece a palavra "impossível" e que não aceita a realidade do fracasso.

Capítulo 2

FÉ

VISUALIZAÇÃO E CRENÇA NA REALIZAÇÃO DO DESEJO

Segundo passo para a riqueza

A fé é a química-chefe da mente. Quando a fé é misturada ao pensamento, o subconsciente capta o pensamento instantaneamente, traduz tal pensamento em seu equivalente espiritual e o transmite à Inteligência Infinita, como no caso da oração.

Fé, amor e sexo são as mais poderosas de todas as principais emoções positivas. Quando as três são misturadas, têm o efeito de "colorir" a vibração do pensamento de tal maneira que no mesmo instante este atinge a mente subconsciente, onde é transformado em seu equivalente espiritual, a única forma que induz uma resposta da Inteligência Infinita.

Amor e fé são psíquicos, relacionam-se ao aspecto espiritual do homem. O sexo é puramente biológico e se relaciona apenas ao aspecto físico. A mistura ou combinação dessas três emoções tem o efeito de abrir uma linha direta de comunicação entre a mente finita e pensante do homem e a Inteligência Infinita.

COMO DESENVOLVER A FÉ

Aqui está uma declaração que proporcionará melhor compreensão da importância que o princípio da autossugestão assume na transmutação do desejo em seu equivalente físico ou monetário: fé é um estado mental que pode ser induzido ou criado por afirmações ou por instruções repetidas à mente subconsciente mediante autossugestão.

A título de ilustração, considere o propósito pelo qual se presume que você esteja lendo este livro. O objetivo naturalmente é adquirir a capacidade de transmutar o impulso intangível do desejo em seu equivalente físico – dinheiro. Seguindo as instruções dadas nos capítulos sobre autossugestão e mente subconsciente (resumidas no capítulo sobre autossugestão), você pode convencer a mente subconsciente de que acredita que receberá aquilo que pede. O subconsciente agirá sobre essa crença e a devolverá para você na forma de fé seguida de planos definidos para a aquisição daquilo que você deseja.

O método para se desenvolver a fé onde ela ainda não existe é extremamente difícil de descrever; de fato, quase tão difícil quanto descrever a cor vermelha para um cego que nunca enxergou as cores e não tem com o que comparar o que você descreve. Fé é um estado mental que você pode desenvolver à sua vontade após dominar os treze princípios, pois é algo que se desenvolve de modo espontâneo pela aplicação e uso desses princípios.

A repetição de ordens à mente subconsciente é o único método conhecido para o desenvolvimento espontâneo da fé. Talvez o significado disso possa ser esclarecido com a seguinte explicação sobre de que modo os homens às vezes se tornam criminosos. Nas palavras de um famoso criminologista: "Quando os homens entram em contato com o crime pela primeira vez, o abominam. Se permanecem em contato por um tempo, se acostumam e o suportam. Se permanecem em contato por tempo suficiente, por fim o abraçam e são influenciados por ele".

É o equivalente a dizer que qualquer pensamento transmitido ao subconsciente repetidas vezes acaba sendo aceito e o subconsciente passa a agir de acordo, a fim de traduzir tal pensamento em seu equivalente físico pelo procedimento mais prático que esteja disponível. A respeito disso, considere de novo a declaração: todos os pensamentos dotados de emoção (envolvendo sentimentos) e misturados à fé começam a se traduzir imediatamente em seu equivalente físico.

As emoções, ou porção "sensível" dos pensamentos, são o que confere vitalidade, vida e ação aos pensamentos. As emoções de fé, amor e sexo, quando misturadas a qualquer pensamento, proporcionam maior ação do que qualquer uma delas pode proporcionar sozinha.

Não apenas os pensamentos misturados à fé, mas também aqueles misturados com qualquer uma das emoções positivas ou negativas podem alcançar e influenciar a mente subconsciente. A partir dessa afirmação, você entenderá que a mente subconsciente traduzirá em seu equivalente físico um pensamento de natureza negativa ou destrutiva tão prontamente quanto agirá sobre pensamentos de natureza positiva ou construtiva.

Isso explica o estranho fenômeno conhecido como "infortúnio" ou "azar", experimentado por muita gente. Milhões de pessoas acreditam-se condenadas à pobreza e ao fracasso por causa de alguma força estranha sobre a qual acreditam não ter controle. Essas pessoas são criadoras dos próprios infortúnios devido à crença captada pela mente subconsciente e traduzida em seu equivalente físico.

Este é um bom momento para sugerir de novo que você pode se beneficiar ao transmitir para o subconsciente qualquer desejo que queira traduzir no equivalente físico ou monetário em um estado de expectativa ou crença de que a transmutação realmente ocorrerá. Sua crença ou fé é o que determina a ação do subconsciente. Não há nada que o impeça de "enganar" sua mente subconsciente ao dar instruções por autossugestão, assim como eu enganei a mente subconsciente de meu filho.

Para tornar a "enganação" mais realista, quando invocar o subconsciente, comporte-se como faria se já estivesse de posse da coisa material que está exigindo. A mente subconsciente transmutará em seu equivalente físico, pelo meio mais direto e prático disponível, qualquer ordem dada em estado de crença ou fé de que o comando será executado.

Com certeza já foi dito o bastante para oferecer um ponto de partida para se adquirir – mediante tentativa e prática – a capacidade de adicionar fé a qualquer ordem dada ao subconsciente. A perfeição virá com a prática. Não tem como vir pela mera leitura das instruções.

Se é verdade que alguém pode se tornar criminoso por associação com o crime (e esse é um fato conhecido), é igualmente verdade que se pode desenvolver fé sugerindo deliberadamente ao subconsciente que se tem fé. A mente acaba por assumir a natureza das influências que a dominam. Entenda essa verdade e você saberá por que é essencial incentivar as emoções positivas como forças dominantes de sua mente e desestimular e eliminar as emoções negativas.

Uma mente dominada por emoções positivas torna-se morada propícia ao estado mental conhecido como fé. Uma mente sob tal domínio pode dar instruções à vontade para o subconsciente, que as aceitará e agirá de acordo imediatamente.

FÉ É UM ESTADO MENTAL QUE PODE SER INDUZIDO POR AUTOSSUGESTÃO

Ao longo dos tempos, os religiosos têm aconselhado a humanidade aflita a "ter fé" nesse, naquele e naquele outro dogma ou credo, mas fracassam em dizer às pessoas como ter fé. Não afirmam que fé é um estado mental que pode ser induzido por autossugestão.

Em uma linguagem que qualquer ser humano normal pode entender, descreveremos tudo o que se sabe sobre o princípio pelo qual a fé pode ser desenvolvida onde ainda não existe. Tenha fé em si mesmo; fé no infinito. Antes de começarmos, você deve recordar mais uma vez que:

- Fé é o elixir eterno que concede vida, poder e ação ao pensamento.
- Vale a pena ler a sentença anterior uma segunda, uma terceira e uma quarta vez. Vale a pena ler em voz alta.
- Fé é o ponto de partida de toda acumulação de riqueza.
- Fé é a base de todos os milagres e de todos os mistérios que não podem ser analisados pelas leis da ciência.
- Fé é o único antídoto conhecido para o fracasso.
- Fé é o elemento, a substância química que, quando misturada à oração, permite uma comunicação direta com a Inteligência Infinita.
- Fé é o elemento que transforma a vibração comum do pensamento, criada pela mente finita do homem, no equivalente espiritual.
- Fé é o único agente mediante o qual a força cósmica da Inteligência Infinita pode ser controlada e usada pelo homem.

Cada uma das declarações anteriores pode ser comprovada. A comprovação é simples e facilmente demonstrável. Está contida no princípio da autossugestão. Vamos centrar nossa atenção, portanto, na autossugestão e descobrir o que é e o que pode produzir.

É fato bem conhecido que os indivíduos acabam por acreditar no que quer que repitam para si mesmos, seja a afirmação verdadeira, seja falsa. Se um homem repetir uma mentira vezes e mais vezes, acabará aceitando a mentira como verdade. Mais do que isso – acreditará que é verdade. Todo indivíduo é o que é por causa dos pensamentos dominantes que permite que ocupem sua mente. Pensamentos que a pessoa deliberadamente coloca na própria mente, encoraja com simpatia e aos quais mistura uma ou mais emoções constituem as forças motivadoras que dirigem e controlam todos os seus movimentos, gestos e ações.

A declaração a seguir é muito significativa e verdadeira: pensamentos misturados com quaisquer sentimentos ou emoções constituem uma força magnética que atrai das vibrações do éter outros pensamentos similares ou relacionados. Um pensamento magnetizado pela emoção pode ser comparado a uma semente que, quando plantada em solo fértil, germina, cresce e se multiplica muitas vezes, até a sementinha original se tornar incontáveis milhões de sementes da mesma espécie.

O éter é uma grande massa cósmica de forças eternas de vibração. É composto de vibrações destrutivas e construtivas. Contém vibrações de medo, pobreza, doença, fracasso e miséria, bem como vibrações de prosperidade, saúde, sucesso e felicidade, tão seguramente quanto transporta o som de centenas de músicas e de centenas de vozes humanas, todas elas mantendo a individualidade e meios de identificação através do rádio.

A mente humana atrai constantemente do grande depósito do éter as vibrações que se harmonizam com aquilo que a domina. Qualquer pensamento, ideia, plano ou propósito que alguém mantém na mente atrai das vibrações do éter uma multidão de "parentes", soma esses parentes à própria força e cresce até se tornar o mestre motivador dominante do indivíduo em cuja mente está alojado.

Voltemos agora ao ponto de partida para ver como a semente original de uma ideia, plano ou propósito pode ser plantada na mente. É simples: qualquer ideia, plano ou propósito pode ser colocado na mente mediante repetição do pensamento. Por isso você deve redigir uma declaração de sua maior meta ou objetivo principal definido, memorizá-la e repeti-la em voz alta dia após dia, até essas vibrações sonoras chegarem a seu subconsciente.

Nós somos o que somos por causa das vibrações de pensamento que captamos e registramos em meio aos estímulos do ambiente cotidiano. Decida-se a jogar fora as influências de qualquer ambiente infeliz e a construir a própria vida como deseja. Fazendo um inventário dos ativos e passivos mentais, você descobrirá que sua maior fraqueza é a falta de autoconfiança. Essa desvantagem pode ser superada e a timidez pode ser traduzida em coragem com a ajuda da autossugestão. A aplicação desse princípio pode ser feita mediante um simples conjunto de pensamentos positivos declarados por escrito, memorizados e repetidos até se tornarem parte do equipamento de trabalho da mente subconsciente.

FÓRMULA DA AUTOCONFIANÇA

1. Sei que tenho capacidade para alcançar meu objetivo definido de vida; portanto, exijo de mim uma ação persistente e contínua rumo à sua consecução e prometo aqui e agora realizar tal ação.
2. Entendo que os pensamentos dominantes em minha mente acabarão se reproduzindo em ação física externa e gradualmente se transformarão em realidade física; portanto, me concentrarei por trinta minutos diários na tarefa de pensar sobre a pessoa que pretendo me tornar, criando em minha mente uma imagem mental clara dessa pessoa.
3. Sei que, pela autossugestão, qualquer desejo que mantenha de modo persistente em minha mente acabará buscando os meios práticos para alcançar o objetivo; portanto, dedicarei dez minutos diários para exigir de mim o desenvolvimento da autoconfiança.

4. Redigi uma descrição clara do meu objetivo principal definido de vida e não vou parar de tentar até ter desenvolvido autoconfiança suficiente para sua realização.
5. Entendo plenamente que nenhuma riqueza ou posição pode durar muito tempo, a menos que construída sobre a verdade e a justiça; portanto, não participarei de nenhuma transação que não beneficie a todos os envolvidos. Terei sucesso atraindo para mim as forças que desejo usar e a cooperação de outras pessoas. Induzirei os outros a me servir mostrando minha disposição de servir aos outros. Eliminarei o ódio, a inveja, o ciúme, o egoísmo e o cinismo, desenvolvendo amor por toda a humanidade, porque sei que uma atitude negativa em relação aos outros nunca poderá me trazer sucesso. Farei com que outros acreditem em mim porque acreditarei neles e em mim mesmo. Vou assinar meu nome nessa fórmula, memorizá-la e repeti-la em voz alta uma vez por dia, com plena fé de que aos poucos influenciará meus pensamentos e ações para que eu me torne uma pessoa autossuficiente e bem-sucedida.

Por trás dessa fórmula está uma lei da natureza que nenhum homem foi capaz de explicar até hoje. Ela tem intrigado os cientistas de todas as épocas. Os psicólogos chamaram essa lei de autossugestão e deixaram por isso mesmo.

Pouco importa o nome que se dê à lei. O importante é o seguinte: ela atua para a glória e sucesso da humanidade se usada de forma construtiva. Porém, se usada de modo destrutivo, será destrutiva com a mesma prontidão. Nessa declaração pode ser encontrada uma verdade muito importante – aqueles que sucumbem em derrota e acabam a vida na pobreza, miséria e angústia o fazem por causa da aplicação negativa da autossugestão. Isso porque todos os pensamentos tendem a se revestir de seu equivalente físico.

A mente subconsciente (o laboratório químico no qual todos os pensamentos são combinados e preparados para a tradução em realidade física) não faz distinção entre pensamentos construtivos e destrutivos. Ela trabalha com o material que fornecemos por meio de nossos pensamentos. A mente subconsciente traduzirá em realidade um pensamento impulsionado pelo medo tão prontamente quanto um pensamento impulsionado pela coragem ou fé.

As páginas da história da medicina são ricas em casos de "suicídio sugestivo". Um indivíduo pode cometer suicídio por sugestão negativa tão efetivamente quanto por qualquer outro meio. Em uma cidade do Meio Oeste, um bancário chamado Joseph Grant tomou "emprestada" uma grande quantia do banco sem o consentimento dos diretores. Ele perdeu o dinheiro no jogo. Certa tarde, o inspetor do banco chegou e começou a verificar as contas. Grant saiu do banco, hospedou-se em um hotel local e, quando o encontraram, três dias depois, estava deitado na cama, chorando e gemendo, repetindo sem parar: "Meu Deus, isso vai me matar! Não suporto a desgraça". Pouco tempo depois ele morreu. Os médicos declararam como causa "suicídio mental".

Assim como a eletricidade faz girar as rodas da indústria e presta serviços úteis se usada de forma construtiva, ou aniquila a vida se mal utilizada, a autossugestão o levará à paz e à prosperidade ou para o vale da miséria, do fracasso e da morte, de acordo com o seu grau de entendimento e a forma como aplicá-la.

Se você encher sua mente de medo, dúvida e incredulidade em sua capacidade de se conectar às forças da Inteligência Infinita e utilizá-las, a autossugestão captará esse espírito de incredulidade e o utilizará como um padrão que a mente subconsciente traduzirá no equivalente físico. Essa afirmação é tão verdadeira quanto dois e dois são quatro.

Como o vento que carrega um navio para o leste e outro navio para o oeste, a autossugestão o levará para cima ou para baixo conforme você ajustar as velas do pensamento. A autossugestão, mediante a qual toda pessoa pode se elevar a patamares de realização que surpreendem a imaginação, é bem descrita nos versos a seguir:

Se você <u>pensa</u> que está derrotado, você está derrotado,
Se você <u>pensa</u> que não dá para ousar, você não ousa;
Se você gosta de vencer, mas <u>pensa</u> que não vai conseguir,
É quase certo que não conseguirá.

Se você pensa que vai perder, você está perdido,
Porque no mundo lá fora descobrimos
Que o sucesso começa com a vontade do indivíduo.

É tudo uma questão de estado mental.
Se você pensa que está superado, você está superado.
Você tem que pensar alto para subir,
Você tem que estar seguro de si antes de
Poder ganhar um prêmio.

As batalhas da vida nem sempre são vencidas
Pelo mais forte ou mais rápido,
Mas, cedo ou tarde, aquele que vence
É aquele que pensa que pode vencer.

Observe as palavras destacadas e você perceberá o profundo significado que o poeta tinha em mente. Em algum lugar da sua constituição (talvez nas células de seu cérebro), dorme a semente da conquista que, se despertada e colocada em ação, o levará a alturas que você jamais esperaria alcançar. Assim como um músico talentoso consegue fazer jorrar as mais belas notas musicais das cordas de um violino, você também pode despertar o gênio adormecido em seu cérebro e fazer com que ele o impulsione para qualquer meta que você deseje alcançar.

Abraham Lincoln foi um fracasso em tudo o que tentou até bem depois dos quarenta anos de idade. Ele era um zé-ninguém até uma grande experiência ocorrer em sua vida, despertar o gênio adormecido em seu coração e cérebro e dar ao mundo um homem realmente grande. A experiência foi combinada às emoções de tristeza e amor. Chegou a ele por meio de Anne Rutledge, a única mulher que Lincoln realmente amou.

É bem sabido que a emoção do amor se assemelha ao estado mental conhecido como fé, isso porque o amor chega muito perto de traduzir os pensamentos de alguém em seu equivalente espiritual. Durante suas pesquisas, o autor descobriu, a partir da análise do trabalho e das realizações de centenas de homens notáveis, que havia a influência do amor de uma mulher em quase todos eles. A emoção do amor gera um campo favorável de atração magnética no coração e no cérebro humano, o que causa um influxo das melhores e mais altas vibrações que flutuam no éter.

Se você deseja evidência do poder da fé, estude as realizações de homens e mulheres que a empregaram. No topo da lista está o Nazareno. O cristianismo é a maior força isolada a influenciar a mente dos homens. A base do cristianismo é a fé, não importando quantas pessoas tenham pervertido ou interpretado mal o significado dessa grande força e não importando quantos dogmas e credos tenham sido criados em seu nome e não reflitam seus princípios.

A essência dos ensinamentos e das realizações de Cristo que podem ter sido interpretados como milagres nada mais é do que fé. Se existem os tais fenômenos conhecidos como milagres, eles são produzidos unicamente pelo estado mental conhecido como fé. Alguns professores de religião e muitos que se chamam cristãos não entendem nem praticam a fé.

Vamos considerar o poder da fé tal como é demonstrado hoje em dia por um homem bem conhecido em toda a civilização – Mahatma Gandhi, da Índia. Nesse homem, o mundo tem um dos exemplos mais surpreendentes das possibilidades da fé. Hoje em dia Gandhi exerce mais poder potencial do que qualquer homem, apesar de não ter nenhuma das ferramentas ortodoxas de poder, como dinheiro, navios de guerra, soldados e equipamento bélico. Gandhi não tem dinheiro, não tem casa, não tem roupas, mas tem poder. Como ele chegou a esse poder?

Gandhi criou poder a partir de sua compreensão do princípio da fé e pela capacidade de transplantar essa fé para a mente de duzentos milhões de pessoas. Gandhi realizou pela influência da fé aquilo que o maior poder militar da Terra não pode e nunca irá conseguir com soldados e equipamento bélico. Gandhi realizou a impressionante façanha de influenciar duzentos milhões de mentes a se unir e se mover em uníssono, como uma única mente. Que outra força na Terra, exceto a fé, poderia fazer o mesmo?

Há de chegar o dia em que empregados e empregadores descobrirão as possibilidades da fé. Esse dia está raiando. O mundo inteiro teve muitas oportunidades, durante a recente depressão econômica, de testemunhar o que a falta de fé fará aos negócios.

Com certeza, a civilização produziu número suficiente de seres humanos inteligentes para fazer uso da grande lição que a Depressão ensinou ao mundo. Durante a Depressão, o mundo teve evidências abundantes de que o medo generalizado paralisa as rodas da indústria e dos negócios. Dessa experiência surgirão líderes empresariais e industriais que lucrarão com o exemplo de Gandhi e aplicarão nos negócios as mesmas táticas que o líder indiano usou para consolidar a maior legião de seguidores conhecida na história do mundo. Esses líderes sairão das fileiras de homens desconhecidos que hoje trabalham nas siderúrgicas, minas de carvão, fábricas de automóveis e vilas e cidades da América.

Os negócios estão fadados a uma reforma – disso não resta dúvida. Os métodos do passado, baseados em combinações econômicas de força e medo, serão suplantados pelos princípios superiores da fé e da cooperação. Os trabalhadores receberão mais do que salários diários; receberão dividendos do negócio, assim como aqueles que fornecem o capital, mas antes deverão dar mais aos empregadores e parar com as discussões e barganhas à força, à custa do público. Os trabalhadores devem conquistar o direito aos dividendos.

Além disso – e o mais importante de tudo –, os trabalhadores serão guiados por líderes que compreenderão e aplicarão os princípios empregados por Mahatma Gandhi. Somente assim os líderes podem obter dos liderados o espírito de plena cooperação que constitui poder em sua forma mais elevada e duradoura.

A estupenda era das máquinas em que vivemos e da qual estamos emergindo tirou a alma dos homens. Seus líderes guiaram os homens como se fossem peças de máquinas frias; foram forçados a isso por empregados que barganharam para receber e não dar à custa de todos os envolvidos. O lema do futuro será felicidade e contentamento humano; quando esse estado mental for atingido, a produção andará por si de modo mais eficiente do que qualquer coisa que já tenha sido realizada quando os homens não misturaram fé e interesse individual com seu trabalho.

Devido à necessidade de fé e cooperação na gestão de negócios e indústrias, será interessante e lucrativo analisar um episódio que fornece uma excelente compreensão do método pelo qual empresários e industrialistas acumularam grandes fortunas dando antes de tentar ganhar. O episódio escolhido remonta a 1900, quando a United States Steel Corporation era formada. Ao ler a história, tenha em mente estes fatos fundamentais e você entenderá como as ideias foram convertidas em fortunas imensas.

Primeiro, a gigante United States Steel Corporation nasceu na mente de Charles M. Schwab, na forma de uma ideia produzida por sua imaginação. Segundo, ele misturou fé com a ideia. Terceiro, formulou um plano para transformar a ideia em realidade física e financeira. Quarto, colocou o plano em ação com seu famoso discurso no University Club. Quinto, aplicou e seguiu o plano com persistência, apoiando-o com decisão firme até estar totalmente executado. Sexto, preparou o caminho para o sucesso com um desejo ardente de sucesso.

Se você é um daqueles que sempre se perguntaram como grandes fortunas são acumuladas, a história da criação da United States Steel Corporation será esclarecedora. Se tem alguma dúvida de que os homens podem pensar e enriquecer, essa história deve dissipar tal dúvida, porque no caso da United States Steel você pode ver com clareza a aplicação de grande parte dos treze princípios descritos neste livro. O espantoso poder de uma ideia foi vividamente descrito por John Lowell no *New York World-Telegram*. A narrativa é republicada aqui por cortesia do jornal.

UM BELO DISCURSO DE US$ 1 BILHÃO APÓS O JANTAR

Quando, na noite de 12 de dezembro de 1900, cerca de oitenta representantes da nobreza financeira do país se reuniram no salão de banquetes do University Club na Quinta Avenida para homenagear um jovem do Oeste, nem meia dúzia dos convidados se deu conta de que viria a testemunhar o mais importante episódio da história industrial americana.

J. Edward Simmons e Charles Stewart Smith, com o peito cheio de gratidão pela exuberante hospitalidade com que haviam sido recebidos por Charles M. Schwab em recente visita a Pittsburgh, organizaram o jantar para apresentar o empresário do aço de 38 anos à sociedade banqueira do Leste. Só não esperavam que ele incendiasse o encontro. De fato, preveniram-no de que os peitos dentro das camisas engomadas de Nova York não reagiam bem a discursos e que, se não quisesse entediar os Stillmans, Harrimans e Vanderbilts, o melhor seria limitar-se a quinze ou vinte minutos de palavreado pomposo e polido e nada mais.

Até John Pierpont Morgan, sentado à direita de Schwab, como convinha à sua dignidade imperial, pretendia agraciar a mesa de banquete com sua presença apenas brevemente. Quanto à imprensa e ao público, o acontecimento era de todo tão pouco importante que não se viu menção nos jornais no dia seguinte.

Enfim, os dois anfitriões e seus distintos convidados degustaram os habituais sete ou oito pratos. Houve pouca conversa, e a que houve foi contida. Poucos banqueiros e corretores conheciam Schwab, cuja carreira havia transbordado pelas margens do Monongahela, e ninguém o conhecia bem. Contudo, antes de a noite acabar, eles e Morgan, o Senhor do Dinheiro, seriam arrebatados, e um bebê de US$ 1 bilhão – a United States Steel Corporation – seria concebido.

Talvez seja um infortúnio para a história que não haja registro do discurso de Charlie Schwab no jantar. Ele repetiu alguns trechos em um encontro semelhante com banqueiros de Chicago tempos depois. E mais adiante, no banco das testemunhas, quando o governo moveu um processo para dissolver o truste do aço, Schwab apresentou sua versão dos comentários que incitaram Morgan a um frenesi de atividade financeira.

É provável, porém, que tenha sido um discurso "caseiro", um tanto indiferente à gramática (porque Schwab nunca se incomodou com as sutilezas da linguagem), cheio de epigramas e entremeado de humor. Mas, além disso, teve uma força e um efeito eletrizantes sobre os US$ 5 bilhões de capital estimado representado pelos presentes. Terminado o discurso e com a plateia ainda sob seu encanto, embora Schwab tenha falado por noventa minutos, Morgan levou o orador até uma janela afastada, onde, com as pernas balançando em um assento alto e desconfortável, os dois conversaram por mais uma hora.

A magia da personalidade de Schwab havia sido lançada com toda a força, mas mais importante e duradouro foi o programa preciso e completo que ele expôs para o engrandecimento da Steel. Muitos outros homens haviam tentado convencer Morgan a criar um truste do aço no padrão das indústrias de biscoito, arame e fios, açúcar, borracha, uísque, petróleo ou goma de mascar. John W. Gates, o apostador, havia insistido, mas Morgan desconfiava dele. Os jovens Moore, Bill e Jim, corretores de ações de Chicago que montaram um truste de fósforos e uma corporação de biscoitos, tentaram e falharam. Elbert H. Gary, o advogado rural santarrão, quis promover a operação, mas não era grande o bastante para impressionar. Até a eloquência de Schwab levar J. P. Morgan às alturas de onde ele pôde visualizar os sólidos resultados da mais arrojada aquisição financeira já concebida, o projeto era considerado um sonho delirante de doidos atrás de dinheiro fácil.

O magnetismo financeiro que há uma geração começara a atrair milhares de empresas pequenas, às vezes geridas de modo ineficiente, para grandes conglomerados que esmagavam a concorrência entrou em operação no mundo do aço por meio dos expedientes de John W. Gates, o jovial pirata empresarial. Gates já tinha formado a American Steel and Wire Company a partir de uma cadeia de pequenas empresas e, com Morgan, havia criado a Federal Steel Company. A National Tube e a American Bridge eram outras duas companhias de Morgan, e os irmãos Moore haviam abandonado o negócio de fósforos e biscoitos para formar o grupo American – Tin Plate, Steel Hoop, Sheet Steel – e a National Steel Company.

Mas, comparados ao gigantesco truste vertical de Andrew Carnegie, truste que pertencia e era operado por 53 sócios, os outros conglomerados eram ninharias. Poderiam se associar como quisessem, mas nem todos juntos conseguiriam causar nem sequer um arranhão na organização de Carnegie, e Morgan sabia disso. O velho escocês excêntrico também sabia.

Da magnífica altura do castelo de Skibo, Carnegie havia assistido, primeiro com divertimento e depois com ressentimento, às tentativas das empresas menores de Morgan de se meter nos seus negócios. Quando as tentativas se tornaram por demais ousadas, o gênio de

Carnegie manifestou-se em raiva e retaliação. Ele decidiu duplicar cada fábrica de propriedade dos rivais. Até então, ele não tivera interesse em arame, canos, aros ou chapas. Em vez disso, contentava-se em vender aço bruto para essas empresas e deixá-las trabalhá-lo como desejassem. Agora, com o competente Schwab como segundo no comando, ele planejava colocar os inimigos contra a parede.

Foi assim que, no discurso de Charles M. Schwab, Morgan viu a resposta para o problema de um conglomerado. Um truste sem Carnegie – o gigante entre todos eles – não seria truste de jeito nenhum. Como disse um escritor, seria um pudim de ameixa sem ameixas.

O discurso de Schwab na noite de 12 de dezembro de 1900 sem dúvida transmitiu a inferência, embora não a promessa, de que o imenso empreendimento de Carnegie poderia ser colocado sob a tenda de Morgan. Schwab falou do futuro mundial do aço, da reorganização em prol da eficiência e da especialização, do sucateamento de usinas malsucedidas e da concentração de esforço nas propriedades prósperas, da economia no transporte de minério, da economia nos departamentos de chefia e administração, da conquista de mercados estrangeiros.

Além disso, disse aos bucaneiros presentes onde residiam os erros de sua pirataria habitual. O propósito deles, deduziu, tinha sido criar monopólios, aumentar os preços e pagar a si mesmos gordos dividendos pelo privilégio. Schwab condenou o sistema da maneira mais franca possível. A miopia de tal política, disse aos ouvintes, estava no fato de restringir o mercado em uma época em que tudo clamava por expansão. Barateando-se o custo do aço, argumentou, haveria a criação de um mercado em crescimento constante, seriam gerados mais usos para o aço e boa parte do comércio mundial poderia ser conquistada. Na verdade, embora não soubesse, Schwab era um apóstolo da produção em massa moderna.

O jantar no University Club chegou ao fim. Morgan foi para casa pensar nas previsões otimistas de Schwab. Schwab voltou para Pittsburgh para administrar os negócios de aço de "Wee Andra Carnegie", enquanto

Gary e o resto voltaram para o mercado de ações, para matar o tempo à espera do próximo passo. Que não demorou muito para ser dado.

Morgan levou cerca de uma semana para digerir o banquete de argumentos que Schwab lhe servira. Quando se assegurou de que não haveria indigestão financeira, mandou chamar Schwab – e se deparou com o jovem um tanto reticente. Schwab indicou que o magnata do aço poderia não gostar caso descobrisse que o presidente de sua empresa andava flertando com o Imperador de Wall Street, rua na qual Carnegie estava decidido a jamais pisar. Então foi sugerido por John W. Gates, o intermediário, que, se "por acaso" Schwab fosse ao Bellevue Hotel, na Filadélfia, J. P. Morgan "por acaso" também poderia estar lá. Entretanto, quando Schwab chegou, Morgan estava inconvenientemente doente em sua casa em Nova York; então, a convite insistente do homem mais velho, Schwab foi para Nova York e se apresentou à porta da biblioteca do financista.

Alguns historiadores econômicos professam a crença de que, do começo ao fim do drama, o cenário foi montado por Andrew Carnegie – o jantar para Schwab, o famoso discurso, a conferência de domingo à noite entre Schwab e o Rei do Dinheiro seriam eventos organizados pelo astuto escocês. A verdade é exatamente o contrário. Quando Schwab foi chamado para consumar o acordo, nem sabia se o "chefinho", como Andrew era chamado, sequer escutaria uma oferta de compra, especialmente de um grupo de homens que ele não considerava nada santos. Mas Schwab levou para a reunião com Morgan seis folhas de próprio punho, em caligrafia elegante, com números que, para ele, representavam o valor físico e a capacidade de ganho potencial de cada companhia de aço que considerava uma estrela essencial no novo firmamento do metal.

Quatro homens passaram a noite em cima daqueles números. O principal, é claro, era Morgan, firme em sua crença no direito divino do dinheiro. Com ele estava seu sócio aristocrata, Robert Bacon, um estudioso e um cavalheiro. O terceiro era John W. Gates, que Morgan desprezava por ser um apostador e que usava como instrumento. O quarto era Schwab, que sabia mais sobre o processo de produção e venda de aço do que qualquer grupo de homens daquele tempo. Durante a reunião, os números do homem de Pittsburgh jamais foram questionados. Se ele dizia que uma companhia valia tanto, ela valia exatamente aquilo e não mais. Schwab também insistiu em incluir no conglomerado apenas as companhias por ele indicadas. Ele havia concebido uma corporação na qual não haveria duplicação nem mesmo para satisfazer a ganância de amigos que queriam descarregar suas empresas sobre as costas largas de Morgan. Com isso, deixou de fora, de propósito, uma série de grandes empresas sobre as quais os Walruses e Carpenters de Wall Street haviam lançado olhos ávidos.

Quando raiou o dia, Morgan levantou-se e endireitou as costas. Restava apenas uma questão.

"Você acha que consegue convencer Andrew Carnegie a vender?", perguntou o banqueiro.

"Posso tentar", respondeu Schwab.

"Se conseguir convencê-lo a vender, eu tratarei do assunto", disse Morgan.

Até ali, tudo bem. Mas será que Carnegie venderia? Quanto pediria? (Schwab imaginava uns US$ 320 milhões.) Como aceitaria o pagamento? Ações comuns ou preferenciais? Títulos? Dinheiro? Ninguém conseguiria levantar um terço de bilhão de dólares em dinheiro.

Em janeiro houve um jogo de golfe no campo gelado e pantanoso de St. Andrews, em Westchester, com Andrew entrouxado em suéteres contra o frio e Charlie com a conversa loquaz de sempre para manter a animação. Mas ninguém falou de negócios até os dois se sentarem no calor aconchegante do chalé de Carnegie ali perto. Então, com a mesma persuasão que havia hipnotizado oitenta milionários no University Club, Schwab derramou as promessas cintilantes de aposentadoria com conforto, de incontáveis milhões para satisfazer os caprichos sociais do velho.

Carnegie cedeu, anotou uma cifra em um pedaço de papel, entregou-o a Schwab e disse: "Muito bem, venderemos por essa quantia". O número era cerca de US$ 400 milhões e foi estipulado tendo por base os US$ 320 milhões mencionados por Schwab, aos quais foram somados US$ 80 milhões representando o aumento do valor de mercado nos dois anos anteriores.

Tempos depois, no convés de um transatlântico, o escocês disse a Morgan com tristeza: "Queria ter pedido mais US$ 100 milhões".

"Se tivesse pedido, teria recebido", respondeu Morgan em tom jovial.

Houve um rebuliço, é claro. Um correspondente britânico noticiou que o mundo siderúrgico internacional estava "chocado" com a fusão gigantesca. O reitor Hadley, de Yale, declarou que, a menos que os trustes fossem regulamentados, o país poderia esperar um "imperador em Washington dali a 25 anos".

Mas Keene, o hábil manipulador do mercado acionário, dedicou-se ao trabalho de empurrar as novas ações para o público com tanto vigor que todo o excesso – estimado por alguns em quase US$ 600 milhões – foi absorvido em um piscar de olhos. Assim, Carnegie teve seus milhões, o consórcio de Morgan ficou com US$ 62 milhões por todo o seu "trabalho", e todos os "rapazes", de Gates a Gary, receberam seus milhões. Schwab, com 38 anos de idade, também recebeu sua recompensa. Foi nomeado presidente da nova corporação e permaneceu no controle até 1903.

A dramática história desse grande negócio que você acabou de ler foi incluída neste livro por ser um exemplo perfeito do método pelo qual o desejo pode ser transmutado em seu equivalente físico. Imagino que alguns leitores questionem a afirmação de que um simples desejo intangível possa ser convertido em seu equivalente físico. Sem dúvida, alguns dirão: "Não dá para converter nada em algo". A resposta está na história da United States Steel.

A organização gigantesca foi criada na mente de um homem. O plano que garantiu à organização as siderúrgicas que lhe deram estabilidade financeira foi criado na mente do mesmo homem. A fé, o desejo, a imaginação e a persistência desse homem foram os verdadeiros ingredientes da United States Steel. As usinas siderúrgicas e o maquinário adquirido pela corporação depois de ela vir a ter existência legal foram uma decorrência; porém, uma análise cuidadosa revelará que o valor calculado das propriedades adquiridas pela corporação aumentou em estimados US$ 600 milhões pela mera transação que as consolidou sob uma gestão única.

Em outras palavras, a ideia de Charles M. Schwab, mais a fé com a qual ele a transmitiu à mente de J. P. Morgan e outros, foi comercializada com um lucro de aproximadamente US$ 600 milhões. Nada mal para uma única ideia.

O que aconteceu com alguns dos homens que receberam sua cota dos milhões de dólares em lucros da transação é um assunto que não nos interessa. O importante dessa espantosa realização é que serve de evidência inquestionável da solidez da filosofia descrita neste livro, porque essa filosofia foi a base de toda a transação. Além disso, a viabilidade prática da filosofia foi estabelecida pelo fato de a United States Steel Corporation prosperar e se tornar uma das empresas mais ricas e poderosas da América, empregando milhares de pessoas, desenvolvendo novos usos para o aço e abrindo novos mercados, comprovando que os US$ 600 milhões em lucros que a ideia de Schwab produziu eram merecidos.

A riqueza começa em forma de pensamento. A quantia é limitada apenas pela pessoa em cuja mente o pensamento é posto em ação. A fé remove limitações. Lembre-se disso quando estiver pronto para negociar com a vida o que quer que você peça como preço por ter trilhado esse caminho.

Lembre-se também de que o homem que criou a United States Steel Corporation era praticamente desconhecido na época. Ele era apenas o assistente de Andrew Carnegie até dar à luz sua famosa ideia. Depois disso, subiu rapidamente para uma posição de poder, fama e riqueza.

NÃO EXISTEM
LIMITAÇÕES
PARA A MENTE
A NÃO SER AQUELAS
QUE ACEITAMOS.

TANTO A POBREZA
QUANTO A RIQUEZA
SÃO FILHAS DO
PENSAMENTO.

Capítulo 3

AUTOSSUGESTÃO

O MEIO DE INFLUENCIAR A MENTE SUBCONSCIENTE

Terceiro passo para a riqueza

Autossugestão é um termo que se aplica a todas as sugestões e todos os estímulos autoadministrados que chegam à mente pelos cinco sentidos. Em outras palavras, autossugestão é sugestão do indivíduo para si mesmo. É o meio de comunicação entre a parte da mente onde ocorre o pensamento consciente e a que sedia a ação da mente subconsciente.

Pelos pensamentos dominantes que se permite permanecer na mente consciente (sejam negativos ou positivos, tanto faz), a autossugestão chega voluntariamente à mente subconsciente e a influencia com tais pensamentos. Nenhum pensamento, negativo ou positivo, pode entrar na mente subconsciente sem a ajuda da autossugestão, com exceção de pensamentos captados no éter. Em outras palavras, todas as impressões sensoriais percebidas pelos cinco sentidos são checadas pela mente pensante consciente e podem ser repassadas à mente subconsciente ou rejeitadas. A faculdade consciente serve, portanto, de guarda externa à abordagem do subconsciente.

A natureza fez o ser humano de tal maneira que ele tem controle absoluto sobre o material que chega à mente subconsciente pelos cinco sentidos, embora isso não queira dizer que os humanos sempre exerçam tal controle. Na grande maioria dos casos, não o exercem, o que explica por que tanta gente passa a vida na pobreza.

Lembre-se do que foi dito sobre a mente subconsciente assemelhar-se a um jardim fértil no qual ervas daninhas crescerão em abundância se as sementes de culturas mais desejáveis não forem semeadas. A autossugestão é o agente de controle com que um indivíduo pode voluntariamente alimentar seu subconsciente com pensamentos de natureza criativa ou, por negligência, permitir que pensamentos de natureza destrutiva encontrem seu caminho até o rico jardim da mente.

Você foi instruído, na última das seis etapas apresentadas no capítulo sobre o desejo, a ler em voz alta, duas vezes ao dia, a declaração escrita de seu desejo por dinheiro e a se ver e sentir já de posse do dinheiro. Seguindo essas instruções, você comunica o objeto de seu desejo diretamente ao subconsciente em espírito de fé absoluta. Com a repetição desse procedimento, você voluntariamente cria hábitos de pensamento favoráveis a seus esforços para transmutar o desejo em seu equivalente monetário.

Volte às seis etapas descritas no capítulo 1 e releia com muita atenção antes de ir adiante. Depois (quando chegar lá), leia com muita atenção as quatro instruções para a organização do seu grupo de MasterMind, descritas no capítulo sobre planejamento organizado. Ao comparar os dois conjuntos de instruções com o que é afirmado sobre a autossugestão, você verá claramente que as instruções envolvem a aplicação desse princípio.

Portanto, ao ler em voz alta a declaração de seu desejo (com a qual você trabalha para desenvolver consciência do dinheiro), lembre-se de que a mera leitura das palavras não tem consequência a menos que você adicione emoções ou sentimentos. Se você repetir um milhão de vezes a famosa fórmula de Emil Coué, "dia após dia, em todos os sentidos, fico cada vez melhor", sem misturar emoção e fé às palavras, você não obterá os resultados desejados. Sua mente subconsciente reconhece e age apenas sobre pensamentos bem misturados a emoção ou sentimento.

Esse é um fato de tamanha importância que justifica a repetição em praticamente todos os capítulos, ainda mais que a falta de compreensão disso é o principal motivo para a maioria das pessoas que tentam aplicar a autossugestão não obter os resultados desejados. Palavras frias e sem emoção não influenciam a mente subconsciente. Você não obterá resultados apreciáveis até aprender a alcançar o subconsciente com pensamentos ou palavras cheias de emoção e crença.

Não desanime se não conseguir controlar e dirigir as emoções na primeira vez que tentar fazê-lo. Lembre-se de que não existe a possibilidade de algo a troco de nada. A capacidade de alcançar e influenciar a mente subconsciente tem seu preço, e você deve pagar tal preço. Você não pode trapacear, mesmo que deseje. O preço da capacidade de influenciar a mente subconsciente é a eterna persistência na aplicação dos princípios aqui descritos. Você não pode desenvolver a capacidade desejada por um preço mais baixo. Você, e só você, deve decidir se a recompensa pela qual está se esforçando (a consciência do dinheiro) vale o preço que deve pagar por ela em esforço.

Sabedoria e astúcia sozinhas não vão atrair e conservar o dinheiro, exceto em casos muito raros nos quais a lei das médias favorece a atração de dinheiro por esses recursos. O método de atrair dinheiro descrito aqui não depende da lei das médias. Além disso, o método é isento de favoritismo. Funcionará com a mesma eficácia para todos. Quando ocorre fracasso, é o indivíduo, não o método, que fracassou. Se você tentar e fracassar, faça outro esforço e mais outro até ter sucesso.

A capacidade de aplicar o princípio da autossugestão vai depender em grande parte da capacidade de se concentrar em determinado desejo até que este se torne uma obsessão ardente. Quando você começar a executar as instruções das seis etapas descritas no capítulo 1, será necessário fazer uso da concentração.

A seguir, oferecemos sugestões para o uso efetivo da concentração. Quando começar a executar a primeira das seis etapas – fixar em sua mente a quantidade exata de dinheiro que deseja –, mantenha o pensamento concentrado na quantia, com a atenção fixa, de olhos fechados, até conseguir realmente visualizar a aparência física do dinheiro. Faça isso pelo menos uma vez por dia. Ao fazer esses exercícios, siga as instruções dadas no capítulo sobre fé e se veja de posse do dinheiro.

Um fato da maior importância é o seguinte: a mente subconsciente aceita qualquer ordem dada em espírito de fé absoluta e age de acordo, embora as ordens devam ser apresentadas repetidas vezes antes de serem interpretadas pelo subconsciente. Dito isso, considere a possibilidade de aplicar um golpe perfeitamente legítimo em seu subconsciente, fazendo-o acreditar, porque você acredita, que você deve ter a quantidade de dinheiro que está visualizando, que esse dinheiro já está aguardando sua reinvindicação, que o subconsciente deve apresentar planos práticos para você adquirir o dinheiro que é seu.

Apresente o pensamento sugerido no parágrafo anterior à sua imaginação e veja o que ela vai fazer para criar planos práticos para a acumulação de dinheiro e a transmutação de seu desejo. Não espere até ter um plano definido pelo qual pretenda trocar serviços ou mercadorias pelo dinheiro que visualiza – comece a se ver de posse do dinheiro imediatamente, exigindo e esperando que o subconsciente apresente o plano ou os planos de que você precisa. Fique alerta à espera dos planos e, quando aparecerem, coloque-os em ação imediatamente. Quando os planos aparecerem, provavelmente entrarão em sua mente via sexto sentido, na forma de uma "inspiração". Essa inspiração pode ser considerada um "telegrama" ou uma mensagem direta da Inteligência Infinita. Trate-a com respeito e aja logo que a receber. Não fazer isso será fatal para o seu sucesso.

Na quarta das seis etapas, você foi instruído a criar um plano definido para realizar seu desejo e começar a colocar esse plano em ação imediatamente. Você deve seguir essa instrução conforme descrito no parágrafo anterior. Não confie na sua razão ao criar o plano para acumular dinheiro mediante a transmutação do desejo. Sua razão é falha. Além disso, sua faculdade de raciocínio pode ser preguiçosa, e, caso dependa inteiramente dela, você pode se decepcionar.

Ao visualizar (de olhos fechados) o dinheiro que pretende acumular, veja-se prestando o serviço ou entregando a mercadoria que pretende dar em troca do dinheiro. Isso é importante.

RESUMO DAS INSTRUÇÕES

O fato de estar lendo este livro é uma indicação de que você é sério na busca por conhecimento. É também uma indicação de que estuda o assunto. Se você é apenas um estudante, há chances de aprender muita coisa que não sabia, mas aprenderá apenas se adotar uma atitude humilde. Se optar por seguir algumas instruções, mas negligenciar ou se recusar a seguir outras, você vai fracassar. Para obter resultados satisfatórios, você deve seguir todas as instruções com fé.

As instruções fornecidas nas seis etapas do capítulo 1 estão resumidas e combinadas com os princípios abordados neste capítulo da seguinte maneira:

1. Vá para algum lugar sossegado (de preferência sua cama à noite) onde não seja perturbado ou interrompido, feche os olhos e repita em voz alta (de modo que possa ouvir suas palavras) a declaração escrita da quantia que pretende acumular, o prazo para a acumulação e a descrição do serviço ou mercadoria que pretende oferecer em troca do dinheiro. Ao seguir essas instruções, veja-se já de posse do dinheiro. Suponha que pretenda acumular US$ 50 mil até 1º de janeiro, daqui a cinco anos, prestando serviços pessoais em troca do dinheiro, atuando como vendedor. Sua declaração escrita do objetivo deve ser algo na seguinte linha:

> No dia 1o de janeiro de ____, estarei de posse de US$ 50 mil, que chegarão a mim em várias quantias de tempos em tempos durante o período. Em troca desse dinheiro, prestarei o serviço mais eficiente de que sou capaz, oferecendo a maior quantidade e a melhor qualidade possíveis de serviço na função de vendedor de ____ (descreva o serviço ou a mercadoria que pretende vender). Acredito que terei esse dinheiro em minha posse. Minha fé é tão forte que já posso ver o dinheiro diante dos meus olhos. Posso tocá-lo com as mãos. Ele está aguardando ser transferido para mim no momento e na proporção em que presto o serviço que

pretendo oferecer em troca dele. Estou aguardando um plano pelo qual acumular esse dinheiro e seguirei esse plano quando o receber.

2. Repita esse programa à noite e pela manhã até ver (em sua imaginação) o dinheiro que pretende acumular.
3. Coloque uma cópia da declaração onde possa vê-la à noite e pela manhã; leia o texto imediatamente antes de se recolher e após se levantar até memorizá-lo.

Ao seguir essas instruções, lembre-se de que você está aplicando o princípio da autossugestão a fim de dar ordens ao subconsciente. Lembre-se também de que seu subconsciente agirá apenas mediante instruções carregadas de emoção e apresentadas a ele com sentimento. A fé é a mais forte e a mais produtiva das emoções. Siga as instruções fornecidas no capítulo sobre fé.

De início, essas instruções podem parecer abstratas. Não se deixe perturbar por isso. Siga as instruções por mais abstratas ou impraticáveis que possam parecer à primeira vista. Se fizer conforme o instruído, tanto em espírito quanto em ação, logo chegará o tempo em que um novo universo de poder se abrirá para você.

Ceticismo em relação a todas as novas ideias é uma característica de todos os seres humanos. Contudo, se seguir as instruções descritas, seu ceticismo será em breve substituído pela crença, e esta, por sua vez, logo se cristalizará em fé absoluta. Aí você chegará ao ponto em que poderá realmente dizer: "Sou senhor do meu destino, sou capitão da minha alma".

Muitos filósofos afirmaram que o homem é mestre do próprio destino terrestre, mas a maioria deles falhou em dizer por quê. A razão pela qual o homem pode ser mestre do próprio *status* terreno, especialmente de seu *status* financeiro, foi explicada em detalhes neste capítulo. O homem pode se tornar mestre de si mesmo e de seu ambiente porque tem o poder de influenciar o próprio subconsciente e por intermédio deste obter a cooperação da Inteligência Infinita.

Você está lendo o capítulo que representa a pedra angular desta filosofia. As instruções aqui contidas devem ser entendidas e aplicadas de modo persistente para você ter êxito em transmutar seu desejo em dinheiro.

A transmutação de desejo em dinheiro envolve o uso da autossugestão como meio de alcançar e influenciar a mente subconsciente. Os outros princípios são apenas ferramentas para aplicar a autossugestão. Mantenha esse pensamento em mente para estar sempre consciente do importante papel da autossugestão em seus esforços para acumular dinheiro conforme os métodos descritos neste livro.

Siga as instruções como se você fosse uma criancinha. Injete em seus esforços a fé de uma criança. Movido pelo sincero desejo de ajudar, o autor teve muito cuidado para não incluir nenhuma instrução impraticável.

Depois de ler o livro inteiro, volte a este capítulo e siga em espírito e ação a seguinte instrução: leia o capítulo inteiro em voz alta todas as noites até ficar plenamente convencido de que o princípio da autossugestão é sólido, que realizará tudo que você reivindicar. Enquanto lê, sublinhe a lápis cada frase que lhe cause impressão favorável. Siga as instruções anteriores ao pé da letra e você abrirá o caminho para a plena compreensão e domínio dos princípios do sucesso.

Capítulo 4

CONHECIMENTO ESPECIALIZADO

EXPERIÊNCIAS OU OBSERVAÇÕES PESSOAIS

Quarto passo rumo à riqueza

Existem dois tipos de conhecimento. Um é geral, o outro é especializado. O conhecimento geral, por maior que seja a quantidade ou variedade, é de pouca utilidade na acumulação de dinheiro. As faculdades das grandes universidades detêm, em conjunto, praticamente todas as formas de conhecimento geral conhecidas pela civilização. A maioria dos professores tem pouco ou nenhum dinheiro. Eles se especializam no ensino do conhecimento, mas não se especializam na organização ou no uso do conhecimento.

O conhecimento não atrairá dinheiro a menos que organizado e direcionado de modo inteligente por planos de ação visando à finalidade definida da acumulação de dinheiro. A falta de compreensão desse fato é motivo de confusão para milhões de pessoas que acreditam falsamente que conhecimento é poder. Nada disso! Conhecimento é apenas poder potencial. Só se torna poder quando e se organizado em planos de ação definidos, direcionados para um fim definido.

Esse elo perdido em todos os sistemas de ensino conhecidos pela civilização atual pode ser verificado pelo fracasso das instituições educacionais em ensinar aos alunos como organizar e usar o conhecimento após adquiri-lo. Muita gente comete o erro de supor que Henry Ford, por ter pouca escolaridade, não é um homem educado. Quem comete esse erro não conhece Henry Ford nem entende o real significado da palavra "educar". O termo deriva da palavra latina *educo*, que significa eduzir, extrair, desenvolver de dentro.

Um homem educado não necessariamente tem abundância de conhecimentos gerais ou especializados. Um homem educado é aquele que desenvolveu as faculdades de sua mente para poder adquirir o que quiser sem violar os direitos dos outros. Henry Ford se encaixa nessa definição.

Durante a Guerra Mundial, um jornal de Chicago publicou certos editoriais nos quais, entre outras declarações, Henry Ford foi chamado de "pacifista ignorante". Ford contestou as declarações e abriu um processo contra o jornal por difamação. Quando o caso foi a julgamento, os advogados do jornal colocaram Ford como testemunha na audiência de justificação, com o objetivo de provar ao júri que ele era ignorante. Os advogados fizeram grande variedade de perguntas a Ford, todas com o objetivo de provar que, embora tivesse um conhecimento especializado considerável sobre a fabricação de automóveis, Ford era ignorante em termos gerais.

Ford foi crivado de perguntas como "Quem foi Benedict Arnold?" e "Quantos soldados os britânicos enviaram para a América para acabar com a rebelião de 1776?". Em resposta a esta última, Ford respondeu: "Não sei o número exato de soldados que os britânicos enviaram, mas ouvi dizer que foi um número consideravelmente maior do que o dos que voltaram".

Ford acabou se cansando daquela linha de inquirição e, em resposta a uma pergunta particularmente ofensiva, inclinou-se à frente, apontou o dedo para o advogado que fez a pergunta e disse:

> Se eu realmente quisesse responder a pergunta tola que você acabou de fazer, ou qualquer uma das outras perguntas que fez, deixe-me lembrá-lo de que tenho uma fileira de botões elétricos em minha mesa e, pressionando o botão certo, posso chamar meus assistentes, que estão aptos a responder qualquer pergunta que eu deseje fazer sobre os negócios aos quais dedico a maior parte de meus esforços. Agora, por favor, me diga: por que eu deveria abarrotar minha mente com conhecimentos gerais para poder responder perguntas, quando tenho homens à minha volta que podem fornecer qualquer conhecimento que eu exija?

Com certeza havia uma boa lógica nessa resposta.

A resposta de Ford acabou com o advogado. Todos os presentes no tribunal perceberam que não se tratava da resposta de um homem ignorante, mas de um homem educado. Qualquer homem educado sabe onde obter conhecimento quando precisa e sabe como organizar esse conhecimento em planos de ação definidos. Com a assistência de seu grupo de MasterMind, Henry Ford tinha a seu dispor todo o conhecimento especializado necessário para permitir que se tornasse um dos homens mais ricos da América. Não era essencial que ele tivesse o conhecimento em sua mente. É certo que nenhuma pessoa com disposição e inteligência suficientes para ler um livro desta natureza pode ignorar o significado desse exemplo.

Antes que possa ter certeza de sua capacidade de transmutar seu desejo no equivalente monetário, você precisará de conhecimento especializado sobre o serviço, mercadoria ou profissão que pretende oferecer em troca de fortuna. Talvez precise de um conhecimento muito mais especializado do que tem capacidade ou disposição para adquirir; se for esse o caso, você pode superar sua fraqueza com a ajuda de seu grupo de MasterMind.

Andrew Carnegie afirmou que não sabia nada sobre os aspectos técnicos do ramo siderúrgico; além disso, não se interessava em saber nada. Ele encontrava o conhecimento especializado necessário para a fabricação e a comercialização de aço nas unidades individuais de seu grupo de MasterMind.

A acumulação de grandes fortunas exige poder, e poder é adquirido mediante conhecimento especializado altamente organizado e direcionado de modo inteligente, mas tal conhecimento não precisa necessariamente estar na posse de quem acumula a fortuna. Esta última frase deve proporcionar esperança e encorajamento ao indivíduo com ambição de acumular fortuna, mas que não dispõe de educação necessária para o conhecimento especializado que possa ser exigido.

Às vezes, as pessoas passam a vida sofrendo de complexo de inferioridade por não serem "educadas". A pessoa que consegue organizar e dirigir uma aliança de MasterMind cujos membros têm conhecimento útil para a acumulação de dinheiro é tão educada quanto qualquer um do grupo. Lembre-se disso caso você sofra de sentimento de inferioridade por sua escolaridade limitada.

Thomas A. Edison teve apenas três meses de escolaridade durante toda a vida. Ele não carecia de educação nem morreu pobre. Henry Ford não chegou à sexta série na escola, mas conseguiu se sair muito bem em termos financeiros.

O conhecimento especializado está entre as formas de serviço mais abundantes e mais baratas de se obter. Se você duvida, consulte a folha de pagamento de qualquer universidade.

VALE A PENA SABER COMO COMPRAR CONHECIMENTO

Antes de tudo, decida o tipo de conhecimento especializado exigido e o objetivo para o qual é necessário. Em grande medida, seu principal objetivo na vida, a meta para a qual você trabalha, ajudará a determinar qual conhecimento é necessário. Com essa questão resolvida, o próximo passo exige que você tenha informações precisas sobre fontes de conhecimento confiáveis. As mais importantes são:

- experiência e educação próprias;
- experiência e educação disponíveis mediante a cooperação de outros (aliança de MasterMind);
- faculdades e universidades;
- bibliotecas públicas (que dispõem de livros e periódicos nos quais se encontra todo o conhecimento organizado pela civilização);
- cursos de treinamento especiais (principalmente escolas noturnas e estudo em casa).

À medida que o conhecimento é adquirido, deve ser organizado e colocado em uso para uma finalidade definida por meio de planos práticos. Conhecimento não tem valor, exceto o conhecimento que pode ser obtido a partir de sua aplicação para um fim digno. Essa é uma das razões pelas quais os diplomas universitários não são mais valorizados. Eles não representam nada além de uma miscelânea de conhecimento.

Se você pensa em estudar mais, primeiro determine o objetivo para o qual deseja o conhecimento, depois descubra onde esse tipo específico de conhecimento pode ser obtido de fontes confiáveis. Em todas as ocupações, as pessoas de sucesso jamais param de adquirir conhecimento especializado referente a seu objetivo, negócio ou atividade principal.

Quem não obtém sucesso geralmente comete o erro de acreditar que o período de aquisição de conhecimento termina quando se conclui a escola. A verdade é que o ensino escolar pouco faz além de nos colocar no caminho de aprender a adquirir conhecimento prático.

Com as mudanças mundiais iniciadas ao final do colapso econômico, também houve mudanças espantosas nos requisitos educacionais. A ordem do dia é especialização. Essa verdade foi enfatizada por Robert P. Moore, secretário de contratações da Universidade de Columbia:

ESPECIALISTAS SÃO OS MAIS PROCURADOS

Particularmente procurados pelas empresas empregadoras são os candidatos com especialização em alguma área – graduados em administração de empresas com treinamento em contabilidade e estatística, engenheiros de todos os ramos, jornalistas, arquitetos, químicos e também formandos que se destacam pela liderança e atuação.

O indivíduo com presença ativa no *campus*, cuja personalidade é tal que se dá bem com todo tipo de pessoa e que exibe desempenho adequado nos estudos, tem vantagem decisiva sobre o estudante estritamente acadêmico. Por causa de suas qualificações abrangentes, alguns recebem várias ofertas de cargos, em certos casos até seis.

Afastando-se da concepção de que o aluno nota 10 é invariavelmente o que tem a opção dos melhores empregos, Moore disse que a maioria das empresas examina não apenas o histórico acadêmico, mas também o histórico de atividades e a personalidade dos estudantes.

Uma das maiores companhias industriais, líder em seu campo, em carta a Moore a respeito da prospecção de formandos, informou: "Estamos interessados principalmente em encontrar homens que possam fazer um progresso excepcional no trabalho de gestão. Por esse motivo, enfatizamos qualidades de caráter, inteligência e personalidade muito mais do que formação educacional específica".

PROPOSTA DE APRENDIZAGEM

Propondo um sistema de aprendizado em escritórios, lojas e indústrias durante as férias de verão, Moore afirma que, após os primeiros dois ou três anos de faculdade, todos os estudantes deveriam "escolher um curso específico e deixar de simplesmente vagar sem propósito por um currículo acadêmico não especializado". Além disso, "faculdades e universidades devem encarar a consideração prática de que hoje em dia todas as profissões e ocupações exigem especialistas", declarou Moore, instando as instituições de ensino a aceitar uma responsabilidade mais direta pela orientação profissional.

Uma das fontes de conhecimento mais confiáveis e práticas disponíveis a quem precisa de educação especializada são as escolas noturnas que funcionam na maioria das grandes cidades. Os cursos por correspondência oferecem treinamento especializado em qualquer lugar atendido pelos correios dos Estados Unidos, em todas as matérias que podem ser ensinadas pelo método de extensão. Uma vantagem do estudo em casa é a flexibilidade do programa, que permite ao aluno estudar no seu tempo livre. Outra vantagem estupenda do estudo em casa (se a escola for escolhida com cuidado) é que a maioria dos cursos oferecidos traz consigo privilégios generosos de consulta, o que pode ser de valor inestimável para quem precisa de conhecimento especializado. Não importa onde você mora, você pode compartilhar dos benefícios.

Qualquer coisa adquirida sem esforço e sem custo geralmente não é apreciada e muitas vezes é desconsiderada; talvez seja por isso que aproveitamos tão pouco nossa maravilhosa oportunidade nas escolas públicas. A autodisciplina que se desenvolve a partir de um programa definido de estudo especializado compensa em certa medida a oportunidade desperdiçada quando o conhecimento está disponível sem custo. As escolas por correspondência são instituições de negócios altamente organizadas. Suas mensalidades são tão baixas que elas são forçadas a insistir no pagamento imediato. Ser obrigado a pagar, tirando boas notas ou não, tem o efeito de fazer o estudante seguir o curso que do contrário abandonaria. As escolas por correspondência não enfatizam suficientemente esse ponto, mas a verdade é que seus departamentos de cobrança constituem o melhor tipo de treinamento em decisão, prontidão, ação e no hábito de acabar com o que começa.

Aprendi isso com a experiência própria há mais de 25 anos. Matriculei-me em um curso de publicidade por correspondência. Depois de completar oito ou dez aulas, parei de estudar, mas a escola não parou de me enviar boletos. Além disso, insistia no pagamento, quer eu continuasse meus estudos, quer não. Decidi que, se tinha que pagar pelo curso (o que legalmente eu era obrigado a fazer), deveria concluir as lições para fazer valer o meu dinheiro. Na época, considerei o sistema de cobrança da escola um pouco organizado demais, mas mais tarde na vida compreendi que havia sido uma parte valiosa do meu treinamento, pela qual não fora cobrada taxa alguma. Sendo obrigado a pagar, fui em frente e completei o curso. Mais adiante, descobri que o eficiente sistema de cobrança daquela escola valeu muito na forma de dinheiro que recebi graças ao curso em publicidade que fiz com tanta relutância.

Temos neste país o que se diz ser o maior sistema de escolas públicas do mundo. Investimos somas fabulosas em belos prédios, fornecemos transporte adequado às crianças que moram na zona rural para que possam frequentar as melhores escolas, mas há uma fraqueza espantosa nesse maravilhoso sistema – ele é gratuito. Uma coisa estranha dos seres humanos é que valorizam apenas aquilo que tem um preço. As escolas gratuitas da América e as bibliotecas públicas gratuitas não impressionam as pessoas porque são gratuitas. Esse é o principal motivo pelo qual tanta gente acha necessário adquirir treinamento adicional depois de terminar a escola e ir trabalhar. É também um dos principais motivos pelos quais os empregadores têm em maior consideração os empregados que fazem cursos de ensino a distância. Eles sabem por experiência própria que qualquer pessoa que tenha a ambição de dedicar parte do tempo livre a estudar em casa tem as qualidades que contribuem para a liderança. Esse reconhecimento não é um gesto de caridade, é um sólido julgamento profissional por parte dos empregadores.

Existe nas pessoas uma fraqueza para a qual não há remédio. É a fraqueza universal da falta de ambição. Pessoas que agendam seu tempo livre para estudar em casa – especialmente pessoas assalariadas – raramente ficam por baixo por muito tempo. Sua ação abre o caminho para a ascensão, remove muitos obstáculos e atrai o interesse favorável daqueles que têm o poder de colocá-las no caminho da oportunidade.

O método de estudo em casa é especialmente adequado às necessidades de trabalhadores que descobrem, após deixar a escola, que precisam adquirir conhecimentos especializados adicionais, mas não podem dedicar tempo para voltar à escola.

As mudanças na situação econômica desde a Depressão tornaram necessário que milhares de pessoas encontrassem fontes de renda adicionais ou novas. Para a maioria delas, a solução do problema pode ser encontrada apenas mediante a aquisição de conhecimento especializado. Muitas serão forçadas a mudar totalmente de profissão. Quando um comerciante descobre que determinada linha de produto não está vendendo, em geral a substitui por outra que apresenta demanda. A pessoa cujo negócio é o comércio de serviços pessoais também deve ser uma comerciante eficiente. Se seus serviços não trazem retornos adequados em uma atividade, deve mudar para outra área na qual oportunidades mais amplas estejam disponíveis.

Stuart Austin Wier preparou-se como engenheiro civil e se manteve nessa linha de trabalho até a Depressão limitar o mercado a ponto de não lhe proporcionar a renda necessária. Ele fez um inventário de si mesmo, decidiu mudar para o direito, voltou para a escola e fez cursos especiais com os quais se preparou para ser advogado corporativo. Apesar de a

Depressão não ter chegado ao fim, ele concluiu os estudos, passou no exame da ordem e rapidamente construiu uma lucrativa firma de advocacia em Dallas, Texas; na verdade, está recusando clientes.

Apenas para deixar registrado e antecipar os álibis daqueles que dirão "Eu não poderia ir à escola porque tenho uma família para sustentar" ou "Estou muito velho", acrescentarei as informações de que Wier tinha mais de quarenta anos e era casado quando voltou à escola. Além disso, ao selecionar com cuidado cursos altamente especializados nas faculdades mais bem preparadas para ensinar as disciplinas escolhidas, Wier concluiu em dois anos o trabalho no qual a maioria dos estudantes de direito leva quatro anos. Compensa saber como comprar conhecimento.

A pessoa que para de estudar apenas porque conclui o ensino escolar está irremediavelmente condenada à eterna mediocridade, não importando qual seja a sua vocação. O caminho do sucesso é o caminho da busca contínua de conhecimento.

Vamos analisar um caso específico. Durante a Depressão, um vendedor de mercearia se viu sem emprego. Tendo alguma experiência como contador, fez um curso especial de contabilidade, familiarizou-se com os mais recentes equipamentos de contabilidade e de escritório e abriu um negócio próprio. Começando com a mercearia na qual havia trabalhado, fechou contratos com mais de cem pequenos comerciantes para fazer sua contabilidade a uma taxa mensal bastante modesta. A ideia deu tão certo que logo ele achou necessário montar um escritório portátil em uma caminhonete de entregas, que equipou com modernas máquinas de contabilidade. Agora ele possui uma frota de escritórios de contabilidade sobre rodas e emprega uma grande equipe de assistentes, proporcionando aos pequenos comerciantes um serviço contábil da melhor qualidade a um custo muito modesto.

Conhecimento especializado mais imaginação foram os ingredientes desse negócio único e bem-sucedido. No ano passado, o proprietário pagou imposto de renda quase dez vezes maior que o do comerciante para o qual trabalhava quando a Depressão o forçou a uma adversidade temporária que se revelou uma bênção disfarçada. O início desse negócio de sucesso foi uma ideia.

Como eu tive o privilégio de dar a ideia ao vendedor desempregado, agora exerço o privilégio adicional de sugerir outra ideia dotada de possibilidade de renda ainda maior. E também a possibilidade de prestar um serviço útil a milhares de pessoas que dele necessitam muito.

A ideia partiu do vendedor que desistiu de vender e entrou para o ramo de contabilidade por atacado. Quando o plano de atuar como contador foi sugerido como solução para seu problema de desemprego, ele rapidamente exclamou: "Gosto da ideia, mas não saberia como transformá-la em dinheiro". Em outras palavras, ele se queixou de que não saberia como comercializar seu conhecimento em contabilidade após adquiri-lo. Isso trouxe outro problema que precisava ser resolvido.

Com a ajuda de uma jovem datilógrafa, habilidosa em *lettering* e apta a redigir a história, foi preparado um livro muito atraente descrevendo as vantagens do novo sistema de contabilidade. As páginas foram cuidadosamente datilografadas e coladas em um álbum comum, usado como um vendedor silencioso com o qual a história do novo negócio era contada de modo tão eficiente que o proprietário logo teve mais contas do que podia atender.

Existem milhares de pessoas por todo o país que precisam dos serviços de um especialista em *merchandising* capaz de preparar um material atraente para ser usado no *marketing* de serviços pessoais. A renda anual de tal serviço pode facilmente exceder à da maior agência de empregos, e os benefícios do serviço podem ser muito maiores para o comprador do que os ganhos obtidos por meio de uma agência de emprego.

A ideia aqui descrita nasceu da necessidade de sanar uma emergência, mas não se limitou a servir apenas a uma pessoa. A mulher que criou a ideia tem uma imaginação aguçada. Viu no fruto recém-nascido de seu cérebro o surgimento de uma nova profissão, destinada a prestar serviço valioso a milhares de pessoas que precisam de orientação prática no *marketing* de serviços pessoais.

Estimulada à ação pelo sucesso instantâneo de seu primeiro "plano de *marketing* de serviço pessoal", essa mulher enérgica a seguir voltou-se para a solução de problema semelhante do filho que acabara de concluir a faculdade, mas não conseguia encontrar mercado para seu serviço. O plano que ela concebeu para ele foi o melhor exemplo de *merchandising* de serviços pessoais que já vi.

Quando o livro foi concluído, continha quase cinquenta páginas de informações bem organizadas e bem datilografadas sobre o filho, listando as aptidões naturais, escolaridade, experiências pessoais e uma grande variedade de outros dados muito numerosos para descrever. O livro também continha uma descrição completa do cargo que o filho desejava, com uma vívida apresentação do plano exato que ele usaria ao preencher o cargo.

A preparação do livro exigiu várias semanas de trabalho, período em que a criadora mandou o filho à biblioteca pública quase que diariamente em busca dos dados necessários para vender seus serviços de maneira mais vantajosa. Ela o enviou também a todos os concorrentes do possível empregador para recolher informações vitais sobre seus métodos de negócio, que foram de grande valor na elaboração do plano que o rapaz pretendia usar ao preencher a posição que buscava. Quando o plano foi concluído, continha mais de meia dúzia de sugestões muito boas para uso e benefício do possível empregador. (As sugestões foram colocadas em uso pela empresa.)

Alguém pode ficar inclinado a perguntar: "Por que dar-se a toda essa trabalheira para conseguir um emprego?". A resposta é direta e também drástica por se tratar de um assunto que assume proporção de tragédia na vida de milhões de homens e mulheres cuja única fonte de renda são os serviços pessoais. A resposta é: "Fazer uma coisa bem feita nunca é uma trabalheira. O plano preparado por essa mulher para o benefício de seu filho ajudou-o a obter o trabalho a que ele se candidatou na primeira entrevista, com um salário fixado por ele". Além do mais – e isso também é importante –, o cargo não exigiu que o jovem começasse de baixo. Ele começou como executivo júnior, com salário de executivo.

Você pergunta "Por que se dar a toda essa trabalheira?". Bem, em primeiro lugar, a apresentação planejada do pedido de emprego desse jovem eliminou pelo menos dez anos que ele precisaria para chegar ao cargo de onde ele começou se tivesse começado de baixo e subido.

A ideia de começar de baixo e subir pode parecer sólida, mas a principal objeção é que muitos dos que começam de baixo nunca conseguem levantar a cabeça o suficiente para serem vistos pela oportunidade, e por isso permanecem por baixo. Deve-se lembrar também que as perspectivas vistas de baixo não são lá muito brilhantes ou encorajadoras. Há uma tendência a matar a ambição. Chamamos isso de cair na mesmice, o que significa aceitar nosso destino, porque formamos o hábito da rotina diária, hábito que por fim se torna tão forte que deixamos de tentar largá-lo. Esse é outro motivo pelo qual vale a pena começar um ou dois degraus acima do ponto mais baixo. Ao fazer isso, criamos o hábito de olhar em volta, de observar como os outros progridem, de ver oportunidades e de abraçá-las sem hesitar.

Dan Halpin é um exemplo esplêndido do que estou dizendo. Nos tempos de faculdade, ele foi gerente do famoso time de futebol da Notre Dame no campeonato nacional de 1930, sob o comando de Knute Rockne. Talvez ele tenha sido inspirado pelo grande treinador a mirar alto e não confundir derrota temporária com fracasso, assim como Andrew Carnegie, o grande líder industrial, inspirou seus jovens assessores de negócios a estabelecer metas altas para si mesmos. O jovem Halpin concluiu a faculdade em um momento extremamente desfavorável, quando a Depressão tornara os empregos escassos; portanto, depois de tentar carreira em banco de investimento e filmes, pegou a primeira coisa com um potencial de futuro que conseguiu encontrar – venda de aparelhos auditivos em regime de comissão. Qualquer um poderia começar com esse tipo de trabalho, e Halpin sabia disso, mas foi o suficiente para abrir a porta da oportunidade para ele.

Por quase dois anos ele continuou em um emprego que não era de seu agrado e nunca teria ido além se não tivesse feito algo a respeito da insatisfação. Primeiro, mirou o cargo de gerente assistente de vendas da empresa e conseguiu o posto. Aquele único passo para cima o colocou acima da multidão o suficiente para lhe permitir ver ainda mais oportunidades. Também o colocou onde a oportunidade poderia vê-lo.

Halpin estabeleceu um recorde tão bom de vendas de aparelhos auditivos que A. M. Andrews, presidente do conselho da Dictograph Products Company, concorrente comercial da empresa para a qual Halpin trabalhava, quis saber mais sobre aquele homem que estava tirando grandes vendas de sua empresa, estabelecida havia muito tempo. Ele chamou Halpin. Quando a entrevista terminou, Halpin era o novo gerente de vendas responsável pela divisão Acousticon. Então, para testar a fibra do jovem, Andrews foi para a Flórida por três meses, deixando Halpin para afundar ou nadar em seu novo emprego. Halpin não afundou. O espírito de Knute Rockne – "todo mundo ama um vencedor e não tem tempo para um perdedor" – inspirou Halpin a dar tanto de si no trabalho que recentemente foi eleito vice-presidente da empresa e gerente-geral da divisão Acousticon e Silent Radio, posição que a maioria dos homens teria orgulho de conquistar após dez anos de esforço leal. Halpin chegou lá em pouco mais de seis meses.

É difícil dizer quem é mais merecedor de elogios, se Andrews ou Halpin, porque ambos deram provas de ter uma qualidade muito rara conhecida como imaginação. Andrews merece crédito por ter visto no jovem Halpin um batalhador da mais alta ordem. Halpin merece crédito por se recusar a fazer concessões e não aceitar se manter em um trabalho que não queria, e este é um dos principais pontos que tento enfatizar nesta filosofia – galgamos para posições elevadas ou permanecemos por baixo devido a condições que podemos controlar, caso tenhamos o desejo de fazê-lo.

Também estou tentando enfatizar outro ponto: tanto o sucesso quanto o fracasso são em grande parte resultados do hábito. Não tenho a menor dúvida de que a estreita associação de Dan Halpin com o maior treinador que a América já teve plantou em sua mente a mesma marca de desejo de excelência que tornou o time de futebol da Notre Dame mundialmente famoso. Na verdade, há algo de útil na ideia da adoração a heróis, desde que se adore um vencedor. Halpin me disse que Rockne foi um dos maiores líderes mundiais de homens em toda a história.

Minha crença na teoria de que as associações nos negócios são fatores vitais tanto para o fracasso quanto para o sucesso foi demonstrada recentemente quando meu filho Blair negociou um cargo com Dan Halpin. Halpin ofereceu um salário inicial de cerca da metade do que Blair poderia obter de uma empresa rival. Exerci a pressão paterna e o induzi a aceitar o trabalho com Halpin porque acredito que uma associação próxima com alguém que se recusa a ceder a circunstâncias de que não gosta é um ativo que não pode ser medido em termos de dinheiro.

O fundo é um lugar monótono, aborrecido e não lucrativo para qualquer pessoa. Por isso dediquei um tempo para descrever como o começo por baixo pode ser contornado pelo planejamento adequado. Por isso também que muito espaço foi dedicado à descrição da nova profissão criada por uma mulher inspirada a fazer um bom trabalho de planejamento porque queria que o filho tivesse uma arrancada favorável.

Com a nova situação introduzida pelo colapso econômico mundial, veio também a necessidade de novas e melhores maneiras de comercializar os serviços pessoais. É difícil determinar por que alguém nunca havia descoberto essa necessidade estupenda, tendo em vista que mais dinheiro troca de mãos por serviços pessoais do que por qualquer outro propósito. A quantia paga todos os meses aos que trabalham por ordenados e salários é tão grande que chega a centenas de milhões, e a distribuição anual soma bilhões.

Talvez alguns encontrem na ideia aqui descrita de modo sucinto o núcleo de riqueza que desejam. Ideias com muito menos mérito têm sido as mudas das quais crescem grandes fortunas. A ideia da loja de cinco e dez centavos de Woolworth, por exemplo, tinha muito menos mérito, mas gerou uma fortuna para seu criador.

Aqueles que veem uma oportunidade à espreita nessa sugestão vão encontrar ajuda valiosa no capítulo sobre planejamento organizado. Aliás, um publicitário eficiente de serviços pessoais encontrará demanda crescente por seus serviços onde houver homens e mulheres em busca de melhores mercados para seus serviços. Aplicando o princípio do MasterMind, pessoas com talentos adequados podem formar uma aliança e ter um negócio lucrativo em pouco tempo. Seria necessário um bom redator, com talento para publicidade e vendas, um especialista em datilografia e *lettering* e um contato comercial de primeira classe para anunciar o serviço. Se uma pessoa tiver todas essas habilidades, pode tocar o negócio sozinha até a demanda crescer além de sua capacidade.

A mulher que preparou o plano de venda de serviço pessoal para o filho agora recebe pedidos de todas as partes do país para cooperar na elaboração de planos semelhantes para pessoas que desejam comercializar seus serviços pessoais por mais dinheiro. Ela tem uma equipe de datilógrafos, artistas e redatores especializados, aptos a dramatizar cada caso com tanta eficiência que os serviços pessoais podem ser comercializados por muito mais dinheiro do que os honorários médios por serviços semelhantes. Ela confia tanto em sua capacidade que aceita como maior parte de sua tarifa uma porcentagem do aumento de salário que ela ajuda seus clientes a ganhar.

Não se deve supor que o plano dessa mulher consista apenas em habilidade para vender, com a qual ela ajude homens e mulheres a exigir e receber mais dinheiro pelos mesmos serviços que antes vendiam por menos. Ela cuida dos interesses do comprador e do vendedor de serviços pessoais; assim, elabora planos para que o empregador receba o equivalente total do dinheiro adicional pago. O método pelo qual obtém esse resultado surpreendente é um segredo profissional que ela não revela a ninguém, exceto aos clientes.

Se você tem imaginação e busca uma demanda mais lucrativa para seus serviços pessoais, essa sugestão pode ser o estímulo que você procurava. A ideia é capaz de gerar uma renda muito superior à de um médico, advogado ou engenheiro médio cuja educação exigiu vários anos na faculdade. A ideia é vendável para aqueles que buscam novas colocações em praticamente todos os cargos que exigem habilidade gerencial ou executiva e para aqueles que desejam reorganizar a renda em seus cargos atuais.

Não há preço fixo para ideias sólidas. Por trás de toda ideia existe conhecimento especializado. Infelizmente, o conhecimento especializado é mais abundante e mais facilmente adquirido do que as ideias por aqueles que não encontram riqueza em abundância. Por causa dessa verdade, existe uma demanda universal e oportunidades cada vez maiores para a pessoa capaz de ajudar homens e mulheres a vender seus serviços pessoais de modo vantajoso. Capacidade significa imaginação, a única qualidade necessária para combinar conhecimento especializado e ideias em planos organizados, projetados para produzir riqueza.

Se você tiver imaginação, este capítulo pode lhe apresentar uma ideia que sirva de começo para a riqueza que você deseja. Lembre-se, a ideia é o principal. Conhecimento especializado pode ser encontrado ao dobrar a esquina – qualquer esquina!

Capítulo 5

IMAGINAÇÃO

A OFICINA DA MENTE

Quinto passo para a riqueza

A imaginação é literalmente a oficina onde são moldados todos os planos criados pelo homem. O impulso, o desejo, recebe formato, forma e ação com o auxílio da faculdade imaginativa da mente.

Dizem que o homem pode criar qualquer coisa que consiga imaginar. De todas as eras da civilização, esta é a mais favorável para o desenvolvimento da imaginação, porque é uma época de mudanças rápidas. Por toda parte podemos entrar em contato com estímulos que desenvolvem a imaginação.

Com a ajuda de sua faculdade imaginativa, o homem descobriu e passou a controlar mais forças da natureza nos últimos cinquenta anos do que em toda a história pregressa da raça humana. Conquistou o ar de modo tão absoluto que os pássaros não são páreo em termos de voo. Conquistou o éter e o fez servir de meio de comunicação instantânea com qualquer parte do mundo. Analisou e estudou o Sol a milhões de quilômetros de distância e determinou, com o auxílio da imaginação, os elementos que o compõem. Descobriu que o próprio cérebro é ao mesmo tempo uma estação de transmissão e recepção da vibração do pensamento e agora está começando a aprender como fazer uso prático dessa descoberta. Aumentou a velocidade da locomoção até poder viajar a quinhentos quilômetros por hora hoje em dia. Em breve chegará o dia em que uma pessoa poderá tomar café da manhã em Nova York e almoçar em San Francisco.

A única limitação do homem, dentro do razoável, reside no desenvolvimento e uso de sua imaginação. Ainda não se atingiu o ápice do desenvolvimento no uso da faculdade imaginativa. O homem apenas descobriu que tem imaginação e começou a usá-la de forma muito rudimentar.

DUAS FORMAS DE IMAGINAÇÃO

A faculdade imaginativa funciona de duas formas. Uma é conhecida como "imaginação sintética", a outra, como "imaginação criativa".

Imaginação sintética: por meio dessa faculdade é possível organizar conceitos, ideias ou planos antigos em novas combinações. Essa faculdade não cria nada. Simplesmente trabalha com o material da experiência, educação e observação com as quais é alimentada. É a faculdade mais usada pelos inventores, com exceção do "gênio", que recorre à imaginação criativa quando não consegue resolver um problema com o uso da imaginação sintética.

Imaginação criativa: por meio dessa faculdade a mente finita do homem tem comunicação direta com a Inteligência Infinita. É a faculdade com a qual se recebem "palpites" e "inspirações". É por meio dessa faculdade que todas as ideias básicas ou novas são entregues ao homem. É com essa faculdade que as vibrações de pensamento das outras pessoas são recebidas. É com essa faculdade que um indivíduo pode sintonizar ou se comunicar com a mente subconsciente de outras pessoas.

A imaginação criativa funciona automaticamente, conforme será descrito nas páginas a seguir. Essa faculdade só funciona quando a mente consciente vibra a uma velocidade extremamente rápida; por exemplo, quando o consciente é estimulado pela emoção de um forte desejo. A faculdade criativa se torna mais alerta, mais receptiva às vibrações das fontes mencionadas conforme seu desenvolvimento pelo uso. Essa afirmação é importante. Pondere a respeito antes de ir adiante.

Ao seguir esses princípios, tenha em mente que toda a história de como é possível converter desejo em dinheiro não pode ser contada em uma única afirmação. A história fica completa apenas quando a pessoa domina, assimila e começa a utilizar todos os princípios.

Os grandes líderes de negócios, indústrias e finanças e os grandes artistas, músicos, poetas e escritores se tornaram grandes porque desenvolveram a faculdade da imaginação criativa. As faculdades sintética e criativa da imaginação ficam mais alertas com o uso, da mesma forma que qualquer músculo ou órgão do corpo se desenvolve mediante o uso.

Desejo é apenas um pensamento, um impulso. É nebuloso e efêmero. É abstrato e sem valor até ser transformado em sua contraparte física. Embora a imaginação sintética seja usada com mais frequência, você deve ter em mente que, no processo de transformar o desejo em dinheiro, poderá enfrentar circunstâncias e situações que exijam também o uso da imaginação criativa.

Sua faculdade imaginativa pode ter se tornado fraca por inação. Mas pode ser reavivada e manter-se alerta com o uso. Essa faculdade não morre, embora possa ficar inativa por falta de uso. De momento centralize sua atenção no desenvolvimento da imaginação sintética, pois é a faculdade que você usará com mais frequência no processo de converter desejo em dinheiro.

A transformação do impulso intangível, do desejo, na realidade tangível do dinheiro exige o uso de um plano ou planos. Esses planos devem ser formulados com a ajuda da imaginação, principalmente com a faculdade sintética.

Leia o livro inteiro, depois volte a este capítulo e comece imediatamente a colocar sua imaginação a trabalhar na elaboração de um plano ou planos para transformar seu desejo em dinheiro. São dadas instruções detalhadas para a elaboração de planos em quase todos os capítulos. Execute as instruções mais adequadas às suas necessidades e coloque seu plano por escrito, caso ainda não o tenha feito. No momento em que concluir isso, você definitivamente dará uma forma concreta ao desejo intangível. Leia a frase anterior mais uma vez. Leia em voz alta, bem devagar, e, ao fazê-lo, lembre-se de que, no momento em que coloca por escrito a declaração de seu desejo e um plano para sua realização, você realmente dá o primeiro de uma série de passos que lhe permitirão converter o pensamento em sua contraparte física.

O planeta em que você vive, você mesmo e todas as outras coisas materiais são resultado de mudanças evolutivas pelas quais partículas microscópicas de matéria foram organizadas e arranjadas. Além disso – e esta afirmação é de estupenda importância –, este planeta, cada um dos bilhões de células de seu corpo e cada átomo de matéria surgem como uma forma de energia intangível.

Desejo é pensamento. Pensamentos são formas de energia. Quando você começa a ter o pensamento, o desejo de acumular dinheiro, recruta a seu serviço o mesmo elemento que a natureza usou na criação deste planeta e de todas as formas materiais do universo, incluindo o corpo e o cérebro nos quais opera o pensamento.

Até onde a ciência foi capaz de determinar, o universo inteiro consiste em apenas dois elementos – matéria e energia. Pela combinação de energia e matéria criou-se tudo o que é perceptível ao homem, desde a maior estrela a flutuar nos céus até o próprio homem.

Agora você está engajado na tarefa de tentar se beneficiar com o método da natureza. Você está (sincera e seriamente, esperamos) tentando se adaptar às leis da natureza, se esforçando para converter o desejo em seu equivalente físico ou monetário. Você consegue! Isso já foi feito antes.

Você pode construir uma fortuna com o auxílio de leis imutáveis. Só que primeiro deve se familiarizar com as leis e aprender a usá-las. Pela repetição e descrição desses princípios de todos os ângulos possíveis, o autor espera revelar o segredo pelo qual toda grande fortuna é acumulada. Por mais estranho e paradoxal que possa parecer, o segredo não é segredo. A própria natureza o divulga no mundo em que vivemos, nas estrelas, nos planetas suspensos ao alcance de nossa visão, nos elementos acima e ao redor de nós, em cada folha de grama e em toda forma de vida em nosso raio de visão.

A natureza divulga esse segredo nos termos da biologia, na conversão de uma célula minúscula, tão pequena que pode ser perdida na ponta de um alfinete, no ser humano que agora lê esta frase. A conversão do desejo em seu equivalente físico por certo não é um milagre maior.

Não desanime se você não compreender completamente tudo o que foi afirmado. A menos que estude a mente há muito tempo, não é de se esperar que você assimile todo o conteúdo deste capítulo na primeira leitura. Mas com o tempo você vai progredir bem.

Os princípios a seguir abrirão o caminho para a compreensão da imaginação. Assimile o que você entender na primeira leitura desta filosofia; quando a reler e estudá-la, vai descobrir que aconteceu alguma coisa que lhe esclareceu e proporcionou uma compreensão mais ampla do todo. Acima de tudo, não pare nem hesite em estudar esses princípios até ter lido o livro pelo menos três vezes, pois a partir daí você não vai querer parar.

COMO FAZER USO PRÁTICO DA IMAGINAÇÃO

Ideias são o ponto de partida de toda fortuna. Ideias são produtos da imaginação. Vamos examinar algumas ideias bem conhecidas que renderam enormes fortunas, na esperança de que os exemplos transmitam informações decisivas sobre o método pelo qual a imaginação pode ser usada para acumular riqueza.

O TACHO ENCANTADO

Cinquenta anos atrás, um médico idoso da zona rural foi à cidade. Chegando lá, amarrou o cavalo, entrou discretamente em uma farmácia pela porta dos fundos e começou a regatear com o jovem balconista. Sua missão estava destinada a render grande riqueza para muita gente. Estava destinada a trazer para o Sul o benefício de maior alcance desde a guerra civil.

Por mais de uma hora, o médico e o atendente conversaram em voz baixa atrás do balcão. Então o médico saiu. Foi até a carroça e trouxe um tacho antigo, uma enorme colher de pau (usada para mexer o conteúdo do tacho) e os depositou nos fundos da loja.

O funcionário examinou o tacho, enfiou a mão no bolso, tirou um maço de notas e entregou ao médico. O maço continha exatamente US$ 500 – todas as economias do balconista.

O médico entregou um pedacinho de papel no qual estava escrita uma fórmula secreta. As palavras naquele papelzinho valiam o resgate de um rei. Mas não para o médico. Aquelas palavras mágicas eram necessárias para fazer o tacho ferver, mas nem o médico nem o jovem balconista sabiam que fortunas fabulosas estavam destinadas a fluir do recipiente.

O velho médico ficou feliz em vender o aparato por US$ 500. O dinheiro pagaria suas dívidas e lhe daria tranquilidade mental. O balconista se arriscou ao apostar as economias da vida inteira em um mero pedaço de papel e um tacho velho. Jamais sonhou que seu investimento faria o tacho transbordar ouro, superando o desempenho milagroso da lâmpada de Aladim.

O que o balconista de fato comprou foi uma ideia. O tacho velho, a colher de pau e a mensagem secreta em um pedaço de papel eram detalhes. O estranho desempenho do tacho começou a ocorrer depois que o novo proprietário adicionou às instruções secretas um ingrediente do qual o médico nada sabia.

Leia essa história com cuidado, teste sua imaginação. Veja se consegue descobrir o que o rapaz acrescentou à mensagem secreta que fez o tacho transbordar ouro. Lembre-se enquanto lê de que essa não é uma história das *Mil e uma noites*. Aqui você tem uma história de fatos mais estranhos que uma ficção, fatos que começaram na forma de uma ideia.

Vamos dar uma olhada nas vastas fortunas que essa ideia produziu. A ideia pagou e ainda paga enormes fortunas para homens e mulheres do mundo inteiro que distribuem o conteúdo do tacho para milhões de pessoas.

O tacho velho agora é um dos maiores consumidores de açúcar do mundo, oferecendo empregos permanentes a milhares de homens e mulheres envolvidos no cultivo da cana-de-açúcar e no refino e comercialização do açúcar. O tacho velho consome milhões de garrafas por ano, fornecendo empregos para um grande número de trabalhadores na indústria de vidro.

O tacho velho emprega um exército de funcionários, estenógrafos, redatores e especialistas em publicidade em todo o país. Trouxe fama e fortuna para dezenas de artistas que criaram imagens magníficas descrevendo o produto.

O tacho velho converteu uma cidadezinha na capital comercial do Sul, onde agora beneficia direta ou indiretamente todos os negócios e praticamente todos os moradores da localidade. A influência dessa ideia agora beneficia todos os países civilizados do mundo, derramando um fluxo contínuo de ouro para todos que a tocam. O ouro do tacho construiu e mantém uma das faculdades mais importantes do Sul, onde milhares de jovens recebem treinamento essencial para o sucesso.

O tacho velho fez outras coisas maravilhosas. Ao longo de toda a depressão mundial, enquanto fábricas, bancos e empresas quebravam e fechavam aos milhares, o dono do tacho encantado seguiu em frente, dando emprego contínuo a um exército de homens e mulheres em todo o mundo e pagando porções extras de ouro para aqueles que havia muito tempo tinham fé na ideia.

Se o produto do velho tacho de bronze pudesse falar, contaria histórias emocionantes de romance em todos os idiomas. Romances de amor, de negócios, de profissionais estimulados por ele todos os dias. O autor conhece bem pelo menos um desses romances, pois fez parte dele, e tudo começou não muito longe do local em que o balconista comprou o tacho velho. Foi lá que o autor conheceu sua esposa, e foi ela quem lhe falou pela primeira vez do tacho encantado. Era o produto do tacho que estavam bebendo quando o autor pediu que ela o aceitasse "na alegria e na tristeza".

Agora que você sabe que o conteúdo do tacho encantado é uma bebida mundialmente famosa, é apropriado que o autor confesse que a cidade natal da bebida lhe proporcionou uma esposa e também que a bebida em si estimula seu pensamento sem intoxicação, servindo assim para refrescar a mente do escritor para ele fazer seu melhor trabalho. Seja você quem for, onde quer que viva, qualquer que seja sua ocupação, lembre-se no futuro, toda vez que enxergar a palavra Coca-Cola, de que esse vasto império de riqueza e influência surgiu de uma única ideia e que o ingrediente misterioso que o balconista da farmácia – Asa Candler – misturou à fórmula secreta foi imaginação. Pare e pense a respeito disso por um momento.

Lembre-se também de que os treze passos para a riqueza descritos neste livro foram o meio pelo qual a influência da Coca-Cola se estendeu a todas as cidades, vilas, aldeias e encruzilhadas do mundo e que qualquer ideia que você possa criar, tão sólida e meritória quanto a Coca-Cola, tem a possibilidade de repetir o estupendo recorde desse refrigerante que mata a sede em todo o mundo.

A verdade é que pensamentos são coisas, e seu âmbito de operação é o próprio mundo.

O QUE EU FARIA SE TIVESSE UM MILHÃO DE DÓLARES

A seguinte história comprova a veracidade do velho ditado "onde há vontade, há um caminho". Ela foi contada pelo falecido Frank W. Gunsaulus, querido educador e clérigo, que começou a carreira de pregador na região de abatedouros do sul de Chicago.

Enquanto cursava a faculdade, Gunsaulus observou muitos defeitos em nosso sistema educacional, defeitos que ele acreditava poder corrigir caso fosse o diretor de uma faculdade. Seu desejo mais profundo era presidir uma instituição educacional na qual os jovens fossem ensinados a aprender fazendo.

Gunsaulus decidiu organizar uma nova faculdade na qual pudesse levar adiante suas ideias sem que fossem prejudicadas pelos métodos ortodoxos de educação. Ele precisava de US$ 1 milhão para montar o projeto. Onde conseguiria uma quantia tão elevada? Essa era a pergunta que absorvia a maior parte do pensamento do jovem pregador ambicioso. Mas ele não parecia progredir.

Toda noite Gunsaulus levava o pensamento para a cama. Acordava com ele pela manhã. Levava-o consigo aonde quer que fosse. Remoeu o pensamento em sua mente sem parar até este se tornar uma obsessão que o consumia. Um milhão de dólares era muito dinheiro. Ele reconhecia o fato, mas também reconhecia a verdade de que a única limitação é aquela que alguém estabelece na própria mente.

Filósofo e pregador, Gunsaulus reconheceu, como todos os que têm sucesso na vida, que a definição de objetivo é o ponto de partida de onde se deve começar. Também reconheceu que a definição de objetivo adquire vigor, vida e poder quando respaldada por um desejo ardente de traduzir o objetivo em seu equivalente material.

Ele conhecia todas essas grandes verdades, mas não sabia onde ou como colocar as mãos em US$ 1 milhão. O procedimento natural teria sido ceder e desistir, dizendo: "Ah, bem, minha ideia é boa, mas não posso fazer nada com ela porque nunca conseguirei o milhão de dólares necessário". Isso é exatamente o que a maioria teria dito, mas não Gunsaulus. O que ele disse e fez é tão importante que agora o apresento e deixo que fale por si:

> Um sábado à tarde, sentei em minha sala pensando em meios de levantar dinheiro para realizar meus planos. Eu vinha pensando havia quase dois anos, mas não fizera nada além de pensar. Chegara a hora da ação.
>
> Naquele exato instante, decidi que conseguiria o milhão de dólares necessário em uma semana. Como? Eu não estava preocupado com isso. A coisa mais importante foi a decisão de conseguir o dinheiro dentro de um prazo específico, e devo dizer que, no momento em que cheguei à decisão de consegui-lo dentro de determinado prazo, uma estranha sensação de segurança tomou conta de mim, algo que eu nunca havia experimentado. Uma coisa dentro de mim parecia dizer: "Por que você não chegou a essa decisão há mais tempo? O dinheiro estava à sua espera o tempo todo".
>
> As coisas começaram a acontecer rapidamente. Liguei para os jornais e anunciei que pregaria um sermão na manhã seguinte intitulado "O que eu faria se tivesse um milhão de dólares".
>
> Fui trabalhar no sermão imediatamente, mas, para ser franco, devo dizer que a tarefa não foi difícil, pois eu vinha preparando esse sermão havia quase dois anos. O espírito por trás dele fazia parte de mim.
>
> Terminei de redigir o sermão muito antes da meia-noite. Fui para a cama e dormi com uma sensação de confiança, pois já podia me ver na posse do milhão de dólares.
>
> Na manhã seguinte, levantei cedo, fui ao banheiro, li o sermão, ajoelhei-me e pedi que meu sermão chamasse a atenção de alguém que fornecesse o dinheiro necessário. Enquanto orava, tive de novo

> a sensação de que o dinheiro estava a caminho. Em minha excitação, saí sem o papel e não me dei conta do descuido até estar no púlpito prestes a começar a falar.
>
> Era tarde demais para ir buscar as anotações, e que bênção eu não poder voltar. Em vez disso, minha mente subconsciente produziu o material de que eu precisava. Quando me levantei para iniciar o sermão, fechei os olhos e falei de coração e alma sobre meus sonhos. Não falei apenas com meu público, imagino que também falei com Deus. Disse o que faria com um milhão de dólares se esse valor fosse colocado em minhas mãos. Descrevi o plano que tinha em mente para organizar uma grande instituição de ensino na qual os jovens aprendessem a fazer coisas práticas e, ao mesmo tempo, desenvolvessem sua mente.
>
> Quando terminei e me sentei, um homem se levantou lentamente de seu assento, lá pela terceira fila do fundo, e caminhou em direção ao púlpito. Eu me perguntava o que ele ia fazer. Ele veio até o púlpito, estendeu a mão e disse: "Reverendo, gostei do sermão. Acredito que você pode fazer tudo o que disse que faria se tivesse um milhão de dólares. Para provar que acredito em você e no seu sermão, caso vá ao meu escritório amanhã de manhã, darei o milhão de dólares. Meu nome é Phillip D. Armour".

O jovem Gunsaulus foi ao escritório de Armour, e o milhão de dólares lhe foi dado. Com o dinheiro, ele fundou o Armour Institute of Technology.

Isso é mais dinheiro do que a maioria dos pregadores vê a vida inteira, mas o pensamento por trás do dinheiro foi criado na mente do jovem pregador em uma fração de minuto. O milhão de dólares veio como resultado de uma ideia. Por trás da ideia havia o desejo que o jovem Gunsaulus alimentava em sua mente havia quase dois anos.

Observe o seguinte fato importante: Gunsaulus recebeu o dinheiro 36 horas depois de chegar à firme decisão de obtê-lo e com um plano definido para isso. Não havia nada de muito novo ou singular no vago pensamento do jovem Gunsaulus sobre o milhão de dólares e em sua tênue esperança. Outros antes dele e muitos desde então tiveram pensamentos semelhantes. Mas havia algo de muito singular e diferente na decisão que ele tomou naquele sábado memorável, quando colocou a imprecisão em segundo plano e declarou, decidido: "Conseguirei esse dinheiro em uma semana". Deus parece jogar do lado de quem sabe exatamente o que quer, caso a pessoa esteja determinada a conseguir exatamente aquilo.

O princípio pelo qual Gunsaulus conseguiu seu milhão de dólares ainda está vivo. Está disponível para você. Essa lei universal é tão viável hoje como era quando o jovem pregador a utilizou com sucesso. Este livro descreve passo a passo os treze elementos dessa grande lei e sugere como podem ser utilizados.

Observe que Asa Candler e Frank Gunsaulus tinham uma característica em comum. Ambos sabiam a espantosa verdade de que ideias podem ser transmutadas em dinheiro mediante objetivo definido e planos definidos.

Se você é daqueles que acreditam que trabalho duro e honestidade por si sós trarão riquezas, acabe com esse pensamento. Não é verdade. Quando chega em grande quantidade, a riqueza nunca é resultado do trabalho duro. A riqueza vem, se é que vem, em resposta a demandas definidas, baseadas na aplicação de princípios definidos, não por acaso ou sorte.

De modo geral, uma ideia é um pensamento que impulsiona uma ação mediante um apelo à imaginação. Todos os mestres em vendas sabem que se pode vender ideias onde não se pode vender mercadorias. Os vendedores comuns não sabem disso – por isso são comuns.

Um editor de livros populares fez uma descoberta que deveria valer muito para as editoras em geral. Ele percebeu que muita gente compra os títulos, e não o conteúdo dos livros. Ao simplesmente trocar o título de um livro que não estava saindo, suas vendas saltaram para mais de um milhão de cópias. O interior do livro não mudou em nada. O editor apenas arrancou a capa com o título que não vendia e colocou uma nova capa com um título com poder chamativo. Por mais simples que pareça, foi uma ideia. Foi imaginação.

Não há um preço padrão para ideias. O criador de ideias faz o próprio preço e, se ele é esperto, recebe o que pede.

A indústria do cinema criou toda uma turma de milionários. A maioria são homens que não conseguem ter ideias – mas têm imaginação para reconhecer ideias quando as veem.

A próxima turma de milionários virá do meio radiofônico, que é novo e não está saturado de homens com imaginação aguçada. O dinheiro será ganho por quem descobrir ou criar novos programas de rádio mais meritórios e tiver imaginação para reconhecer mérito e dar aos ouvintes a chance de se beneficiar disso.

O patrocinador, a vítima infeliz que hoje paga o custo de todo o entretenimento do rádio, logo ficará ciente das ideias e exigirá algo por seu dinheiro. Aquele que for mais ligeiro que o patrocinador e oferecer programas que prestem serviços úteis é quem ficará rico nesse novo setor.

Cantores e artistas tagarelas que hoje poluem o ar com piadas e risadinhas seguirão a trilha rumo ao esquecimento, e seus lugares serão ocupados por artistas de verdade que apresentem programas cuidadosamente planejados para servir à mente dos homens, bem como proporcionar entretenimento. Aqui está um amplo campo de oportunidades, clamando em protesto pelo modo como está sendo massacrado devido à falta de imaginação e implorando por resgate a qualquer preço. Acima de tudo, o que o rádio precisa é de novas ideias.

Se esse novo campo de oportunidades o instiga, talvez você se beneficie com a sugestão de que os programas de sucesso no rádio do futuro darão mais atenção à criação de um público comprador e menos atenção ao público ouvinte. Em termos mais claros: para ter sucesso no futuro, o criador de programas de rádio deve encontrar maneiras práticas de converter ouvintes em compradores. Além disso, o produtor de programas de sucesso no rádio do futuro deve aprimorar suas características para exibir nítido efeito sobre o público.

Os patrocinadores estão ficando um pouco cansados de comprar conversas superficiais com base em declarações tiradas do nada. Eles querem e no futuro exigirão provas indiscutíveis de que determinado programa não apenas proporciona as risadas mais tolas de todos os tempos para milhões de pessoas, mas também que o riso tolo pode vender mercadorias.

Outra coisa que também deve ser entendida por aqueles que pensam em entrar nesse novo campo de oportunidade é que a publicidade no rádio será gerida por um grupo inteiramente novo de especialistas em publicidade, separado e distinto do pessoal das agências de publicidade de jornais e revistas de antigamente. Os veteranos do mercado publicitário não conseguem decifrar os roteiros de rádio modernos porque foram treinados para ver ideias. A nova técnica do rádio exige homens que possam interpretar em som as ideias de um roteiro escrito. O autor precisou de um ano de trabalho duro e de muitos milhares de dólares para aprender isso.

O rádio é hoje o que o cinema foi quando Mary Pickford e seus cachos apareceram na tela pela primeira vez. Há muito espaço no rádio para quem consegue produzir ou reconhecer ideias.

Se o comentário anterior sobre as oportunidades do rádio não colocou sua fábrica de ideias a funcionar, melhor deixar para lá. Sua oportunidade está em algum outro campo. Se o comentário o atiçou o mínimo que seja, vá mais fundo e talvez você encontre a ideia de que precisa para consolidar sua carreira.

Não se deixe desanimar caso não tenha experiência em rádio. Andrew Carnegie sabia muito pouco sobre a produção de aço – ele mesmo disse isso –, mas usou dois princípios descritos neste livro e fez com que a siderurgia lhe rendesse uma fortuna.

A história de praticamente toda grande fortuna começa no dia em que um criador de ideias e um vendedor de ideias se juntam e trabalham em harmonia. Carnegie se cercou de homens que sabiam fazer tudo o que ele não sabia. Homens que criaram ideias e homens que colocaram as ideias em operação e tornaram Carnegie e outros tremendamente ricos.

Milhões de pessoas passam a vida esperando um momento favorável. Talvez um momento favorável possa ser uma oportunidade, mas o plano mais seguro é não depender da sorte. Foi um momento favorável que proporcionou a maior oportunidade da minha vida – mas 25 anos de esforço determinado tiveram que ser dedicados a essa oportunidade antes que ela se tornasse um ativo.

O momento consistiu na sorte de conhecer e obter a cooperação de Andrew Carnegie. Naquela ocasião, Carnegie plantou em minha mente a ideia de organizar os princípios da realização em uma filosofia de sucesso. Milhares de pessoas lucraram com as descobertas feitas nos 25 anos de pesquisa, e várias fortunas foram acumuladas pela aplicação da filosofia. O começo foi simples. Uma ideia que qualquer um poderia ter desenvolvido.

O momento favorável veio por intermédio de Carnegie, mas e quanto à determinação, à definição de objetivo, ao desejo de atingir a meta e ao esforço persistente por 25 anos? Não foi o desejo comum que sobreviveu à decepção, ao desânimo, à derrota temporária, às críticas e à constante lembrança da "perda de tempo". Foi um desejo ardente, uma obsessão.

Quando a ideia foi plantada em minha mente por Carnegie, ela foi induzida, nutrida e instigada a permanecer viva. Gradualmente, a ideia se tornou gigante pelo próprio poder e me induziu, nutriu e guiou. Ideias são assim. Primeiro você dá vida, ação e orientação às ideias, depois elas assumem o poder e varrem toda a oposição.

Ideias são forças intangíveis, mas têm mais poder do que o cérebro físico que as gera. Elas têm o poder de seguir vivas depois que o cérebro que as criou retorna ao pó. Veja o poder do cristianismo, por exemplo. Começou com uma ideia simples, nascida no cérebro de Cristo. Seu principal dogma é: "Faça aos outros o que você gostaria que os outros fizessem a você". Cristo retornou à fonte de onde veio, mas sua ideia segue em frente. Algum dia, poderá crescer e amadurecer; aí terá cumprido o maior desejo de Cristo. A ideia está se desenvolvendo há apenas dois mil anos. Dê um tempo a ela.

O SUCESSO
NÃO REQUER
EXPLICAÇÕES.

O FRACASSO NÃO
PERMITE ÁLIBIS.

Capítulo 6

PLANEJAMENTO ORGANIZADO

A CRISTALIZAÇÃO DO DESEJO EM AÇÃO

Sexto passo para a riqueza

Você aprendeu que tudo o que o homem cria ou adquire começa na forma de desejo e que o desejo é levado para a oficina da imaginação na primeira etapa de sua jornada, onde são criados e organizados os planos para sua transição. No capítulo 1, você foi instruído a tomar seis atitudes práticas e definidas como primeiro movimento na tradução do desejo por dinheiro em seu equivalente monetário. Um dessas atitudes é a formação de um plano ou planos práticos pelos quais a transformação possa ser feita.

Agora você vai aprender como criar planos práticos:

- Alie-se a um grupo de tantas pessoas quantas sejam necessárias para a criação e execução de seu plano ou planos de acumulação de dinheiro usando o princípio do MasterMind descrito em um capítulo mais adiante. (O cumprimento dessa instrução é absolutamente essencial. Não a negligencie.)
- Antes de formar sua aliança de MasterMind, decida quais vantagens e benefícios você pode oferecer aos membros do grupo em troca da cooperação. Ninguém trabalhará indefinidamente sem algum tipo de compensação. Nenhuma pessoa inteligente solicita ou espera que outra trabalhe sem remuneração adequada, ainda que nem sempre a compensação seja em forma de dinheiro.

- Organize reuniões com os membros do grupo de MasterMind pelo menos duas vezes por semana, e com maior frequência se possível, até que vocês aperfeiçoem em conjunto o plano ou planos necessários para a acumulação de dinheiro.
- Mantenha perfeita harmonia entre você e todos os membros do grupo de MasterMind. Se você não seguir essa instrução ao pé da letra, vai deparar com o fracasso. O MasterMind não pode existir onde a perfeita harmonia não prevalece.

LEMBRE-SE DO SEGUINTE:

1. Você está envolvido em um empreendimento de grande importância para você. Para ter certeza do sucesso, deve ter planos impecáveis.
2. Você deve ter a vantagem da experiência, educação, aptidão natural e imaginação de outras mentes. Isso está em harmonia com os métodos seguidos por todas as pessoas que acumularam grandes fortunas.

Nenhum indivíduo tem experiência, educação, aptidão natural e conhecimento suficientes para garantir o acúmulo de grande fortuna sem a cooperação de outros. Todo plano que você adota em seu esforço para acumular riqueza deve ser uma criação conjunta de todos os membros do seu grupo de MasterMind. Você pode criar os próprios planos no todo ou em parte, mas certifique-se de que sejam verificados e aprovados pelos membros da sua aliança de MasterMind.

Se o primeiro plano que você adotar não for bem-sucedido, substitua-o por um novo; se o novo plano falhar, substitua-o por outro, e assim por diante até encontrar um plano que funcione. É bem aqui o ponto em que a maioria das pessoas se depara com o fracasso, devido à falta de persistência na criação de novos planos para substituir os que fracassam.

O homem mais inteligente deste mundo não obtém êxito em acumular dinheiro – nem em qualquer outro empreendimento – sem planos práticos e viáveis. Apenas mantenha esse fato em mente e lembre-se de que, quando seus planos falham, a derrota temporária não é um fracasso permanente. Pode significar apenas que seus planos não eram sólidos. Monte outros planos. Recomece tudo de novo.

Thomas A. Edison fracassou dez mil vezes antes de aperfeiçoar a lâmpada elétrica incandescente. Ou seja, encontrou a derrota temporária dez mil vezes antes que seus esforços fossem coroados de sucesso.

Derrota temporária deve significar apenas uma coisa: o conhecimento inequívoco de que há algo de errado com seu plano. Milhões de homens passam a vida na miséria e na pobreza porque não têm um plano sólido para acumular fortuna.

Henry Ford acumulou uma fortuna não por causa de sua mente superior, mas porque adotou e seguiu um plano que se mostrou sólido. É possível apontar mil homens, todos com educação melhor que a de Ford, mas todos vivendo na pobreza porque não têm o plano certo para acumular dinheiro.

Sua conquista não pode ser maior do que a solidez dos seus planos. Pode parecer uma afirmação axiomática, mas é verdade. Samuel Insull perdeu sua fortuna de mais de US$ 100 milhões. A fortuna de Insull fora construída com planos sólidos. A depressão econômica forçou Insull a mudar os planos; a mudança trouxe derrota temporária porque os novos planos não eram sólidos. Insull agora é um homem idoso, por isso pode aceitar o fracasso em vez de uma derrota temporária; porém, se sua experiência for de fracasso, será porque não tem o fogo da persistência para refazer seus planos.

Ninguém jamais está acabado até desistir na própria mente. Esse fato será repetido muitas vezes porque é muito fácil se dar por vencido ao primeiro sinal de derrota.

James J. Hill teve uma derrota temporária quando tentou levantar o capital necessário para construir uma ferrovia do Leste para o Oeste, mas transformou a derrota em vitória por meio de novos planos. Henry Ford encarou derrotas temporárias não apenas no início da carreira automobilística, mas também depois de bastante avançado na trajetória rumo ao topo. Ele criou novos planos e seguiu em frente até a vitória financeira.

Vemos homens que acumularam grande fortuna, mas no geral reconhecemos apenas seu triunfo, ignorando as derrotas temporárias que tiveram que superar antes de chegar lá. Nenhum seguidor sensato desta filosofia pode esperar acumular uma fortuna sem experimentar derrota temporária. Quando a derrota chegar, aceite-a como um sinal de que seus planos não são sólidos, refaça-os e zarpe mais uma vez rumo ao objetivo cobiçado.

Se você desiste antes de o objetivo ser alcançado, você é um desistente. Um desistente nunca vence – e um vencedor nunca desiste. Pegue essa frase, escreva-a em um pedaço de papel em letras graúdas e coloque o papel onde o enxergue todas as noites antes de dormir e todas as manhãs antes de ir trabalhar. Quando começar a selecionar membros para o seu grupo de MasterMind, tente selecionar aqueles que não levam a derrota a sério.

Algumas pessoas tolamente acreditam que apenas dinheiro pode fazer dinheiro. Não é verdade. O desejo transmutado em seu equivalente monetário mediante os princípios aqui enunciados é o meio pelo qual o dinheiro é feito. Dinheiro por si só não passa de matéria inerte. Não pode se mover, pensar ou falar, mas pode "ouvir" quando alguém que o deseja pede para ele que venha.

PLANEJAMENTO DA VENDA DE SERVIÇOS

O restante deste capítulo é dedicado à descrição de formas de anunciar serviços pessoais. As informações aqui transmitidas serão de ajuda prática para qualquer pessoa que tenha qualquer forma de serviço pessoal para oferecer, mas serão de inestimável benefício para aqueles que aspiram à liderança em suas ocupações.

Planejamento inteligente é essencial para o sucesso de qualquer empreendimento projetado para acumular riqueza. Aqui serão encontradas instruções detalhadas para quem deve começar o acúmulo de riqueza com a venda de serviços pessoais.

Deve ser encorajador saber que praticamente todas as grandes fortunas começaram na forma de compensação por serviços pessoais ou pela venda de ideias. O que mais alguém que não possui bens teria para dar em troca de riquezas, exceto ideias e serviços pessoais?

Em termos gerais, existem dois tipos de pessoas no mundo. Um tipo é conhecido como líder, e o outro, como seguidor. Decida desde o início se você pretende se tornar um líder em seu trabalho ou permanecer um seguidor. A diferença de remuneração é enorme. O seguidor não pode esperar a compensação a que um líder tem direito; ainda assim, muitos seguidores cometem o erro de esperar tal pagamento.

Não é desgraça ser um seguidor. Por outro lado, não há mérito em permanecer um seguidor. A maioria dos grandes líderes começou na condição de seguidor. Tornaram-se grandes líderes porque eram seguidores inteligentes. Com poucas exceções, o homem que não consegue seguir um líder de maneira inteligente não pode se tornar um líder eficiente. O homem que consegue seguir um líder de modo mais eficiente é, em geral, o que se desenvolve mais rapidamente na liderança. Um seguidor inteligente tem muitas vantagens, entre elas a oportunidade de adquirir conhecimento do líder.

OS PRINCIPAIS ATRIBUTOS DA LIDERANÇA

Os seguintes fatores são importantes na liderança:

1. *Coragem inabalável,* baseada no conhecimento de si mesmo e de sua ocupação. Nenhum seguidor deseja ser dominado por um líder que carece de autoconfiança e coragem. Nenhum seguidor inteligente será dominado por um líder desses por muito tempo.
2. *Autocontrole.* O homem que não consegue se controlar jamais poderá controlar os outros. Autocontrole é um exemplo poderoso para os seguidores, que os mais inteligentes imitarão.
3. *Senso de justiça aguçado.* Sem isso nenhum líder pode comandar e conservar o respeito de seus seguidores.
4. *Firmeza de decisão.* O homem que hesita em suas decisões mostra que não se garante. Ele não pode liderar outros com sucesso.
5. *Definição de planos.* O líder de sucesso deve planejar seu trabalho e trabalhar conforme seu plano. Um líder que atua por achismo, sem

planos práticos e definidos, é comparável a um navio sem leme. Mais cedo ou mais tarde vai acabar nos rochedos.

6. *Hábito de fazer mais do que é pago para fazer.* Uma das penalidades da liderança é a necessidade de que o líder esteja disposto a fazer mais do que aquilo que exige de seus seguidores.
7. *Personalidade agradável.* Nenhuma pessoa desleixada e negligente pode se tornar líder de sucesso. Liderança exige respeito. Os seguidores não vão respeitar um líder que não tenha uma nota alta em todos os fatores da personalidade agradável.
8. *Simpatia e compreensão.* O líder de sucesso deve ser compreensivo com seus seguidores. Além disso, deve entendê-los e a seus problemas.
9. *Domínio dos detalhes.* Liderança bem-sucedida exige domínio dos detalhes da posição de líder.
10. *Disposição para assumir plena responsabilidade.* O líder de sucesso deve estar disposto a assumir a responsabilidade pelos erros e deficiências de seus seguidores. Se tentar se esquivar dessa responsabilidade, não permanecerá líder. Se um de seus seguidores comete um erro e se mostra incompetente, o líder deve considerar que foi ele quem falhou.
11. *Cooperação.* O líder de sucesso deve entender e aplicar o princípio do esforço cooperativo e ser capaz de induzir seus seguidores a fazer o mesmo. Liderança exige poder, e poder exige cooperação.

Existem duas formas de liderança. A primeira, e de longe a mais eficaz, é a liderança por consentimento e com a simpatia dos seguidores. A segunda é a liderança pela força, sem o consentimento e sem a simpatia dos seguidores.

A história está cheia de evidências de que a liderança pela força não consegue perdurar. A queda e o desaparecimento de ditadores e reis são significativos. Isso mostra que as pessoas não seguirão indefinidamente uma liderança forçada.

O mundo acabou de entrar em uma nova era de relacionamento entre líderes e seguidores, que muito claramente exige novos líderes e um novo estilo de liderança nos negócios e na indústria. Aqueles que pertencem à velha escola de liderança pela força devem adquirir um entendimento do novo estilo de liderança (pela cooperação) ou ser relegados à categoria de seguidores. Não há outra saída.

A relação de empregador e empregado ou de líder e seguidor será de cooperação mútua no futuro, baseada em uma divisão equitativa dos lucros dos negócios. No futuro, o relacionamento entre empregador e empregado será mais como uma parceria.

Napoleão, o *kaiser* Guilherme da Alemanha, o tzar da Rússia e o rei da Espanha foram exemplos de liderança pela força. A liderança deles passou. Sem muita dificuldade, pode-se apontar os protótipos desses ex-líderes entre lideranças empresariais, financeiras e trabalhistas da América que foram destronadas ou estão a caminho da queda.

A liderança por consenso dos seguidores é o único estilo que pode durar. Os homens podem seguir temporariamente a liderança forçada, mas não o farão de bom grado.

O novo estilo de liderança vai abranger os onze fatores descritos neste capítulo, além de outros. O homem que faz desses fatores a base de sua liderança encontrará oportunidades abundantes para liderar em qualquer ocupação. A Depressão foi prolongada em grande parte porque o mundo carecia do novo estilo de liderança. No final da Depressão, a demanda por líderes competentes para aplicar os novos métodos de liderança excedeu em muito a oferta. Alguns líderes do velho tipo vão se reformular e se adaptar ao novo estilo de liderança, mas de modo geral o mundo terá que procurar sangue novo para sua liderança. Essa necessidade pode ser a sua oportunidade.

AS DEZ PRINCIPAIS CAUSAS DE FRACASSO NA LIDERANÇA

Vejamos agora as principais falhas dos líderes que fracassam, porque é tão essencial saber o que não fazer quanto saber o que fazer.

1. *Incapacidade de organizar detalhes.* A liderança eficiente exige capacidade de organizar e dominar os detalhes. Nenhum líder genuíno está ocupado demais para fazer qualquer coisa que seja exigida de sua condição de líder. Quando um homem, seja líder ou

seguidor, admite que está muito ocupado para mudar seus planos ou dar atenção a qualquer emergência, ele admite sua ineficiência. O líder de sucesso deve ser o mestre de todos os detalhes relacionados com sua posição. Isso significa, é claro, que deve adquirir o hábito de delegar detalhes a assessores capazes.

2. *Incapacidade de prestar serviço humilde.* Quando a ocasião exige, líderes verdadeiramente grandes mostram-se dispostos a fazer qualquer tipo de trabalho que pediriam a outrem para realizar. "O maior dentre vós será vosso servo" é uma verdade que todos os líderes capazes observam e respeitam.
3. *Expectativa de pagamento pelo que sabe em vez de pelo que faz com o que sabe.* O mundo não paga aos homens pelo que eles sabem. Paga pelo que eles fazem ou induzem outros a fazer.
4. *Medo da competição dos seguidores.* É quase certo que o líder que teme que um de seus seguidores possa tomar sua posição vai ver esse medo se concretizar mais cedo ou mais tarde. O líder capaz treina substitutos a quem pode delegar à vontade qualquer um dos detalhes de sua posição. Apenas dessa maneira um líder pode se multiplicar e se preparar para estar em muitos lugares e dar atenção a muitas coisas ao mesmo tempo. É uma verdade eterna que os homens recebem mais remuneração por sua capacidade de fazer os outros agirem do que poderiam ganhar com o próprio esforço. Graças ao seu conhecimento do trabalho e ao magnetismo de sua personalidade, um líder eficiente pode aumentar em muito a eficiência dos outros e induzi-los a prestar mais e melhor serviço do que conseguiriam sem a sua ajuda.
5. *Falta de imaginação.* Sem imaginação, o líder é incapaz de enfrentar emergências e de criar planos pelos quais guie os seguidores com eficiência.
6. *Egoísmo.* O líder que reivindica toda a honra pelo trabalho dos seguidores com certeza vai deparar com ressentimento. O líder realmente grande não reivindica honras. Ele se contenta em ver as honras, quando existem, ir para seus seguidores porque sabe que a

maioria dos homens trabalhará mais por elogios e reconhecimento do que por dinheiro apenas.

7. *Intemperança.* Os seguidores não respeitam um líder desregrado. Além disso, a intemperança, em qualquer uma de suas várias formas, destrói a resistência e a vitalidade de todos os que se entregam a ela.
8. *Deslealdade.* Talvez devesse estar no topo da lista. O líder que não é leal àqueles de sua confiança e a seus associados, aos que estão acima e abaixo dele, não consegue manter sua liderança por muito tempo. A deslealdade marca a pessoa como sendo menos que o pó da terra e faz cair sobre ela o merecido desprezo. Falta de lealdade é uma das principais causas de fracasso em todas as esferas da vida.
9. *Ênfase na autoridade da liderança.* O líder eficiente lidera incentivando, não tentando incutir medo no coração dos seguidores. O líder que tenta impressionar os seguidores com sua autoridade entra na categoria de liderança pela força. Se um líder é líder de verdade, não precisa divulgar o fato a não ser por sua conduta – sua simpatia, compreensão, justiça e a demonstração de que conhece seu trabalho.
10. *Ênfase no título.* O líder competente não precisa de um título para garantir o respeito dos seguidores. O homem que dá muito valor a seu título geralmente tem pouca coisa além disso para enfatizar. As portas do escritório do verdadeiro líder estão abertas a todos que desejem entrar, e seu local de trabalho é livre de formalidade ou ostentação.

Essas são algumas das causas mais comuns de fracasso na liderança. Qualquer uma é suficiente para induzir o fracasso. Se você aspira à liderança, estude a lista com cuidado e certifique-se de que está livre dessas falhas.

ALGUNS CAMPOS FÉRTEIS ONDE É NECESSÁRIA A NOVA LIDERANÇA

Antes de encerrar este capítulo, chamamos sua atenção para alguns campos férteis onde houve um declínio de liderança e nos quais o novo tipo de líder pode encontrar abundância de oportunidades.

- Na política há uma demanda das mais insistentes por novos líderes, demanda indicativa nada menos do que uma emergência. Ao que parece, a maioria dos políticos se tornaram vigaristas legalizados de alto nível. Aumentaram os impostos e perverteram os sistemas industrial e empresarial até as pessoas não suportarem mais o fardo.
- O setor bancário está passando por uma reforma. Os líderes nesse campo perderam quase que inteiramente a confiança do público. Os banqueiros já sentiram a necessidade de reforma e a iniciaram.
- A indústria pede novos líderes. O velho tipo pensava e se movia em termos de dividendos, em vez de pensar e se mover em termos de equações humanas. O futuro líder da indústria deve se considerar quase um funcionário público cujo dever é administrar seu empreendimento de tal maneira que não sobrecarregue nenhum indivíduo ou grupo de indivíduos. A exploração dos trabalhadores é coisa do passado. Que o homem que aspira à liderança no campo empresarial, industrial e sindical se lembre disso.
- O líder religioso do futuro será forçado a dar mais atenção às necessidades temporais de seus seguidores, à solução de seus problemas econômicos e pessoais do presente, e menos atenção ao passado morto e ao futuro ainda não nascido.
- Nas áreas do direito, da medicina e da educação, um novo estilo de liderança e, até certo ponto, de novos líderes se tornará uma necessidade. Isso é especialmente válido na educação. No futuro, o líder nesse campo deve encontrar maneiras de ensinar às pessoas como aplicar o conhecimento recebido na escola. Deve lidar mais com a prática e menos com a teoria.
- Novos líderes serão necessários no campo do jornalismo. Para serem conduzidos com sucesso, os jornais do futuro devem se divorciar dos privilégios especiais e ficar livres do subsídio da publicidade. Devem deixar de ser órgãos de propaganda dos interesses que apadrinham os espaços publicitários. Jornais que publicam escândalos e imagens obscenas acabarão seguindo o caminho de todas as forças que aviltam a mente humana.

Esses são apenas alguns campos em que as oportunidades para novos líderes e um novo estilo de liderança estão disponíveis no momento. O mundo está passando por rápidas transformações. Isso significa que os setores que promovem mudanças nos hábitos humanos devem se adaptar às mudanças. Os campos aqui citados são os que, mais do que quaisquer outros, determinam os rumos da civilização.

QUANDO E COMO SE CANDIDATAR A UM CARGO

As informações aqui descritas são o resultado de muitos anos de experiência durante os quais milhares de homens e mulheres foram ajudados a comercializar seus serviços de modo efetivo. Podem, portanto, ser consideradas informações sólidas e práticas.

MEIOS PELOS QUAIS OS SERVIÇOS PODEM SER OFERECIDOS

A experiência comprovou que os seguintes meios oferecem os métodos mais diretos e eficazes para reunir compradores e vendedores de serviços pessoais.

1. *Agências de emprego.* Deve-se tomar cuidado para selecionar apenas firmas respeitáveis, que possam mostrar registros adequados de obtenção de resultados satisfatórios. Existem relativamente poucas agências desse tipo.
2. *Publicidade em jornais, publicações especializadas, revistas e rádio.* De modo geral, os anúncios classificados são confiáveis para produzir resultados satisfatórios no caso daqueles que se candidatam a auxiliar de escritório ou funções assalariadas comuns. Anúncios publicitários são mais desejáveis no caso daqueles que buscam colocações executivas; a peça deve aparecer na seção do jornal mais provável de chamar a atenção do tipo de empregador procurado. O anúncio deve ser preparado por um especialista que saiba como injetar qualidades de venda suficientes para produzir respostas.
3. *Cartas pessoais de solicitação,* direcionadas a firmas ou indivíduos com maior probabilidade de precisar dos serviços oferecidos. As

cartas devem sempre ser datilografadas com capricho e assinadas à mão. Deve ser enviado junto com a carta um currículo completo ou um resumo das qualificações do candidato. A carta de candidatura ao cargo e o currículo da experiência ou das qualificações devem ser preparados por um especialista. (Veja as instruções sobre as informações a serem fornecidas.)

4. *Solicitação por meio de contatos pessoais.* Sempre que possível, o candidato deve procurar abordar possíveis empregadores por meio de algum conhecido em comum. Esse método de abordagem é particularmente vantajoso no caso de quem busca cargos executivos e não deseja dar a impressão de estar se oferecendo.
5. *Solicitação em pessoa.* Em algumas situações, pode ser mais eficaz se o candidato oferecer seus serviços pessoalmente a possíveis empregadores. Nesse caso, deve entregar por escrito uma declaração completa das qualificações para o cargo, pois os possíveis empregadores costumam querer discutir o currículo dos candidatos com os sócios.

INFORMAÇÕES A FORNECER NO CURRÍCULO

O currículo deve ser preparado com o mesmo cuidado com que um advogado prepara o resumo de um caso a ser julgado em tribunal. A menos que o candidato tenha experiência na preparação de currículos, deve consultar um especialista e contratar seus serviços. Comerciantes de sucesso empregam homens e mulheres que entendem a arte e a psicologia da publicidade para apresentar os méritos de suas mercadorias. Quem tem serviços pessoais à venda deve fazer o mesmo. As seguintes informações devem constar no currículo:

1. Escolaridade. Declare de forma breve, mas clara, seu grau de escolaridade e em quais disciplinas se especializou na escola, citando os motivos para a especialização.
2. Experiência. Se você tem experiência em cargos semelhantes ao que procura, descreva por completo, coloque nome e endereço de ex-empregadores. Lembre-se de destacar claramente qualquer

experiência especial que você tenha e que o habilite a preencher a vaga que procura.

3. Referências. Praticamente todas as empresas desejam saber tudo do histórico e dos antecedentes de candidatos a cargos de responsabilidade. Anexe ao currículo cópias das cartas de ex-empregadores, professores com quem você estudou, pessoas proeminentes cujo julgamento seja confiável.
4. Fotografia. Anexe ao currículo uma foto sua recente.
5. Candidate-se a um cargo específico. Evite candidatar-se a um emprego sem descrever exatamente o cargo que procura. Nunca solicite apenas uma vaga. Isso indica que você não tem qualificações especializadas.
6. Indique suas qualificações para o cargo específico ao qual você está se candidatando. Dê detalhes completos sobre o motivo pelo qual você acredita estar qualificado para a posição específica que procura. Esse é o detalhe mais importante de sua solicitação. Vai determinar, mais do que qualquer outra coisa, a consideração que você receberá.
7. Ofereça-se para um período de teste. Na maioria dos casos, se você estiver determinado a ter o cargo para o qual se candidata, será mais eficaz caso se ofereça para trabalhar por uma semana, um mês ou um período de tempo suficiente para que seu possível empregador julgue seu valor sem pagar. Pode parecer uma sugestão radical, mas a experiência comprova que raramente falha em garantir pelo menos um teste. Se você está convicto de suas qualificações, um teste é tudo de que precisa. Aliás, essa oferta indica que você confia em sua capacidade de preencher a vaga que busca. É muito convincente. Caso sua oferta seja aceita e você se saia bem, é mais provável que seja pago pelo período de estágio. Deixe claro que sua oferta é baseada em (a) sua confiança na capacidade de ocupar o cargo, (b) sua confiança na decisão do empregador potencial de contratá-lo após o teste e (c) sua determinação em ter o cargo que busca.
8. Conhecimento dos negócios de seu possível empregador. Antes de se candidatar a um cargo, faça uma boa pesquisa sobre a empresa para se familiarizar por completo e indique no currículo o conhecimento

adquirido sobre o assunto. Isso causará boa impressão, pois indicará que você tem imaginação e interesse verdadeiro pelo cargo que busca.

Lembre-se de que quem ganha não é o advogado que mais conhece a lei, mas o que melhor prepara o caso. Se o seu caso for adequadamente preparado e apresentado, mais da metade de sua vitória já estará conquistada desde o início.

Não tenha medo de fazer um currículo longo demais. Os empregadores estão tão interessados em comprar os serviços de candidatos qualificados quanto você em garantir o emprego. De fato, o êxito dos empregadores mais bem-sucedidos se deve principalmente à capacidade de selecionar assistentes qualificados. Eles querem todas as informações disponíveis.

Lembre-se de outra coisa: capricho na preparação de seu currículo indicará que você é uma pessoa meticulosa. Ajudei meus clientes a preparar currículos tão impressionantes e fora do comum que resultaram na contratação sem entrevista pessoal.

Quando seu currículo estiver concluído, mande encadernar com esmero por um encadernador experiente, e na capa, com letras de um artista gráfico ou tipógrafo, escreva algo semelhante ao seguinte:

CURRÍCULO E QUALIFICAÇÕES DE
Robert K. Smith
CANDIDATO AO CARGO DE
secretário particular do presidente da
BLANK COMPANY, INC.

Altere a capa sempre que apresentar o currículo. Esse toque pessoal com certeza chamará atenção. Mande datilografar ou mimeografar o currículo no melhor papel que encontrar, encapando-o com papel grosso, usado em capas de livros; a capa deve ser trocada, e o nome correto da empresa inserido, caso seja entregue em mais de uma companhia. Sua fotografia deve ser colada em uma das páginas do currículo. Siga essas instruções à risca, aprimorando-as quando sua imaginação sugerir.

Os vendedores de sucesso se arrumam com cuidado. Sabem que a primeira impressão é a que fica. Seu currículo é seu vendedor. Dê-lhe uma boa roupa para que se destaque em contraste com qualquer coisa que seu possível empregador já tenha visto em termos de pedido de emprego. Se a posição que você busca é algo que vale a pena ter, vale a pena ir atrás com cuidado. Além disso, se você se vender a um empregador de modo a impressionar pela originalidade, provavelmente receberá mais dinheiro por seus serviços desde o início do que receberia se pedisse emprego da maneira convencional.

Se procurar trabalho por uma agência de publicidade ou uma agência de emprego, peça ao agente que use cópias de seu currículo na comercialização de seus serviços. Isso ajudará a garantir preferência, tanto do agente quanto dos possíveis empregadores.

COMO OBTER O CARGO DESEJADO

Todo mundo gosta de fazer o tipo de trabalho para o qual é mais talhado. Um pintor adora trabalhar com tintas, um artesão, com as mãos, um escritor adora escrever. Aqueles com talentos menos definidos têm preferência por determinado campo dos negócios e da indústria. Se a América faz alguma coisa bem, é oferecer uma gama completa de ocupações – na agricultura, na indústria, no comércio e nas profissões.

1. Decida exatamente que tipo de trabalho deseja. Se o trabalho ainda não existir, talvez você possa criá-lo.
2. Escolha a empresa ou indivíduo para quem deseja trabalhar.
3. Estude seu possível empregador em termos de políticas, equipe e chances de crescimento.
4. Pela análise de si mesmo, de seus talentos e suas capacidades, defina o que você pode oferecer e planeje meios de proporcionar vantagens, serviços, desenvolvimento, ideias que acredite poder executar com sucesso.

5. Esqueça a ideia de conseguir um emprego. Esqueça se existe ou não uma abertura. Esqueça a rotina habitual do "tem um emprego para mim?". Concentre-se no que você pode dar.
6. Depois de ter um plano em mente, contrate um redator experiente para colocá-lo no papel de forma organizada e com todos os detalhes.
7. Apresente o plano à autoridade adequada, e ela fará o resto. Toda empresa procura homens que possam dar algo de valor, sejam ideias, serviços ou conexões. Toda empresa tem espaço para o homem que tem um plano de ação definido que seja vantajoso para ela.

Essa linha de ação pode requerer alguns dias ou semanas de tempo extra, mas a diferença de renda, crescimento e conquista de reconhecimento economizará anos de trabalho duro com pouco pagamento. Há muitas vantagens, sendo a principal delas o fato de muitas vezes economizar de um a cinco anos no alcance da meta escolhida. Toda pessoa que começa ou entra na metade da escada faz isso com um planejamento deliberado e cuidadoso (exceto, é claro, o filho do chefe).

A NOVA MANEIRA DE OFERECER SERVIÇOS

Empregos agora são parcerias

Homens e mulheres que comercializam seus serviços pensando em vantagens futuras devem reconhecer a estupenda mudança ocorrida no relacionamento empregador-empregado. No futuro, a Regra de Ouro, e não a lei do ouro, será o fator dominante na comercialização de mercadorias, bem como de serviços pessoais. O futuro relacionamento entre empregadores e empregados será mais da natureza de uma parceria que consiste em (1) empregador, (2) empregado e (3) clientes.

Essa nova maneira de comercializar serviços pessoais é chamada de nova por vários motivos. Primeiro, o empregador e o empregado do futuro serão considerados colegas de trabalho cuja atividade será servir o público com eficiência. No passado, empregadores e empregados faziam permutas visando à melhor barganha possível, sem considerar que no fim das contas estavam barganhando à custa da terceira parte envolvida – a clientela a que serviam.

A Depressão funcionou como um poderoso protesto de um público prejudicado, cujos direitos haviam sido pisoteados de todas as formas por aqueles que clamavam por vantagens e lucros individuais. Quando os escombros da Depressão tiverem sido removidos e os negócios estiverem restaurados, empregadores e empregados reconhecerão que não têm mais o privilégio de barganhar à custa daqueles a quem servem. O verdadeiro empregador do futuro será o cliente. Isso deve ser constantemente lembrado por todas as pessoas que procuram comercializar serviços pessoais de maneira eficaz.

Quase todas as ferrovias da América estão em dificuldades financeiras. Quem não se lembra do tempo em que, se um cidadão perguntasse no guichê a hora de partida de um trem, seria rispidamente encaminhado para a tabela de horários em vez de receber as informações em tom educado?

As empresas de bondes também passaram por uma mudança. Não faz muito tempo, os condutores se orgulhavam de discutir com os passageiros. Muitos trilhos foram removidos, e os passageiros viajam de ônibus cujo motorista é a última palavra em boa educação. Em todo o país, os trilhos de bonde estão enferrujados pelo abandono ou foram retirados. Onde quer que os bondes ainda circulem, os passageiros agora podem andar sem discussão e até sinalizar no meio do quarteirão que o motorista fará a gentileza de parar para pegá-los.

Quanta mudança! É esse o ponto que estou tentando enfatizar. Os tempos mudaram. Além disso, a mudança se reflete não apenas nos guichês ferroviários e nos bondes, mas também em outras esferas da vida. A política de "dane-se o cliente" já era. Foi suplantada pela política de "atenciosamente a seu serviço, senhor".

Os banqueiros aprenderam umas coisinhas durante a rápida mudança ocorrida nos últimos anos. Indelicadeza da parte de um gerente ou atendente de banco é tão rara hoje em dia quanto era frequente há uma década. No passado, alguns banqueiros (nem todos, é claro) ostentavam um ar de austeridade que causava calafrios quando alguém pensava em pedir um empréstimo. Os milhares de falências bancárias durante a Depressão tiveram o efeito de remover as portas de mogno atrás das quais os banqueiros antes se barricavam. Agora sentam-se em mesas onde podem ser vistos e abordados à vontade por qualquer depositante ou pessoa que deseje vê-los, e toda a atmosfera do banco é de cortesia e compreensão.

Era comum os clientes terem que aguardar em pé no mercado da esquina enquanto os balconistas passavam o tempo com os amigos e o proprietário terminava de fazer seu depósito bancário antes de serem atendidos. As redes de lojas geridas por homens corteses que fazem de tudo para atender bem, só faltando engraxar os sapatos do cliente, empurraram os antigos comerciantes para trás. O tempo não para.

Cortesia e serviço são as palavras de ordem do comércio de hoje e se aplicam de modo mais direto à pessoa que comercializa serviços pessoais do que ao empregador porque, em última análise, tanto empregador quanto empregados são contratados pelos clientes que atendem. Se não atendem bem, pagam com a perda do privilégio de atender.

Todos nós podemos lembrar do tempo em que o funcionário que lia o medidor do gás batia na porta com força suficiente para derrubá-la. Quando a porta era aberta, ele entrava sem ser convidado, com uma carranca que dizia claramente: "Por que diabos você me deixou esperando?". Tudo isso mudou. O homem do medidor agora se comporta como um cavalheiro "encantado por estar ao seu dispor, senhor". Antes que as empresas de gás soubessem que seus empregados carrancudos estavam acumulando prejuízos impossíveis de liquidar, os educados vendedores de equipamentos a óleo apareceram e fizeram negócios a rodo.

Durante a Depressão, passei vários meses na região carbonífera da Pensilvânia estudando as condições que praticamente destruíram a indústria do carvão. Entre várias descobertas muito significativas estava o fato de que a ganância das operadoras e seus empregados era a principal causa da perda de negócios para as empresas e da perda de empregos para os mineiros.

Devido à pressão de um grupo de líderes trabalhistas excessivamente zelosos representando os empregados e à ganância por lucro das operadoras, os negócios minguaram de repente. Empresas e empregados fizeram barganhas de peso, adicionando o custo da negociação ao preço do carvão, até finalmente descobrir que haviam montado um negócio maravilhoso para os fabricantes de equipamentos a óleo e produtores de petróleo.

O salário do pecado é a morte. Muita gente leu isso na Bíblia, mas pouca gente descobriu o significado. Hoje e há vários anos, o mundo inteiro ouve à força um sermão que poderia muito bem ser chamado de "Tudo o que o homem semear, isso também ceifará".

Algo tão disseminado e eficiente quanto a Depressão não poderia ser uma mera coincidência. Por trás da Depressão havia uma causa. Nada acontece sem uma causa. No geral, a causa da Depressão é rastreável diretamente ao hábito mundial de tentar colher sem semear.

Isso não significa que a Depressão represente uma colheita que o mundo está sendo forçado a colher sem ter semeado. O problema é que o mundo plantou o tipo errado de semente. Qualquer agricultor sabe que não pode semear cardos e colher grãos. Desde o início da Guerra Mundial, as pessoas começaram a plantar as sementes do serviço inadequado em qualidade e quantidade. Quase todo mundo estava envolvido no passatempo de tentar ganhar sem dar.

Os exemplos anteriores foram trazidos à atenção de quem comercializa serviços pessoais para mostrar que estamos onde estamos e somos o que somos por causa de nossa conduta. Se existe um princípio de causa e efeito que controla negócios, finanças e transporte, esse mesmo princípio controla os indivíduos e determina sua condição econômica.

QUAL O SEU ÍNDICE "QQE"?

As causas de sucesso efetivo e permanente no comércio de serviços foram claramente descritas. A menos que sejam estudadas, analisadas, compreendidas e aplicadas, não é possível comercializar serviços de maneira efetiva e permanente. Toda pessoa deve ser a própria vendedora de seus serviços pessoais. A qualidade e a quantidade de serviço prestado e o espírito com que é prestado determinam em grande medida o valor e a duração do emprego.

Para comercializar efetivamente serviços pessoais (o que significa um mercado permanente a preço satisfatório e sob condições agradáveis), é preciso adotar e seguir a fórmula "QQE" – qualidade, quantidade e espírito de cooperação adequado –, que corresponde à perfeição na arte de vender serviço. Lembre-se da fórmula QQE, mas faça mais – faça de sua aplicação um hábito.

Vamos analisar a fórmula para garantir a exata compreensão do que significa:

1. Qualidade do serviço refere-se ao cumprimento de todos os detalhes relacionados com o cargo da maneira mais eficiente possível, tendo sempre em mente o objetivo da maior eficiência.
2. Quantidade de serviço deve ser entendida como o hábito de prestar todo o serviço de que se é capaz, o tempo todo, com o objetivo de aumentar a quantidade de serviço prestado à medida que se desenvolve mais habilidade em virtude da prática e da experiência. De novo, a ênfase é colocada na palavra hábito.
3. Espírito de serviço significa o hábito da conduta agradável e harmoniosa que induzirá a cooperação de associados e colegas de trabalho.

Qualidade e quantidade de serviço adequadas não bastam para manter um mercado permanente para seus serviços. A atitude ou o espírito com que você presta serviço é um fator determinante do pagamento que você recebe e da duração do emprego.

Andrew Carnegie destacou esse ponto mais do que outros em sua descrição dos fatores que levam ao sucesso na comercialização de serviços pessoais. Ele enfatizou repetidamente a necessidade de conduta harmoniosa. Carnegie frisou que não manteria ninguém que não trabalhasse em espírito de harmonia – não importando quão grande a quantidade ou quão eficiente a qualidade do trabalho prestado. Carnegie insistia em que os homens fossem agradáveis. Para provar que dava grande valor a essa qualidade, permitiu que muitos homens em conformidade com seus padrões se tornassem muito ricos. Aqueles que não se encaixavam tiveram que dar espaço para outros.

A importância de uma personalidade agradável foi enfatizada por ser um fator que permite prestar serviço no espírito adequado. Se alguém tem uma personalidade agradável e presta serviço em espírito de harmonia, esses ativos costumam compensar deficiências tanto na qualidade quanto na quantidade de serviço prestada. Nada, no entanto, pode substituir com sucesso uma conduta agradável.

O VALOR DE MERCADO DOS SEUS SERVIÇOS

A pessoa cuja renda provém inteiramente da venda de serviços pessoais não é menos comerciante do que quem vende mercadorias, e pode-se acrescentar que está sujeita às mesmíssimas regras de conduta que o comerciante de mercadorias. Isso é enfatizado porque a maioria das pessoas que vivem da venda de serviços pessoais comete o erro de se considerar livre das regras de conduta e das responsabilidades atribuídas aos envolvidos no comércio de mercadorias.

A nova forma de vender serviços praticamente obrigou empregadores e empregados a parcerias nas quais ambas as partes levam em consideração os direitos da terceira parte – os clientes que atendem. O tempo do "cavador" já passou. Ele foi suplantado pelo "doador". Os métodos de alta pressão finalmente fizeram o mundo empresarial explodir como uma panela. Não haverá necessidade de recolocar a tampa porque no futuro os negócios serão conduzidos por métodos que não exigirão pressão.

O real valor de mercado do seu cérebro pode ser determinado pela renda que você consegue produzir (comercializando seus serviços). Uma estimativa justa do valor de mercado de seus serviços pode ser feita multiplicando sua renda anual por 16,66, pois é razoável estimar que sua renda anual represente 6% do seu valor de mercado. O dinheiro é emprestado por 6% ao ano. Dinheiro não vale mais que um cérebro. Muitas vezes vale muito menos.

Cérebros competentes, se comercializados de modo eficiente, representam um capital muito mais desejável do que o necessário para negócios com *commodities*, porque cérebros são um tipo de capital que não sofre depreciação permanente nas depressões, nem pode ser roubado ou gasto. Além disso, o dinheiro essencial para a condução dos negócios é tão inútil quanto uma duna de areia até ser misturado com cérebros eficientes.

AS TRINTA MAIORES CAUSAS DE FRACASSO

Quantas delas o estão atrapalhando?

A maior tragédia da vida consiste em homens e mulheres que tentam com empenho e fracassam. A tragédia está na esmagadora maioria de pessoas que fracassam em comparação com as poucas que têm sucesso.

Tive o privilégio de analisar muitos milhares de homens e mulheres, 98% dos quais classificados como fracassos. Há algo de radicalmente errado em uma civilização e um sistema educacional que permitem que 98% das pessoas passem a vida como fracassadas. Todavia, não escrevi este livro com o objetivo de dar lições de moral sobre os acertos e os erros do mundo; isso exigiria um livro cem vezes maior que este.

Meu trabalho de análise comprovou que existem trinta motivos principais para o fracasso e treze princípios pelos quais as pessoas acumulam fortunas. Neste capítulo, será apresentada uma descrição das trinta principais causas de fracasso. Ao examinar a lista, verifique ponto por ponto a fim de descobrir quantas dessas causas de fracasso estão entre você e o sucesso.

1. *Base hereditária desfavorável.* Pouco ou nada pode ser feito no caso de pessoas que nascem com um cérebro desprovido de poder. Esta filosofia oferece apenas um método para superar tal fraqueza – o auxílio do MasterMind. Observe, no entanto, que essa é a única das trinta causas de fracasso que pode não ser facilmente corrigida por ninguém.
2. *Falta de um objetivo bem definido na vida.* Não há esperança de sucesso para quem não tem um objetivo central ou meta definida. De cada cem pessoas que analisei, 98 não tinham tal objetivo. Talvez fosse essa a principal causa do fracasso delas.

3. *Falta de ambição para ir além da mediocridade.* Não oferecemos esperança a quem é tão indiferente que não quer avançar na vida e não está disposto a pagar o preço do sucesso.
4. *Educação insuficiente.* Essa desvantagem pode ser superada com relativa facilidade. A experiência comprova que as pessoas mais instruídas com frequência são conhecidas como autodidatas ou como pessoas que "se fizeram por si". É preciso mais do que um diploma universitário para fazer uma pessoa educada. Qualquer pessoa educada é aquela que aprendeu a conseguir o que quer da vida sem violar os direitos dos outros. Educação consiste não tanto em conhecimento, mas em conhecimento aplicado de forma eficaz e persistente. Os homens são pagos não apenas pelo que sabem, mas mais especificamente pelo que fazem com o que sabem.
5. *Falta de autodisciplina.* A disciplina vem do autocontrole. Ou seja, é preciso controlar todas as qualidades negativas. Antes de poder controlar as condições, você deve primeiro se controlar. Autodomínio é o trabalho mais difícil que você enfrentará. Se você não se conquista, será conquistado por si mesmo. Você pode ver seu melhor amigo e seu maior inimigo ao mesmo tempo parando na frente de um espelho.
6. *Problemas de saúde.* Nenhuma pessoa pode desfrutar de sucesso extraordinário sem boa saúde. Muitas causas de problemas de saúde estão sujeitas a domínio e controle. As principais são: (a) excesso de alimentos desfavoráveis à saúde, (b) maus hábitos de pensamento, manifestando negatividade, (c) uso incorreto e excessivo do sexo, (d) falta de exercício físico adequado, (e) suprimento inadequado de ar fresco devido à má respiração.
7. *Influências ambientais desfavoráveis durante a infância.* "Pau que nasce torto morre torto." A maioria dos indivíduos com propensão para o crime adquire tal tendência como resultado de um ambiente ruim e de companhias impróprias na infância.
8. *Procrastinação.* Essa é uma das causas mais comuns de fracasso. A procrastinação fica à espreita de todo ser humano, esperando

uma oportunidade de estragar as chances de sucesso. Muitos de nós passamos a vida como fracassados porque esperamos o momento certo para começar a fazer algo que valha a pena. Não espere. Nunca haverá o momento certo. Comece de onde está e trabalhe com as ferramentas que tiver à disposição, e melhores ferramentas serão encontradas à medida que você avançar.

9. *Falta de persistência.* Muitos de nós somos bons em começar, mas ruins em finalizar tudo o que começamos. Além disso, as pessoas tendem a desistir aos primeiros sinais de derrota. Não há substituto para a persistência. A pessoa que faz da persistência sua palavra de ordem descobre que o fracasso acaba se cansando e vai embora. O fracasso não consegue lidar com a persistência.
10. *Personalidade negativa.* Não há esperança de sucesso para a pessoa que repele os outros com uma personalidade negativa. O sucesso advém da aplicação de poder, e poder é obtido mediante os esforços cooperativos de outrem. Uma personalidade negativa não induzirá cooperação.
11. *Falta de controle do impulso sexual.* A energia sexual é o mais poderoso de todos os estímulos que levam as pessoas à ação. Por ser a mais poderosa das emoções, deve ser controlada por transmutação e direcionada para outros canais.
12. *Desejo descontrolado por "algo a troco de nada".* O instinto apostador leva milhões de pessoas ao fracasso. Evidência disso pode ser encontrada em um estudo do *crash* de Wall Street em 1929, quando milhões de pessoas tentaram ganhar dinheiro apostando no mercado de ações.
13. *Ausência de poder de decisão firme.* Aqueles que obtêm sucesso tomam decisões prontamente e as alteram, se é que o fazem, muito lentamente. Aqueles que fracassam tomam decisões muito lentamente, se é que o fazem, e as alteram com frequência e rapidez. Indecisão e procrastinação são irmãs gêmeas. Onde uma é encontrada, a outra geralmente também pode ser encontrada. Mate esse par antes que o prenda à roda de moer do fracasso.

14. *Um ou mais dos seis medos básicos.* Esses medos serão analisados em um capítulo a seguir. Devem ser dominados antes que você possa comercializar seus serviços com eficiência.
15. *Escolha do cônjuge errado.* Essa é uma causa muito comum de fracasso. O casamento coloca as pessoas em contato íntimo. A menos que o relacionamento seja harmonioso, é provável que sobrevenha o fracasso. Além disso, será um fracasso marcado por miséria e infelicidade, destruindo todos os sinais de ambição.
16. *Excesso de cautela.* A pessoa que não se arrisca geralmente tem que pegar o que sobra depois de os outros terem feito suas escolhas. Cautela demais é tão ruim quanto cautela de menos. Ambas são extremos a evitar. A vida em si é cheia de acasos.
17. *Escolha do sócio errado.* Essa é uma das causas mais comuns de fracasso nos negócios. No comércio de serviços pessoais, deve-se ter muito cuidado para selecionar um empregador que seja uma inspiração, inteligente e bem-sucedido. Imitamos aqueles com quem nos associamos mais intimamente. Escolha um empregador que valha a pena imitar.
18. *Superstição e preconceito.* Superstição é um tipo de medo. É também sinal de ignorância. Homens de sucesso mantêm a mente aberta e não têm medo de nada.
19. *Escolha da vocação errada.* Ninguém pode ter sucesso em uma atividade de que não goste. O passo mais essencial no comércio de serviços pessoais é selecionar uma ocupação na qual você possa se jogar de todo o coração.
20. *Ausência de concentração de esforço.* O faz-tudo raramente é bom em alguma coisa. Concentre todo o esforço em um objetivo principal definido.
21. *Hábito de gastar indiscriminadamente.* O perdulário não consegue ter sucesso porque vive com medo constante da pobreza. Crie o hábito de economizar sistematicamente, reservando uma porcentagem definida de sua renda. Dinheiro no banco oferece uma base muito segura de

coragem na hora de negociar a venda de serviços pessoais. Sem dinheiro é preciso pegar o que é oferecido e ficar feliz em recebê-lo.

22. *Falta de entusiasmo.* Sem entusiasmo, não se consegue ser convincente. Além disso, o entusiasmo é contagioso, e a pessoa que o tem sob controle geralmente é bem-vinda em qualquer grupo.
23. *Intolerância.* A pessoa com a mente fechada sobre qualquer assunto raramente progride. Intolerância significa parar de adquirir conhecimento. As formas mais prejudiciais de intolerância estão relacionadas com diferenças de opinião religiosa, racial e política.
24. *Intemperança.* As formas mais prejudiciais de intemperança estão relacionadas com comida, bebida e sexo. O excesso em qualquer uma dessas coisas é fatal para o sucesso.
25. *Incapacidade de cooperar com os outros.* Mais gente perde seus cargos e grandes oportunidades na vida por causa dessa falha do que por todas as outras combinadas. É uma falha que nenhum empresário ou líder inteligente irá tolerar.
26. *Poder não adquirido pelo esforço.* (Filhos e filhas de homens ricos e outros que herdam dinheiro que não conquistaram.) Poder nas mãos de quem não o adquiriu aos poucos com frequência é fatal para o sucesso. Riqueza rápida é mais perigosa que a pobreza.
27. *Desonestidade intencional.* Não existe substituto para a honestidade. Alguém pode ser temporariamente desonesto por força de circunstâncias sobre as quais não tem controle, sem danos permanentes. Mas não há esperança para quem é desonesto por escolha. Mais cedo ou mais tarde haverá o rebote de suas ações, e o indivíduo pagará com a perda de reputação e talvez até a perda da liberdade.
28. *Egotismo e vaidade.* Essas qualidades servem como luzes vermelhas que alertam os outros para se afastar. São fatais para o sucesso.
29. *Supor em vez de pensar.* A maioria das pessoas é indiferente ou preguiçosa demais para adquirir fatos com os quais pensar com precisão. Preferem agir de acordo com opiniões criadas por palpites ou julgamentos rápidos.

30. *Falta de capital.* Essa é uma causa comum de fracasso entre os que começam um negócio pela primeira vez sem reserva de capital suficiente para absorver o choque de seus erros e mantê-los até que estabeleçam uma reputação.

Coloque aqui qualquer causa específica de fracasso que você tenha sofrido e que não esteja incluída na lista.

Nessas trinta principais causas do fracasso encontra-se uma descrição da tragédia da vida de praticamente toda pessoa que tenta e fracassa. Será útil você pedir a alguém que o conhece bem para examinar essa lista e ajudar a analisá-lo em termos das trinta causas de fracasso. Pode ser benéfico você tentar fazer sozinho. A maioria das pessoas não consegue se ver como os outros as veem. Você pode ser uma das que não conseguem.

A mais antiga das advertências é "Conheça a si mesmo". Se você comercializa mercadorias com sucesso, deve conhecê-las. O mesmo acontece no comércio de serviços pessoais. Você deve conhecer todas as suas fraquezas para poder superá-las ou eliminá-las por completo. Deve conhecer seus pontos fortes para poder chamar a atenção para eles ao vender seus serviços. Você só pode se conhecer por meio de análise precisa.

A insensatez da ignorância a respeito de si mesmo foi demonstrada por um jovem que se apresentou ao gerente de uma empresa bem conhecida em busca de emprego. Ele causou ótima impressão até o gerente perguntar qual salário ele esperava. Ele respondeu que não tinha uma soma em mente (falta de objetivo definido). O gerente então disse: "Pagaremos o que você vale depois de um teste de uma semana". "Não vou aceitar", respondeu o candidato, "porque estou ganhando mais do que isso onde estou empregado."

Antes mesmo de começar a negociar um reajuste de salário no cargo atual ou procurar emprego em outro lugar, tenha certeza de que você vale mais do que está ganhando. Uma coisa é querer mais dinheiro – todo mundo quer –, outra coisa completamente diferente é valer mais. Muita gente confunde aquilo que quer com aquilo a que tem direito. Seu querer ou suas exigências financeiras não têm nada a ver com o seu valor. Seu valor é estabelecido inteiramente por sua capacidade de prestar serviço útil ou de induzir outras pessoas a prestar tal serviço.

FAÇA UM INVENTÁRIO DE SI MESMO

Vinte e oito perguntas que você deve responder

A autoanálise anual é essencial para o comércio eficaz de serviços pessoais, assim como o inventário anual de mercadorias. Além disso, a análise anual deve revelar diminuição nas falhas e aumento nas virtudes. A pessoa segue em frente, fica parada ou retrocede na vida. O objetivo deve ser, é claro, seguir em frente. A autoanálise anual revelará se houve progresso e, em caso afirmativo, quanto. Também revelará quaisquer retrocessos que possam ter ocorrido. O comércio eficaz de serviços pessoais exige que se avance, mesmo que o progresso seja lento.

A autoanálise deve ser feita no final de cada ano para que você possa incluir nas resoluções de ano-novo quaisquer melhorias que devam ser feitas. Realize o inventário fazendo as perguntas a seguir e conferindo as respostas com a ajuda de alguém que não permita que você se engane.

QUESTIONÁRIO DE AUTOANÁLISE PARA O INVENTÁRIO PESSOAL

1. Atingi a meta que estabeleci para esse ano? (Você deve trabalhar com um objetivo anual definido a ser alcançado como parte do objetivo principal de vida.)
2. Prestei serviço da melhor qualidade possível ou poderia ter melhorado alguma parte do serviço?
3. Prestei serviço na maior quantidade que eu era capaz?
4. Meu espírito de conduta foi harmonioso e cooperativo o tempo todo?
5. Permiti que o hábito da procrastinação diminuísse minha eficiência? Em caso afirmativo, em que medida?
6. Melhorei minha personalidade? Em caso afirmativo, de que maneiras?
7. Tenho sido persistente em seguir meus planos até a conclusão?

8. Tomei decisões com rapidez e firmeza em todas as ocasiões?
9. Permiti que um ou mais dos seis medos básicos diminuíssem minha eficiência?
10. Fui cauteloso demais ou de menos?
11. Meu relacionamento com meus colegas de trabalho foi agradável ou desagradável? Se foi desagradável, a falha foi parcial ou totalmente minha?
12. Dissipei qualquer quantidade da minha energia por falta de concentração de esforço?
13. Mantive a mente aberta e tolerante em todos os assuntos?
14. De que maneira melhorei minha capacidade de prestar serviço?
15. Fui destemperado em algum dos meus hábitos?
16. Expressei aberta ou secretamente qualquer forma de egotismo?
17. Minha conduta em relação a meus associados foi tal que os levou a me respeitar?
18. Minhas opiniões e decisões foram baseadas em suposições ou em pensamento e análise acurada?
19. Segui o hábito de orçar meu tempo, minhas despesas e minha renda e fui conservador nos orçamentos?
20. Quanto tempo dediquei a esforço não lucrativo que eu poderia ter usado para obter mais vantagem?
21. Como posso reorganizar meu tempo e mudar meus hábitos para ser mais eficiente no ano que vem?
22. Fui culpado de alguma conduta que não foi aprovada por minha consciência?
23. De que maneira prestei mais e melhor serviço do que fui pago para prestar?
24. Fui injusto com alguém? Em caso afirmativo, de que maneira?
25. Se tivesse comprado meus serviços durante o ano, ficaria satisfeito com a compra?
26. Estou na vocação correta? Caso não, por quê?
27. O comprador dos meus serviços ficou satisfeito com o serviço que prestei? Caso não, por quê?

28. Qual minha classificação atual nos princípios fundamentais do sucesso? (Faça essa classificação de maneira honesta e franca e confira com alguém que é corajoso o suficiente para ser acurado.)

Tendo lido e assimilado as informações transmitidas neste capítulo, você está pronto para criar um plano prático para comercializar seus serviços pessoais. Neste capítulo encontra-se a descrição de todos os princípios essenciais ao planejamento da venda de serviços pessoais, incluindo os principais atributos da liderança, as causas mais comuns de fracasso na liderança, uma lista de campos de oportunidade para liderança, as principais causas de fracasso em todas as esferas da vida e perguntas importantes a serem usadas na autoanálise.

A apresentação extensa e detalhada de informações foi incluída porque será necessária para todos que devem começar o acúmulo de riquezas pelo comércio de serviços pessoais. Aqueles que perderam sua fortuna e os que estão começando a ganhar dinheiro agora não têm nada além de serviços pessoais a oferecer em troca de riqueza; portanto, é essencial que disponham de informações práticas para comercializar os serviços da melhor forma possível.

As informações contidas neste capítulo serão de grande valor para todos os que aspiram alcançar a liderança em qualquer atividade. Serão particularmente úteis para quem pretende comercializar seus serviços como executivos de empresas ou indústrias.

A completa assimilação e compreensão das informações aqui transmitidas serão úteis no comércio dos próprios serviços e também ajudarão a tornar o leitor mais analítico e apto a julgar pessoas. São informações inestimáveis para diretores de pessoal, gerentes de emprego e outros executivos encarregados da seleção de funcionários e da manutenção da eficiência nas organizações. Se você duvida dessa afirmação, teste sua solidez respondendo por escrito as 28 perguntas de autoanálise. Isso pode ser interessante e lucrativo, mesmo que você não duvide da declaração.

ONDE E COMO ENCONTRAR OPORTUNIDADES PARA ACUMULAR RIQUEZA

Agora que analisamos os princípios pelos quais as riquezas podem ser acumuladas, naturalmente perguntamos: "Onde encontrar oportunidades favoráveis para aplicar esses princípios?". Muito bem, vamos fazer um inventário e ver o que os Estados Unidos da América oferecem à pessoa que procura riqueza, em grande ou pequena quantidade.

Para começar, lembremos – todos nós que vivemos em um país onde todo cidadão cumpridor da lei desfruta de liberdade de pensamento e de liberdade de ação inigualáveis em qualquer lugar do mundo. A maioria de nós nunca fez um inventário das vantagens dessa liberdade. Nunca comparamos nossa liberdade ilimitada com a liberdade reduzida de outros países.

Aqui temos liberdade de pensamento, liberdade de escolha na educação, liberdade religiosa, liberdade política, liberdade para escolher um negócio, profissão ou ocupação, liberdade para acumular e possuir, sem sermos molestados, toda propriedade que pudermos acumular, liberdade para escolher nosso local de residência, liberdade no casamento, igualdade de oportunidades para todas as raças, liberdade de viajar de um estado para outro, liberdade de escolha na alimentação e liberdade de almejar qualquer condição de vida para a qual nos preparamos, até mesmo para a presidência dos Estados Unidos.

Temos outras formas de liberdade, mas essa lista dá uma visão geral das mais importantes, que constituem oportunidades da mais alta ordem. A vantagem da liberdade é ainda mais visível porque os Estados Unidos são o único país que garante a todos os cidadãos, nascidos ou naturalizados, uma lista de liberdades tão ampla e variada.

A seguir, vamos rever algumas das bênçãos que essa ampla liberdade coloca em nossas mãos. Pegue a família americana média como exemplo (ou seja, uma família de renda média) e some os benefícios disponíveis para todos os membros da família nessa terra de oportunidades e fartura. Ao lado da liberdade de pensamento e ação vêm as três necessidades básicas da vida – alimentação, vestuário e moradia.

Alimentação

Devido à nossa ampla liberdade, a família americana média tem à disposição na porta de casa a melhor seleção de alimentos que pode ser encontrada no mundo, a preços dentro de sua faixa de renda. Uma família de dois, morando no bairro de Times Square, no coração de Nova York, longe da fonte de produção de alimentos, fez um cuidadoso inventário do custo de um café da manhã simples, com o seguinte resultado espantoso:

ITENS ALIMENTÍCIOS	CUSTO NA MESA DO CAFÉ DA MANHÃ
Suco de toranja (da Flórida)	0,2
Flocos de cereal (do Kansas)	0,2
Chá (da China)	0,2
Bananas (da América do Sul)	0,0025
Pão para torrada (do Kansas)	0,01
Ovos frescos (de Utah)	0,07
Açúcar (de Cuba ou Utah)	0,005
Manteiga e nata (da Nova Inglaterra)	0,03
Total	**0,20**

Não é muito difícil obter alimentos em um país onde duas pessoas podem tomar café da manhã com tudo o que querem ou precisam por dez centavos cada uma. Observe que esse café da manhã simples foi coletado, por alguma estranha magia (?), na China, América do Sul, Utah, Kansas e Nova Inglaterra, entregue na mesa do café da manhã, pronto para o consumo, no coração da cidade mais movimentada da América, a um custo dentro das possibilidades do trabalhador mais humilde.

O custo inclui todos os impostos federais, estaduais e municipais. (Aqui está um fato que os políticos não mencionaram enquanto clamavam aos eleitores para expulsar seus oponentes do governo porque as pessoas estavam sendo taxadas até a morte.)

Moradia

Essa família mora em um apartamento confortável, aquecido a vapor, iluminado com eletricidade, com gás para cozinhar, tudo por US$ 65 mensais. Em uma cidade menor ou em uma parte menos povoada de Nova York, o mesmo apartamento poderia ser alugado por até US$ 20 por mês.

A torrada que comeram no café da manhã foi preparada em uma torradeira elétrica que custa uns poucos dólares, o apartamento é limpo com um aspirador a vácuo movido a eletricidade. Água quente e fria estão disponíveis o tempo todo na cozinha e no banheiro. A comida é mantida refrigerada em uma geladeira que funciona com eletricidade.

A esposa enrola os cabelos, lava e passa as roupas com equipamentos elétricos de fácil operação, com a energia obtida de um plugue na parede. O marido faz a barba com um barbeador elétrico e recebe entretenimento de todo o mundo, 24 horas por dia se quiser, sem custo, apenas girando o botão do rádio.

Existem outras conveniências no apartamento, mas a lista anterior dá uma boa ideia das provas concretas da liberdade de que desfrutamos na América (e isso não é propaganda política nem econômica).

Vestuário

Em qualquer lugar dos Estados Unidos, a mulher com necessidades médias de roupas pode se vestir de maneira confortável e arrumada por menos de US$ 200 por ano, e o homem comum pode se vestir pelo mesmo valor ou menos.

Apenas as três necessidades básicas – alimentação, moradia e vestuário – foram mencionadas. O cidadão americano médio tem outros privilégios e vantagens disponíveis em troca de um esforço modesto, que não excede oito horas por dia de trabalho. Entre eles, o privilégio do transporte motorizado, com o qual pode ir e vir à vontade, a um custo muito baixo.

A garantia ao direito de propriedade desfrutada pelo americano médio não é encontrada em nenhum outro país do mundo. Ele pode colocar o dinheiro excedente no banco com a garantia de que o governo o protegerá e o ressarcirá se o banco falir. Se um cidadão americano deseja viajar de um estado para outro, não precisa de passaporte nem da permissão de ninguém. Pode ir e voltar quando quiser. Além disso, pode viajar de trem, automóvel particular, ônibus, avião ou navio, conforme o seu bolso permitir. Na Alemanha, Rússia, Itália e maioria dos outros países europeus e orientais, as pessoas não podem viajar com tanta liberdade e tão pouco custo.

O MILAGRE QUE PROPORCIONOU ESSAS BÊNÇÃOS

É comum ouvirmos políticos proclamando a liberdade da América ao pedir votos, mas raramente dedicam tempo ou esforço suficientes à análise da fonte ou natureza dessa liberdade. Não tendo interesses pessoais a defender, nem ressentimento a expressar, nem motivos escusos a justificar, tenho o privilégio de fazer uma análise franca desse "algo" misterioso, abstrato e muito incompreendido que dá a cada cidadão da América mais bênçãos, mais oportunidades para acumular riqueza, mais liberdade de qualquer natureza do que se possa encontrar em qualquer outro país.

Tenho o direito de analisar a fonte e a natureza desse poder invisível porque conheço – e conheço há mais de um quarto de século – muitos dos homens que organizaram tal poder e muitos dos que agora são responsáveis por sua manutenção. O nome desse misterioso benfeitor da humanidade é capital.

Capital consiste não apenas em dinheiro, mas também e mais especificamente em grupos de homens inteligentes e superorganizados que planejam meios de usar o dinheiro com eficiência para o bem do público e com lucro para si mesmos. Esses grupos são compostos por cientistas, educadores, químicos, inventores, analistas de negócios, publicitários, especialistas em transporte, contadores, advogados, médicos e homens e mulheres de conhecimento altamente especializado em todos os campos da indústria e dos negócios. São pioneiros, experimentam e abrem caminhos em novos campos de atuação. Apoiam faculdades, hospitais, escolas públicas, constroem boas estradas, publicam jornais, pagam a maior parte do custo do governo e cuidam dos inúmeros detalhes essenciais ao progresso humano.

Em poucas palavras, os capitalistas são o cérebro da civilização, pois fornecem o tecido de que consiste toda a educação, esclarecimento e progresso humano. Dinheiro sem cérebro é sempre perigoso. Usado de modo correto, é o elemento essencial mais importante da civilização.

O café da manhã descrito anteriormente não poderia ter sido entregue à família de Nova York por dez centavos cada um, nem por qualquer outro preço, se o capital organizado não tivesse fornecido as máquinas, os navios, as ferrovias e os enormes exércitos de homens treinados para operá-los. Pode-se ter uma ligeira ideia da importância do capital organizado tentando se imaginar sobrecarregado com a responsabilidade de coletar e entregar à família de Nova York o café da manhã descrito sem a ajuda do capital.

Para providenciar o chá, você teria que fazer uma viagem à China ou à Índia, ambas muito distantes da América. A menos que seja um excelente nadador, você ficaria bastante cansado antes de completar a ida e a volta. Além disso, haveria outro problema a confrontar. O que usaria como dinheiro, mesmo que tivesse resistência física para nadar no oceano?

Para providenciar o açúcar, você teria que dar mais uma longa nadada até Cuba ou uma longa caminhada até a região do açúcar de beterraba em Utah. Mesmo assim, poderia voltar sem o açúcar porque é necessário esforço organizado e dinheiro para produzi-lo, sem falar do que é necessário para refinar, transportar e entregar o açúcar na mesa do café da manhã em qualquer parte dos Estados Unidos.

Os ovos você poderia conseguir com bastante facilidade nas granjas perto de Nova York, mas faria uma longa caminhada de ida e volta até a Flórida antes de poder servir dois copos de suco de toranja.

Você teria outra longa caminhada até o Kansas ou um dos outros estados produtores de trigo quando fosse buscar as quatro fatias de pão. Os flocos de cereal teriam que ser omitidos do menu porque não estariam disponíveis, exceto pelo trabalho de uma organização treinada de homens e máquinas adequadas que requer capital.

Para descansar, você poderia dar outra pequena nadada até a América do Sul, onde pegaria duas bananas, e, na volta, poderia dar uma passadinha na fazenda leiteira mais próxima para pegar um pouco de manteiga e nata. Aí sua família de Nova York estaria pronta para sentar e tomar o café da manhã, e você poderia receber suas duas moedas de dez centavos pelo trabalho.

Parece absurdo, não é? Bem, o procedimento descrito seria a única maneira possível de fornecer esses alimentos simples ao coração da cidade de Nova York se não tivéssemos um sistema capitalista.

O volume de dinheiro necessário para a construção e manutenção das ferrovias e navios a vapor usados na entrega desse café da manhã é tão grande que atordoa a imaginação. Chega a centenas de milhões de dólares, sem falar do exército de funcionários treinados necessário para manejar navios e trens. Contudo, o transporte é apenas uma parte dos requisitos da civilização moderna na América capitalista. Antes que possa haver qualquer coisa a ser transportada, é preciso produzir do solo ou fabricar e preparar para o mercado. Isso exige mais milhões de dólares em equipamentos, máquinas, caixas, comercialização e salários de milhões de homens e mulheres.

Navios a vapor e ferrovias não brotam da terra nem funcionam sozinhos. Surgem em resposta ao chamado da civilização mediante o trabalho, a engenhosidade e a capacidade de organização de homens que têm imaginação, fé, entusiasmo, poder de decisão, persistência. Esses homens são conhecidos como capitalistas. Eles são motivados pelo desejo de construir, produzir, realizar, prestar serviço útil, lucrar e acumular riqueza. Como prestam serviço sem o qual não haveria civilização, colocam-se no caminho de grandes riquezas.

Apenas para manter a coisa simples e compreensível, acrescento que esses capitalistas são os mesmos homens de quem muitos de nós ouvimos oradores inflamados falar. São os mesmos homens a quem radicais, canalhas, políticos desonestos e líderes trabalhistas enganadores se referem como "interesses predatórios" ou "Wall Street".

Não estou tentando apresentar argumentação a favor ou contra qualquer grupo de homens ou qualquer sistema econômico. Não estou tentando condenar a negociação coletiva quando me refiro a líderes trabalhistas enganadores, nem pretendo dar um atestado de idoneidade a todos os indivíduos conhecidos como capitalistas.

O objetivo deste livro – objetivo ao qual dediquei um quarto de século – é apresentar, a todos que desejam conhecimento, a filosofia mais confiável com que os indivíduos podem acumular riqueza em qualquer quantidade que desejem. Analisei as vantagens econômicas do sistema capitalista com o duplo objetivo de (1) mostrar que todos os que buscam riquezas devem entender e se adaptar ao sistema que controla todos os meios de obter fortunas, grandes ou pequenas, e (2) apresentar o lado oposto do que é mostrado por políticos e demagogos que deliberadamente obscurecem o assunto, referindo-se ao capital organizado como algo venenoso.

Este é um país capitalista, desenvolvido pelo uso do capital, e nós que reivindicamos o direito de compartilhar das bênçãos da liberdade e da oportunidade, nós que procuramos acumular riqueza aqui temos de saber bem que nem riqueza nem oportunidades estariam disponíveis se o capital organizado não fornecesse tais benefícios. Há mais de vinte anos, tem sido um passatempo um tanto popular e em alta entre radicais, políticos interesseiros, vigaristas, líderes trabalhistas desonestos e às vezes líderes religiosos atacar gratuitamente "os vendilhões" e "os grandes negócios" de Wall Street.

A prática tornou-se tão generalizada que, durante a depressão econômica, assistimos à visão inacreditável de altos funcionários do governo alinhados a políticos e líderes trabalhistas baratos com o objetivo franco e declarado de estrangular o sistema que tornou a América industrial o país mais rico do mundo. O alinhamento foi tão geral e tão bem organizado que prolongou a pior depressão que os Estados Unidos já enfrentaram. Custou o emprego de milhões de homens porque esses empregos eram parte inseparável do sistema industrial e capitalista que forma a espinha dorsal da nação.

Durante essa aliança inusitada de funcionários do governo e indivíduos interesseiros que tentavam lucrar com a temporada de caça ao sistema industrial americano, um certo tipo de líder trabalhista se aliou a políticos e se ofereceu para fornecer eleitores em troca de legislação que permitisse retirar riqueza das indústrias pela força organizada dos números em vez de pelo melhor método, de dar um dia de trabalho justo por um dia de pagamento justo. Milhões de homens e mulheres de todo o país ainda estão envolvidos no passatempo popular de tentar ganhar sem dar.

Alguns estão alinhados com sindicatos que exigem menos horas e mais salário. Outros não se dão ao trabalho sequer de trabalhar. Exigem auxílio do governo e estão conseguindo. A ideia do direito de liberdade desses indivíduos foi demonstrada em Nova York, onde um grupo de beneficiários registrou queixa violenta contra os Correios por ter que acordar às 7h30 para receber os cheques de auxílio do governo. O grupo exigiu que o horário de entrega fosse marcado para as 10h.

Se você é daqueles que acreditam que dá para acumular riqueza pela mera ação de homens que se organizam em grupos e exigem mais pagamento por menos serviço, se você é daqueles que exigem auxílio do governo e que o dinheiro seja entregue sem perturbação de manhã cedo, se você é daqueles que acreditam em trocar votos em políticos pela aprovação de leis que permitam invadir o tesouro público, pode ficar tranquilo com sua crença, com a certeza de que ninguém irá incomodá-lo, porque esse é um país livre, onde todo homem pode pensar como quiser, onde quase todos podem viver com o mínimo de esforço, onde muitos podem viver bem sem fazer qualquer trabalho que seja.

No entanto, você deve conhecer toda a verdade sobre essa liberdade da qual tanta gente se gaba e poucos entendem. Por maior que seja, por mais abrangente que seja, por mais privilégios que ofereça, não pode proporcionar – e não proporciona – riqueza sem esforço.

Existe apenas um método garantido para acumular e manter riqueza legalmente, que é prestar serviço útil. Não existe um sistema pelo qual os homens possam adquirir riqueza legalmente pela mera força dos números ou sem dar em troca um valor equivalente de uma forma ou outra.

Existe um princípio conhecido como economia. É mais do que uma teoria. É uma lei que ninguém pode derrotar. Guarde bem o nome do princípio e lembre-se dele, porque é muito mais poderoso do que todos os políticos e máquinas políticas. Está acima e além do controle de todos os sindicatos. Não pode ser manipulado, nem influenciado, nem subornado por vigaristas ou líderes autonomeados de qualquer setor. Além disso, tem um olho que tudo vê e um sistema perfeito de contabilidade no qual mantém registro preciso das transações de todo ser humano envolvido no negócio de tentar receber sem dar. Cedo ou tarde os auditores aparecem, examinam os registros dos indivíduos, grandes e pequenos, e exigem o acerto de contas.

Wall Street, grandes negócios, interesses capitalistas predatórios ou qualquer que seja o nome que se dê a ele, o sistema que concedeu a liberdade americana representa um grupo de homens que entendem, respeitam e se adaptam à poderosa lei da economia. Sua existência financeira depende do respeito à lei.

A maioria das pessoas que vivem nos Estados Unidos gosta do país, do sistema capitalista e de tudo o mais. Devo confessar que não conheço país melhor nem lugar onde se possa encontrar maiores oportunidades de acumular riqueza. A julgar por seus atos, tem gente nesse país que não gosta disso. É claro que estão no direito deles; se não gostam do país, do sistema capitalista, de oportunidades ilimitadas, têm todo o direito de dar o fora daqui. Existem outros países, como Alemanha, Rússia e Itália, onde se pode tentar gozar de liberdade e acumular riquezas, contanto que não se seja muito específico.

Os Estados Unidos oferecem toda a liberdade e todas as oportunidades para acumulação de riqueza que qualquer pessoa honesta possa exigir. Quando alguém vai caçar, escolhe regiões onde a caça seja abundante. Ao procurar riqueza, naturalmente se aplica a mesma regra.

Se você busca a riqueza, não negligencie as possibilidades de um país cujos cidadãos são tão ricos que as mulheres gastam mais de US$ 200 milhões anualmente em batons, roupas e cosméticos. Pense duas vezes, você que busca a riqueza, antes de tentar destruir o sistema capitalista de um país cujos cidadãos gastam mais de US$ 50 milhões por ano em cartões de felicitações com os quais expressam o apreço por sua liberdade.

Se você está em busca de dinheiro, considere atentamente um país que gasta centenas de milhões de dólares por ano em cigarros, dos quais a maior parte vai para quatro grandes empresas envolvidas na produção desse construtor nacional de "frieza" e "nervos calmos". Pense detidamente sobre um país cujas pessoas gastam anualmente mais de US$ 15 milhões pelo privilégio de ver filmes e lançam alguns milhões adicionais em álcool e narcóticos.

Não se apresse demais para ir embora de um país cujo povo entrega de bom grado, e até ansiosamente, milhões de dólares para o futebol, o beisebol e o boxe profissional todos os anos. Faça de tudo para permanecer em um país cujos habitantes gastam mais de US$ 1 milhão por ano em goma de mascar e outro milhão em lâminas de barbear.

Lembre-se também de que isso é apenas o começo das fontes disponíveis para o acúmulo de riqueza. Apenas alguns luxos e itens não essenciais foram mencionados. Lembre-se de que a produção, transporte e comercialização desses poucos itens empregam regularmente muitos milhões de homens e mulheres, que recebem muitos milhões de dólares mensais por seus serviços e os gastam à vontade tanto em luxos quanto em itens essenciais.

Lembre-se especialmente de que, por trás de toda essa troca de mercadorias e serviços pessoais, pode-se encontrar uma abundância de oportunidades para a acumulação de riqueza. Nisso a liberdade americana vem em nosso auxílio. Não há nada que impeça qualquer pessoa de se envolver em qualquer parte do esforço necessário para a realização desses negócios. Se alguém tem talento, treinamento e experiência superiores, pode acumular grande quantidade de riqueza. Aqueles que não são tão afortunados podem acumular quantidade menor. Qualquer pessoa pode ganhar a vida em troca de pequena quantidade de trabalho.

Então, aí está você. A oportunidade espalhou seus produtos diante de você. Dê um passo à frente, selecione o que deseja, crie seu plano, coloque-o em ação e avance com persistência. A América capitalista fará o resto. Você pode contar com o seguinte: a América capitalista garante a cada pessoa a oportunidade de prestar serviço útil e de amealhar riqueza proporcional ao valor do serviço.

O sistema não nega esse direito a ninguém, mas não promete algo a troco de nada porque o próprio sistema é irrevogavelmente controlado pela lei da economia, que não admite nem tolera por muito tempo o receber sem dar. A lei da economia foi sancionada pela natureza. Não existe uma suprema corte à qual os infratores dessa lei possam recorrer. A lei prevê penalidades por sua violação e recompensas adequadas por sua observância sem interferência ou possibilidade de interferência de qualquer ser humano. A lei não pode ser revogada. É tão fixa quanto as estrelas no firmamento e faz parte do mesmo sistema que controla as estrelas.

Alguém pode se recusar a se adaptar à lei da economia? Com certeza. Esse é um país livre, onde todos os homens nascem com direitos iguais, incluindo o privilégio de ignorar a lei da economia. E aí o que acontece? Bem, nada acontece até um grande número de homens unir forças com o objetivo declarado de ignorar a lei e tomar o que querem à força. Aí aparece o ditador, com pelotões de fuzilamento bem organizados e metralhadoras.

Ainda não chegamos a esse estágio na América. Mas ouvimos tudo o que precisamos saber sobre como o sistema funciona. Talvez tenhamos a sorte de não exigir conhecimento pessoal de uma realidade tão horrível. Sem dúvida, vamos preferir continuar com nossa liberdade de expressão, liberdade de ação e liberdade de prestar serviço útil em troca de riqueza.

A prática de funcionários do governo de estender a homens e mulheres o privilégio de invadir o tesouro público em troca de votos às vezes resulta em eleição, mas, assim como a noite segue o dia, chega a hora do acerto, quando cada centavo usado indevidamente deve ser reembolsado com juros sobre juros. Se aqueles que meteram a mão não são obrigados a pagar, o ônus recai sobre seus filhos e netos, até a terceira e quarta gerações. Não há como evitar a dívida.

Os homens podem formar grupos com o objetivo de aumentar os salários e diminuir a jornada de trabalho. Mas há um ponto além do qual não podem passar. É o ponto em que a lei da economia entra em ação e o xerife pega empregador e empregados.

Durante seis anos, de 1929 a 1935, o povo da América, ricos e pobres, por pouco não viu a economia entregar ao xerife todas as empresas, indústrias e bancos. Não foi uma visão bonita. Não aumentou nosso respeito pela psicologia das massas com a qual os homens jogam a sensatez para o alto e começam a tentar receber sem dar.

Nós que enfrentamos esses seis anos desencorajadores, de medo galopante e fé em baixa, não podemos esquecer o quanto e economia foi implacável ao cobrar sua taxa de ricos e pobres, fracos e fortes, velhos e jovens. Não desejamos passar por outra experiência dessas.

Essas observações não se baseiam em experiências de curto prazo. São o resultado de 25 anos de análise cuidadosa dos métodos dos homens mais bem-sucedidos e mais malsucedidos que os Estados Unidos conheceram.

Capítulo 7

DECISÃO

O DOMÍNIO DA PROCRASTINAÇÃO

O sétimo passo para a riqueza

Análises precisas de mais de 25 mil homens e mulheres que viveram o fracasso revelaram que falta de decisão estava perto do topo da lista das trinta maiores causas de fracasso. Isso não é só a afirmação de uma teoria, é um fato.

Procrastinação, o contrário de decisão, é um inimigo comum que praticamente todo mundo precisa vencer.

Você terá uma oportunidade de testar sua capacidade de tomar decisões rápidas e definidas quando terminar a leitura deste livro e estiver pronto para pôr em ação os princípios que ele descreve.

A análise de várias centenas de pessoas que acumularam fortunas muito além da marca de um milhão de dólares revelou que todas elas tinham o hábito de tomar decisões prontamente e mudar essas decisões lentamente, se e quando elas fossem mudadas. Pessoas que não conseguem acumular dinheiro têm, sem exceção, o hábito de tomar decisões muito lentamente, quando as tomam, e de mudar essas decisões com frequência e rapidamente.

Uma das qualidades mais proeminentes de Henry Ford é seu hábito de tomar decisões rápidas e definidas, e mudá-las lentamente. Essa qualidade é tão pronunciada no Sr. Ford que deu a ele a reputação de ser obstinado. Foi essa qualidade que levou o Sr. Ford a manter a produção do famoso Modelo "T" (o carro mais feio do mundo) quando todos os seus conselheiros e muitos compradores do automóvel o incentivavam a modificá-lo.

Talvez o Sr. Ford tenha demorado demais a fazer a mudança, mas o outro lado da história é que a firmeza de decisão do Sr. Ford rendeu uma imensa fortuna antes de a mudança no modelo tornar-se necessária. Há pouca dúvida de que o hábito do Sr. Ford de manter suas decisões assume a proporção de obstinação, mas essa qualidade é preferível à lentidão para tomar decisões e à rapidez para modificá-las.

A maioria das pessoas que deixam de acumular dinheiro suficiente para suas necessidades é, em geral, facilmente influenciável pelas "opiniões" dos outros. Essas pessoas permitem que os jornais e os vizinhos fofoqueiros "pensem" por elas. "Opiniões" são a mercadoria mais barata na terra. Todo mundo tem uma coleção de opiniões pronta para distribuir a quem as aceitar. Se você é influenciado por "opiniões" quando toma decisões, não terá sucesso em nenhuma empreitada, muito menos na de transmutar seu desejo em dinheiro.

Se você é influenciado pelas opiniões de outras pessoas, não terá nenhum desejo próprio.

Seja reservado quando começar a pôr em prática os princípios aqui descritos, tomando as próprias decisões e agindo de acordo com elas. Não confie em ninguém, exceto nos membros do seu grupo de MasterMind, e tenha muita certeza, na seleção desse grupo, de escolher apenas aqueles que estarão em total empatia e harmonia com seu objetivo.

Amigos e parentes próximos, mesmo sem intenção, sempre atrapalham com "opiniões" e, às vezes, pelo ridículo, que pretende ser engraçado. Milhares de homens e mulheres têm complexos de inferioridade que os acompanham durante a vida toda, porque alguém bem-intencionado, mas ignorante, destruiu sua confiança com "opiniões" ou ridicularização.

Você tem um cérebro e mente próprios. Use-os e tome suas decisões. Se precisar de fatos ou informações de outras pessoas para ser capaz de tomar decisões, como provavelmente vai acontecer, em muitos casos, adquira esses fatos ou a informação de que precisa discretamente, sem revelar seu objetivo.

É uma característica das pessoas que têm um conhecimento moderado ou superficial tentar dar a impressão de que têm muito conhecimento.

Essas pessoas geralmente falam demais e ouvem pouco. Mantenha olhos e ouvidos bem abertos e a boca fechada se quiser adquirir o hábito de tomar decisões prontamente. Quem fala muito faz pouco. Se você fala mais do que escuta, não só se priva de muitas oportunidades para acumular conhecimento útil, como também revela seus planos e objetivos a pessoas que terão grande prazer em derrotá-lo, porque o invejam.

Lembre-se também de que, toda vez que você abre a boca na presença de alguém que tem muito conhecimento, está revelando a essa pessoa seu exato capital de conhecimento, ou sua falta dele! A sabedoria autêntica normalmente é notável por meio de modéstia e silêncio.

Mantenha em mente que toda pessoa com quem você se associa está, como você, procurando oportunidade para acumular dinheiro. Se você fala sobre seus planos sem reservas, pode se surpreender quando souber que outra pessoa chegou antes ao seu objetivo pondo em prática antes de você os planos sobre os quais falou sem nenhuma prudência.

Que uma de suas primeiras decisões seja manter a boca fechada e os ouvidos e olhos abertos.

Como um lembrete para seguir esse conselho, é útil copiar o seguinte epigrama em letras maiúsculas e deixá-lo em algum lugar onde o veja todos os dias.

"Conte ao mundo o que você pretende fazer, mas mostre antes."

Isso equivale a dizer que "atitudes contam mais que palavras".

LIBERDADE OU MORTE EM UMA DECISÃO

O valor das decisões depende da coragem necessária para tomá-las. As grandes decisões que serviram de base para a civilização foram tomadas por pessoas que assumiram grandes riscos, que muitas vezes incluíam a possibilidade de morte.

A decisão de Lincoln de anunciar sua famosa Proclamação de Emancipação, que deu liberdade ao povo negro da América, foi tomada com total compreensão de que a lei poria milhares de amigos e apoiadores contra ele. Lincoln também sabia que a execução daquela proclamação significaria a morte de milhares de homens no campo de batalha. No fim, ela custou a vida de Lincoln. Isso exigiu coragem.

A decisão de Sócrates de beber o cálice de veneno, em vez de comprometer sua crença pessoal, foi uma decisão de coragem. Adiantou o tempo mil anos e deu às pessoas que então nem haviam nascido o direito à liberdade de pensamento e expressão.

A decisão do general Robert E. Lee, quando se separou da União e adotou a causa do Sul, foi uma decisão de coragem, porque ele sabia bem que isso poderia custar sua vida, e certamente custaria a vida de outras pessoas.

Mas a maior decisão de todos os tempos, do ponto de vista de qualquer cidadão americano, foi tomada na Filadélfia em 4 de julho de 1776, quando 56 homens assinaram um documento que, sabiam bem, levaria a liberdade a todos os americanos, ou deixaria cada um dos 56 pendurado na forca.

Você já ouviu falar nesse famoso documento, mas pode não ter aprendido a grande lição de realização pessoal que ele ensinou tão claramente.

Todos lembramos a data dessa decisão grandiosa, mas poucos percebem que coragem a decisão exigiu. Lembramos nossa história como foi ensinada; lembramos datas e nomes dos homens que lutaram; lembramos Valley Forge e Yorktown; lembramos George Washington e lorde Cornwallis. Mas sabemos pouco sobre a verdadeira força por trás desses nomes, lugares e datas. Sabemos ainda menos sobre aquele poder intangível que nos garantiu liberdade muito antes de os exércitos de Washington alcançarem Yorktown.

Lemos a história da revolução e imaginamos, erroneamente, que George Washington foi o Pai de nosso país, que foi ele quem conquistou nossa liberdade, mas a verdade é que Washington foi só um acessório depois do fato, porque a vitória de seus exércitos havia sido garantida muito antes de lorde Cornwallis se render. A intenção aqui não é roubar de Washington a glória que ele tanto fez por merecer. O objetivo é dar mais atenção ao espantoso poder que foi a verdadeira causa de sua vitória.

É quase uma tragédia que os escritores da história tenham perdido inteiramente até a menor referência ao irresistível poder que deu a luz e a liberdade à nação destinada a estabelecer novos padrões de independência para todos os povos da Terra. Digo que é uma tragédia porque esse é o mesmo poder que deve ser usado por cada indivíduo que vence as dificuldades da vida e força a vida a pagar o preço pedido.

Vamos rever rapidamente os acontecimentos que deram à luz esse poder. A história começa com um incidente em Boston, em 5 de março de 1770. Soldados britânicos patrulhavam as ruas, ameaçando abertamente os cidadãos com sua presença. Os colonos se ressentiam contra homens armados circulando em seu meio. Eles começaram a expressar seu ressentimento abertamente, jogando pedras e xingando os soldados em marcha, até que o oficinal no comando deu a ordem: "Preparar baionetas... Atacar!".

A batalha começou. O resultado foi muitos mortos e feridos. O incidente causou tamanho ressentimento que a Assembleia Provincial (composta por colonos proeminentes) convocou uma reunião com o objetivo de tomar atitudes definitivas. Dois membros dessa Assembleia eram John Hancock e Samuel Adams – vida longa a seus nomes! Eles se colocaram com coragem e declararam que era preciso fazer alguma coisa para expulsar todos os soldados britânicos de Boston.

Lembre-se disto, uma decisão na cabeça de dois homens pode ser considerada o início da liberdade de que hoje desfrutamos nos Estados Unidos. Lembre-se também de que a decisão desses dois homens exigia fé e coragem, porque era perigosa.

Antes do fim da Assembleia, Samuel Adams foi indicado para ir procurar o governador da província, Hutchinson, e exigir a retirada das tropas britânicas.

O pedido foi atendido, as tropas foram removidas de Boston, mas o incidente não foi encerrado. Ele havia causado uma situação que mudaria toda a tendência de civilização. Não é estranho como as grandes mudanças, tais como a Revolução Americana e a Guerra Mundial, muitas vezes começam em circunstâncias que parecem pouco importantes? Também é interessante observar que essas mudanças importantes normalmente começam na forma de uma decisão definida na mente de um número relativamente pequeno de pessoas. Poucos conhecem a história de nosso país bem o bastante para perceber que John Hancock, Samuel Adams e Richard Henry Lee (da província de Virgínia) foram os verdadeiros Pais de nosso país.

Richard Henry Lee tornou-se um fator importante nessa história, porque ele e Samuel Adams se comunicavam frequentemente (por correspondência), compartilhando com liberdade seus receios e esperanças em relação ao bem-estar do povo de suas províncias. A partir dessa prática, Adams teve a ideia de uma troca de cartas entre as treze colônias para ajudar a coordenar o esforço tão necessário para a solução de seus problemas. Dois anos depois do confronto com os soldados em Boston (março de 1772), Adams apresentou a ideia à Assembleia na forma de uma moção para o estabelecimento de um Comitê de Correspondência entre as colônias, com correspondentes indicados e definidos em cada colônia, "com o objetivo de cooperação amistosa para a melhoria das colônias da América Britânica".

Marque bem esse incidente! Ele foi o começo da organização do vasto poder destinado a dar liberdade a você e a mim. O MasterMind já havia sido organizado. Era formado por Adams, Lee e Hancock. "Também lhes digo que, se dois de vocês concordarem na terra em qualquer assunto sobre o qual pedirem, isso lhes será feito por meu Pai que está nos Céus."

O Comitê de Correspondência foi organizado. Note que esse movimento forneceu o meio para aumentar o poder do MasterMind adicionando a ele homens de todas as colônias. Perceba que esse procedimento constituiu o primeiro planejamento organizado dos insatisfeitos colonos.

A união faz a força! Os cidadãos das colônias travavam uma guerra desorganizada contra os soldados britânicos em incidentes semelhantes ao motim de Boston, mas nada de benéfico havia sido realizado. Suas queixas individuais não foram consolidadas sob um MasterMind. Nenhum grupo de indivíduos tinha unido corações, mentes, almas e corpos em uma decisão definida para resolver sua dificuldade com a Inglaterra de uma vez por todas, até que Adams, Hancock e Lee se reuniram.

Enquanto isso, os britânicos não estavam parados. Eles também faziam algum planejamento e MasterMind, com a vantagem de contarem com dinheiro e tropas organizadas.

A Coroa indicou Gage para substituir Hutchinson como governador de Massachusetts. Um dos primeiros atos do novo governador foi mandar um mensageiro chamar Samuel Adams, com o objetivo de tentar interromper sua oposição – por medo.

Podemos entender melhor o espírito do que aconteceu citando a conversa entre o coronel Fenton (o mensageiro mandado por Gage) e Adams.

CEL. FENTON:

Fui autorizado pelo governador Gage a garantir, Sr. Adams, que o governador tem o poder de conferir ao senhor benefícios que possam ser satisfatórios [tentando convencer Adams com a promessa de suborno], com a condição de cessar sua oposição às medidas do governo. O governador aconselha, senhor, que não alimente o descontentamento de sua majestade. Sua conduta é passível de penalidades por um Ato de Henrique VIII, pelo qual pessoas podem ser enviadas à Inglaterra para julgamento por traição, ou conivência com traição, a critério de um governador ou uma província. Mas, alterando seu curso político, o senhor não só receberá grandes vantagens pessoais, mas também fará as pazes com o rei.

Samuel Adams estava entre duas decisões. Poderia cessar sua oposição e receber subornos pessoais, ou poderia continuar e correr o risco de ser enforcado!

Era evidente que havia chegado o momento em que Adams se via forçado a agir instantaneamente, uma decisão que poderia custar sua vida. A maioria dos homens teria tido dificuldade para tomar tal decisão. A maioria teria dado uma resposta evasiva, mas não Adams! Ele insistiu na palavra de honra do Cel. Fenton, queria ter certeza de que o coronel levaria ao governador exatamente a resposta que daria a ele.

A RESPOSTA DE ADAM:

> Então, pode dizer ao governador Gage que acredito ter feito as pazes com o rei dos reis há muito tempo. Nenhuma consideração pessoal me induzirá a abandonar a justa causa de meu país. E diga ao governador Gage que Samuel Adams o aconselha a não ofender ainda mais os sentimentos de um povo exasperado.

É desnecessário comentar o caráter desse homem. Deve ser óbvio para todos que leem essa espantosa mensagem que o remetente era dono da mais alta ordem de lealdade. Isso é importante. (Políticos corruptos e desonestos prostituíram a honra pela qual homens como Adams morreram.)

Quando recebeu a resposta cáustica de Adams, o governador Gage ficou furioso e emitiu uma proclamação que anunciava:

> De hoje em diante, em nome de sua majestade, ofereço e prometo seu mais gracioso perdão a todas as pessoas que depuserem suas armas e retornarem aos deveres de súditos pacíficos, excluindo do benefício desse perdão apenas Samuel Adams e John Hancock, cujas ofensas são de natureza hedionda demais para admitir outra consideração que não seja a de punição condigna.

Como se pode dizer atualmente, Adams e Hancock chegaram "ao limite"! A ameaça do governador irado forçou os dois homens a tomarem outra decisão, igualmente perigosa. Eles convocaram às pressas uma reunião secreta de seus seguidores mais duros (aqui o MasterMind começa a ganhar impulso). Depois de propor a ordem do dia para a reunião, Adams trancou a porta, guardou a chave no bolso e informou a todos os presentes que era imperativo organizar um Congresso dos Colonos, e avisou que nenhum homem sairia da sala até que se tomasse a decisão relativa a esse congresso.

Seguiu-se grande agitação. Alguns pesaram as possíveis consequências desse radicalismo (o velho medo do homem). Outros expressaram sérias dúvidas quanto à sabedoria de uma decisão tão definida em desafio à Coroa. Trancados naquela sala estavam dois homens imunes ao medo, cegos à possibilidade de fracasso. Hancock e Adams. Influenciados pela mentalidade dos dois, os outros foram induzidos a concordar que, por intermédio do Comitê de Correspondência, providências deveriam ser tomadas para uma reunião do Primeiro Congresso Continental, a ser realizado na Filadélfia em 5 de setembro de 1774.

Lembre-se dessa data. Ela é mais importante que 4 de julho de 1776. Se não existisse a decisão de realizar um Congresso Continental, não poderia ter existido a assinatura da Declaração de Independência.

Antes da primeira reunião do novo Congresso, outro líder, em uma região diferente do país, se dedicava a publicar um "Resumo dos Direitos da América Britânica". Ele era Thomas Jefferson, da província de Virgínia, cujo relacionamento com lorde Dunmore (representante da Coroa na Virgínia) era tão tenso quanto o de Hancock e Adams com seu governador.

Pouco tempo depois da publicação de seu famoso "Resumo dos Direitos", Jefferson foi informado de que estava sujeito a processo por alta traição contra o governo de sua majestade. Inspirado pela ameaça, um dos colegas de Jefferson, Patrick Henry, manifestou-se com coragem e concluiu seus comentários com uma frase que será um clássico eterno: "Se isso é traição, tire proveito máximo dela".

Eram homens como esses que, sem poder, sem autoridade, sem força militar, sem dinheiro, consideravam com seriedade o destino das colônias, começando no Primeiro Congresso Continental e prosseguindo em intervalos durante dois anos, até que, em 7 de junho de 1776, Richard Henry Lee levantou-se e, falando à Presidência e à Assembleia Reunida, fez a seguinte moção:

> Cavalheiros, proponho que estas Colônias Unidas são, e por direito devem ser, estados livres e independentes, que sejam absolvidas de lealdade à Coroa Britânica, e que toda conexão política entre elas e o estado da Grã-Bretanha seja, e deva ser, totalmente dissolvida.

A surpreendente moção de Lee foi discutida com fervor, e por tanto tempo, que ele começou a perder a paciência. Finalmente, depois de dias de discussão, ele tomou a palavra mais uma vez e declarou com voz clara e firme:

> Sr. presidente, discutimos essa questão por dias. É o único caminho a seguir. Por que, então, senhor, continuar adiando? Por que ainda deliberamos? Deixe que este dia feliz dê à luz uma República americana. Deixe-a se erguer, não para devastar e conquistar, mas para restabelecer o reinado da paz e da lei. Os olhos da Europa estão voltados para nós. Ela exige de nós um exemplo vivo de liberdade, que pode exibir um contraste, na felicidade do cidadão, à tirania sempre crescente.

Antes que essa moção fosse votada, finalmente, Lee foi chamado de volta à Virgínia por motivo de grave doença na família, mas, antes de partir, ele deixou sua causa nas mãos do amigo Thomas Jefferson, que prometeu lutar até que se decidisse por uma ação favorável. Pouco tempo depois disso, o presidente do Congresso (Hancock) indicou Jefferson para a presidência de um comitê que redigiria uma Declaração de Independência.

O comitê trabalhou duro e por muito tempo em um documento que, quando fosse aceito pelo Congresso, significaria que todo homem que o havia assinado assinava também a própria sentença de morte caso as colônias perdessem a luta contra a Grã-Bretanha, o que certamente aconteceria.

O documento foi redigido, e em 28 de junho o rascunho original foi lido diante do Congresso. Durante vários dias, ele foi discutido, alterado e preparado. Em 4 de julho de 1776, Thomas Jefferson colocou-se diante da Assembleia e, sem medo, leu a mais importante decisão jamais posta no papel.

> Quando, no desenrolar de acontecimentos humanos é necessário, para um povo, dissolver os elos políticos que o conectavam a outro, e assumir, entre os poderes da terra, a posição separada e igual à que as leis da Natureza e o Deus da Natureza asseguram seu direito, um respeito decente às opiniões da humanidade requer que eles declarem as causas que os impelem à separação.

Quando Jefferson terminou, o documento foi posto em votação, aprovado e assinado pelos 56 homens, cada um deles arriscando a própria vida na decisão de acrescentar sua assinatura. Por intermédio dessa decisão surgiu uma nação destinada a levar para sempre à humanidade o privilégio de tomar decisões.

Com decisões tomadas com um semelhante espírito de Fé, e somente com essas decisões, os homens podem resolver seus problemas pessoais e conquistar por eles mesmos posições mais elevadas de riqueza material e espiritual. Não vamos nos esquecer disso!

Analise os eventos que levaram à Declaração de Independência e se convença de que esta nação, que agora ocupa uma posição de respeito e poder entre todas as nações do mundo, nasceu de uma decisão criada por um grupo de MasterMind formado por 56 homens. Note bem que foi a decisão deles que garantiu o sucesso das tropas de Washington, porque o espírito daquela decisão estava no coração de cada soldado que lutou com ele e funcionou como um poder espiritual que não reconhece nada que se assemelhe a fracasso.

Note também (com grande benefício pessoal) que o poder que deu a esta nação sua liberdade é o mesmo que deve ser usado por cada indivíduo que se torna autodeterminante. Esse poder é feito dos princípios descritos neste livro. Não será difícil detectar, na história da Declaração de Independência, seis desses princípios, pelo menos: desejo, decisão, fé, persistência, o MasterMind e planejamento organizado.

Ao longo desta filosofia, será encontrada a sugestão de que o pensamento, amparado por forte desejo, tem a tendência de transmutar-se em seu equivalente físico. Antes de seguir adiante, quero deixar com você a sugestão de que se pode encontrar nessa história, e na história da organização da United States Steel Corporation, uma descrição perfeita do método pelo qual o pensamento realiza essa impressionante transformação.

Em sua busca pelo segredo do método, não procure um milagre, porque não o encontrará. Você só encontrará as eternas leis da natureza. Essas leis estão disponíveis para todas as pessoas que têm a fé e a coragem para usá-las. Elas podem ser usadas para levar liberdade a uma nação, ou para acumular riquezas. Não há cobrança, exceto o tempo necessário para entendê-las e se apropriar delas.

Aqueles que tomam decisões de maneira pronta e definida sabem o que querem e, geralmente, conseguem. Os líderes em todas as áreas da vida decidem rapidamente e com firmeza. Essa é a principal razão para serem líderes. O mundo tem o hábito de abrir espaço para o homem cujas palavras e ações mostram que ele sabe para onde vai.

Indecisão é um hábito que costuma começar cedo. O hábito adquire permanência com a criança indo para o ensino fundamental, ensino médio e até para a faculdade sem a definição de objetivo. A principal fraqueza de todos os sistemas educacionais é que não ensinam nem incentivam o hábito da decisão definida.

Seria benéfico se nenhuma faculdade permitisse a matrícula de alunos que não declarassem seu principal objetivo na matrícula. Seria ainda mais benéfico se todo estudante que entra no ensino fundamental fosse compelido a aceitar treinamento no hábito de decisão e forçado a fazer uma prova sobre a disciplina antes de passar de ano.

O hábito da indecisão adquirido por causa das deficiências em nossos sistemas de educação acompanha o estudante até a ocupação que ele escolher... se... de fato ele escolher sua ocupação. Geralmente, o jovem que acaba de sair da escola procura qualquer emprego que possa encontrar. Aceita a primeira vaga disponível, porque caiu no hábito da indecisão. Noventa e oito de cada cem pessoas que trabalham por salário hoje estão no emprego que têm porque não tiveram a definição de decisão para planejar um emprego definido e o conhecimento de como escolher um empregador.

Definição de decisão sempre requer coragem, às vezes muita coragem. Os 56 homens que assinaram a Declaração de Independência apostaram a vida na decisão de assinar aquele documento. A pessoa que chega a uma decisão definida de procurar o emprego específico e fazer a vida pagar o preço que ela pede não aposta a vida nessa decisão: aposta sua liberdade econômica. Independência financeira, riqueza, negócios desejáveis e posições profissionais não estão ao alcance da pessoa que negligencia ou se recusa a esperar, planejar e exigir essas coisas. A pessoa que deseja riquezas com o mesmo espírito que Samuel Adams desejou liberdade para as colônias certamente acumulará riquezas.

No capítulo sobre Planejamento Organizado, você encontrará instruções completas para oferecer todo tipo de serviços pessoais. Também encontrará informação detalhada sobre como escolher o empregador que prefere, bem como o emprego específico que deseja. Essas instruções não terão valor nenhum para você a menos que decida de maneira definida organizá-las em um plano de ação.

Capítulo 8

PERSISTÊNCIA

O ESFORÇO SUSTENTADO NECESSÁRIO PARA INDUZIR FÉ

O oitavo passo para a riqueza

Persistência é um fator essencial no processo de transmutação de desejo em seu equivalente monetário. A base da persistência é a força de vontade.

Força de vontade e desejo, quando corretamente combinados, formam um par irresistível. Homens que acumulam grandes fortunas são conhecidos, geralmente, como frios e, às vezes, implacáveis. Frequentemente são mal entendidos. O que eles têm é força de vontade, que misturam com persistência e usam para amparar seus desejos e assim garantir a realização de seus objetivos.

Henry Ford foi considerado frio e implacável. Essa interpretação errônea surgiu do hábito de Ford de aplicar todos os seus planos com persistência.

A maioria das pessoas está pronta para jogar metas e objetivos pela janela e desistir de tudo ao primeiro sinal de oposição ou infortúnio. Alguns seguem em frente, apesar de toda oposição, até alcançarem seu objetivo. Esses poucos são os Fords, Carnegies, Rockefellers e Edisons.

Pode não haver conotação heroica na palavra "persistência", mas a qualidade é, para o caráter do homem, o que o carbono é para o aço.

A construção de uma fortuna envolve, geralmente, a aplicação de todos os treze fatores desta filosofia. Esses princípios devem ser entendidos, devem ser aplicados com persistência por todos que acumulam dinheiro.

Se você está lendo este livro com a intenção de aplicar o conhecimento que ele transmite, o primeiro teste para sua persistência virá quando você começar a seguir os seis passos descritos no primeiro capítulo. A menos que seja um dos dois em cada cem que já têm um objetivo definido que está perseguindo, e um plano definido para sua realização, você pode ler essas instruções, depois ir cuidar da sua rotina diária, e nunca as seguir.

O autor o testa nesse ponto porque falta de persistência é uma das principais causas de fracasso. Além disso, a experiência com milhares de pessoas provou que falta de persistência é uma fraqueza comum à maioria dos homens. É uma fraqueza que pode ser superada com esforço. A facilidade para superar a falta de persistência depende inteiramente da intensidade do desejo do indivíduo.

O ponto de partida para toda realização é desejo. Mantenha isso sempre em mente. Desejos fracos produzem resultados fracos, da mesma forma que fogo fraco produz pouco calor. Se você descobre que lhe falta persistência, essa fraqueza pode ser reparada pela construção de um fogo mais forte sob seus desejos.

Continue lendo até o fim, depois volte ao capítulo 1 e comece imediatamente a seguir as instruções em relação aos seis passos. A avidez com que você seguir essas instruções vai indicar claramente quanto realmente deseja acumular dinheiro. Se descobrir que você é indiferente, pode ter certeza de que ainda não alcançou a "consciência do dinheiro" que precisa adquirir, antes de poder ter certeza de acumular uma fortuna.

Fortunas gravitam para os homens cuja mente foi preparada para "atraí-las", da mesma forma que a água corre para o mar. Neste livro é possível encontrar todo os estímulos necessários para "sintonizar" qualquer mente normal às vibrações que atrairão o objeto do desejo do indivíduo.

Se você descobrir que sua persistência é fraca, centralize a atenção nas instruções contidas no capítulo sobre "poder"; cerque-se de um grupo de MasterMind, e você pode desenvolver persistência por intermédio dos esforços cooperativos dos membros desse grupo. Você encontrará instruções adicionais para o desenvolvimento de persistência nos capítulos sobre autossugestão e mente subconsciente. Siga as instruções oferecidas nesses capítulos até o hábito entregar à sua mente subconsciente uma imagem clara do objeto de seu desejo. Desse ponto em diante, você não será prejudicado por falta de persistência.

A mente subconsciente trabalha de maneira contínua, enquanto você está acordado e quando dorme.

Esforço espasmódico ou ocasional para aplicar as regras não terá nenhum valor para você. Para obter resultados, você deve aplicar todas as regras até que a aplicação se torne um hábito fixado em você. Não há outro jeito de desenvolver a necessária "consciência do dinheiro".

Pobreza é atraída por aqueles cuja mente é favorável a ela, da mesma forma que o dinheiro é atraído por aqueles cuja mente foi deliberadamente preparada para atraí-lo, e pelas mesmas leis. A consciência da pobreza se apodera voluntariamente da mente que não está ocupada com a consciência do dinheiro. Uma consciência de pobreza se desenvolve sem aplicação consciente de hábitos favoráveis a ela. A consciência do dinheiro deve ser criada com esforço, a menos que se tenha nascido com essa consciência.

Entenda o pleno significado da afirmação no parágrafo anterior e você terá entendido a importância da persistência na acumulação de uma fortuna. Sem persistência, você será derrotado antes mesmo de começar. Com persistência, você vencerá.

Se você já teve um pesadelo, vai perceber o valor da persistência. Está deitado na cama, meio acordado, com a sensação de que vai sufocar. Não consegue se virar, nem mover um músculo. Percebe que precisa começar a recuperar o controle sobre os músculos. Com esforço persistente de força de vontade, você finalmente consegue mover os dedos de uma das mãos. Sem deixar de mover os dedos, você estende o controle dos músculos para um braço, até conseguir levantá-lo. Depois adquire o controle sobre o outro braço da mesma maneira. Finalmente, você adquire controle sobre os músculos de uma das pernas, e depois o estende para a outra. Então, com um supremo esforço de vontade, você recupera o controle completo sobre seu sistema muscular e "desperta" do pesadelo. A situação foi resolvida passo a passo.

Você pode descobrir que é necessário "despertar" de sua inércia mental por meio de um procedimento semelhante, movendo-se lentamente no início, depois aumentando a velocidade, até adquirir o controle completo sobre sua vontade. Seja persistente, por mais que tenha que se mover lentamente no início. Com a persistência, o sucesso virá.

Se você escolher seu grupo de MasterMind com cuidado, terá nele uma pessoa, pelo menos, que o ajudará no desenvolvimento da persistência. Alguns homens que acumularam grandes fortunas o fizeram por necessidade. Eles desenvolveram o hábito da persistência porque eram tão levados pelas circunstâncias que tiveram que se tornar persistentes.

Não existe substituto para a persistência! Ela não pode ser substituída por nenhuma outra qualidade! Lembre-se disso, e essa ideia o fortalecerá no início, quando o progresso vai parecer difícil e lento.

Aqueles que cultivaram o hábito da persistência parecem desfrutar de garantia contra o fracasso. Não importa quantas vezes sejam derrotados, finalmente chegam ao topo da escada. Às vezes, parece que existe um Guia oculto cujo dever é testar os homens valendo-se de todo tipo de experiência desanimadora. Aqueles que se levantam depois da derrota e continuam tentando chegam lá; e o mundo grita: "Bravo! Eu sabia que você era capaz!". O Guia oculto não permite que ninguém saboreie grande realização sem passar pelo teste de persistência. Quem não faz o teste simplesmente não passa de ano.

Os que fazem o teste e passam por ele são generosamente recompensados por sua persistência. Recebem, como compensação, a conquista do objetivo que estão perseguindo. E não é só isso! Recebem algo infinitamente mais importante que compensação material – o conhecimento de que "todo fracasso traz nele a semente de uma vantagem equivalente".

Há exceções para a regra. Algumas pessoas conhecem por experiência própria a solidez da persistência. São aquelas que não aceitaram a derrota como algo mais que temporário. São aquelas cujos desejos são aplicados com tanta persistência que a derrota, no fim, é transformada em vitória. Os que ficam nas laterais do campo da vida veem o número esmagadoramente alto de pessoas que caem na derrota e nunca mais se levantam. Vemos os poucos que encaram o castigo da derrota como um impulso para um esforço maior. Esses, felizmente, nunca aprendem a aceitar a marcha a ré da vida. Mas o que não vemos, o que a maioria nem desconfia que existe, é o poder silencioso, mas irresistível, que resgata aqueles que lutam diante do desestímulo. Se falamos desse poder, nós o chamamos de persistência e nos damos por satisfeitos. Uma coisa que todos sabem é que, se não se tem persistência, não se alcança sucesso digno de nota em nenhuma área.

Enquanto escrevo estas linhas, ergo os olhos do meu trabalho e vejo na minha frente, a menos de um quarteirão de distância, a grande e misteriosa "Broadway", o "cemitério das esperanças mortas" e a "varanda da oportunidade". Pessoas chegam à Broadway de todas as partes do mundo em busca de fama, fortuna, poder, amor ou qualquer coisa que os seres humanos chamam de sucesso. Muito ocasionalmente, alguém se destaca da longa procissão de esperançosos, e o mundo ouve falar que mais uma pessoa conquistou a Broadway. Mas a Broadway não é fácil nem rápida de conquistar. Ela reconhece talento, genialidade, recompensa em dinheiro, mas só depois que o indivíduo se recusa a desistir.

Então sabemos que ele descobriu o segredo de como conquistar a Broadway. O segredo é sempre inseparavelmente ligado a uma palavra, persistência!

O segredo é contado na luta de Fannie Hurst, cuja persistência conquistou o Great White Way [apelido para uma seção da Broadway, famosa pelos teatros e luminosos, na cidade de Nova York]. Ela chegou a Nova York em 1915 para transformar escrita em riquezas. A transformação não aconteceu rapidamente, mas aconteceu. Durante quatro anos, a Srta. Hurst aprendeu sobre "as calçadas de Nova York" vivendo a experiência. Passava os dias trabalhando e as noites esperando. Quando a esperança enfraqueceu, ela não disse: "Ok, Broadway, você venceu!". Ela disse: "Muito bem, Broadway, você pode derrotar alguns, mas não eu. Vou obrigá-la a ceder".

Um editor (do *Saturday Evening Post*) mandou 36 comunicados de recusa antes de ela conseguir quebrar o gelo e publicar uma história. O escritor mediano, como qualquer "mediano" em outras áreas da vida, teria desistido no primeiro comunicado de recusa. Ela gastou sola de sapato nas calçadas durante quatro anos, dançando no ritmo do "não" dos editores, porque estava determinada a vencer.

Então, o "pagamento" chegou. O encanto se quebrou, o Guia escondido havia testado Fannie Hurst, e ela foi aprovada. Daquele momento em diante, os editores iam bater em sua porta. O dinheiro entrava tão depressa que ela mal conseguia contar. Depois, os homens do cinema a descobriram, e o dinheiro continuou entrando, não em notas pequenas, mas em enxurradas. Os direitos de filmagem de seu último romance, *Great Laughter*, renderam US$ 100 mil, considerado o valor mais elevado jamais pago por uma história antes de sua publicação. Os *royalties* da venda do livro são, provavelmente, muito superiores a esse valor.

De maneira resumida, você tem uma descrição do que a persistência pode conquistar. Fannie Hurst não é uma exceção. Onde homens e mulheres acumularam grandes riquezas, pode ter certeza, antes eles adquiriram persistência. A Broadway dá a qualquer pedinte uma xícara de café e um sanduíche, mas exige persistência daqueles que vão atrás dos grandes prêmios.

Kate Smith vai concordar quando ler isto. Durante anos, ela cantou diante de qualquer microfone que pudesse agarrar, sem dinheiro e sem preço. A Broadway disse a ela: "Vem buscar, se conseguir pegar". Ela tentou pegar até o feliz dia em que a Broadway se cansou e disse: "Ah, para que isso? Você não reconhece quando apanha, então, faça seu preço e vá trabalhar". A Srta. Smith fez seu preço! Era alto. Tão alto que uma semana de salário supera o que a maioria das pessoas ganha em um ano.

Realmente, compensa ser persistente!

E aqui vai uma declaração de incentivo que transmite uma sugestão de grande importância: milhares de cantores que superam Kate Smith andam para cima e para baixo pela Broadway procurando uma "vaga", e não conseguem nada. Inúmeros outros chegaram e foram embora, muitos cantavam bem o bastante, mas não alcançaram o sucesso, porque faltou a eles a coragem para continuar e continuar, até a Broadway se cansar de rejeitá-los.

Persistência é um estado mental, portanto, pode ser cultivada. Como todos os estados mentais, persistência se baseia em causas definidas, entre elas:

a. *Definição de objetivo.* Saber o que se quer é o primeiro e, talvez, o mais importante passo para o desenvolvimento da persistência. Um motivo forte obriga o indivíduo a superar muitas dificuldades.
b. *Desejo.* É relativamente fácil adquirir e manter a persistência na busca do objeto de um desejo intenso.
c. *Autoconfiança.* Acreditar na própria capacidade de realizar um plano incentiva o indivíduo a seguir esse plano com persistência. (Autoconfiança pode ser desenvolvida por meio do princípio descrito no capítulo sobre autossugestão.)
d. *Definição de planos.* Planos organizados, mesmo que sejam fracos e inteiramente impraticáveis, incentivam a persistência.
e. *Conhecimento preciso.* Saber que os próprios planos são sólidos, baseados em experiência ou observação, incentiva a persistência; "adivinhar" em vez de "saber" destrói a persistência.
f. *Cooperação.* Simpatia, compreensão e cooperação harmoniosa com os outros costumam desenvolver a persistência.
g. *Força de vontade.* O hábito de concentrar os pensamentos do indivíduo na construção de planos para a conquista de um objetivo definido leva à persistência.
h. *Hábito.* Persistência é resultado direto do hábito. A mente absorve e torna-se parte das experiências diárias das quais se alimenta. Medo, o pior de todos os inimigos, pode ser curado pela repetição forçada de atos de coragem. Todos que conheceram o serviço ativo na guerra sabem disso.

Antes de deixar o tema da persistência, faça um inventário de si mesmo e determine em que aspecto particular lhe falta essa qualidade essencial. Avalie-se corajosamente, ponto a ponto, e veja quantos dos oito fatores da persistência faltam em você. A análise pode levar a descobertas que promoverão um novo controle sobre si mesmo.

SINTOMAS DE FALTA DE PERSISTÊNCIA

Aqui você encontrará os verdadeiros inimigos que o impedem de realizar conquistas dignas de nota. Aqui você encontrará não só os "sintomas" indicativos de fraqueza de persistência, mas também as causas dessa fraqueza profundamente enraizadas no subconsciente. Estude a lista com atenção e avalie-se com sinceridade se quiser realmente saber quem você é e o que é capaz de fazer. Estas são as fraquezas que precisam ser superadas por todos que acumulam riquezas.

1. Não reconhecer e não definir com clareza e exatidão o que se quer.
2. Procrastinação com ou sem causa (normalmente amparada por uma formidável variedade de álibis e desculpas).
3. Falta de interesse em adquirir conhecimento especializado.
4. Indecisão, o hábito de "passar a bola" em todas as ocasiões, em vez de encarar as situações de frente (também amparada por álibis).
5. O hábito de se apoiar em desculpas, em vez de criar planos definidos para a solução dos problemas.
6. Autossatisfação. Não há muito remédio para essa aflição, e não há esperança para os que sofrem com ela.
7. Indiferença, normalmente refletida na prontidão do indivíduo para ceder em todas as ocasiões, em vez de enfrentar a oposição e lutar contra ela.
8. O hábito de culpar os outros pelos próprios erros e aceitar circunstâncias desfavoráveis como inevitáveis.
9. Fraqueza de desejo, devido à falta de atenção aos motivos que impelem à ação.
10. Disponibilidade, até avidez, para desistir ao primeiro sinal de derrota (baseada em um ou mais dos seis medos básicos).
11. Falta de planos organizados e colocados por escrito onde possam ser analisados.
12. O hábito de deixar de pôr ideias em prática, ou agarrar oportunidades quando elas se apresentam.
13. Querer em vez de exigir.

14. O hábito de aceitar a pobreza, em vez de colocar riquezas como meta. Ausência generalizada de ambição de ser, fazer e ter.
15. Procurar todos os atalhos para as riquezas, tentando obter sem dar em troca um equivalente justo, normalmente refletido no hábito de jogar, ou na tentativa de fazer negócios "espertos".
16. Medo de crítica, deixar de criar planos e colocá-los em prática por causa do que os outros vão pensar, fazer ou dizer. Esse inimigo está no topo da lista, porque, geralmente, existe na mente subconsciente do indivíduo, onde sua presença não é reconhecida. (Ver os seis medos básicos em um capítulo mais adiante.)

Vamos examinar alguns sintomas do medo de crítica. A maioria das pessoas permite que parentes, amigos e público em geral as influenciem de forma a não conseguirem viver a própria vida, porque temem a crítica.

Um número muito elevado de pessoas comete erros no casamento, mantém a situação e segue pela vida infeliz e miserável, porque elas têm medo das críticas que podem surgir, se corrigirem o erro (quem se submeteu a essa forma de medo conhece o dano irreparável que ela causa destruindo ambição, autoconfiança e o desejo de realizar).

Milhões de pessoas deixam de estudar mais tarde na vida, depois de terem deixado a escola, porque temem a crítica.

Inúmeros homens e mulheres, jovens e velhos, permitem que familiares destruam sua vida em nome do dever, porque temem as críticas (dever não exige que a pessoa se submeta à destruição de suas ambições pessoais e abra mão do direito de viver a própria vida do seu jeito).

As pessoas se recusam a correr riscos nos negócios porque temem as críticas que podem surgir se falharem. O medo da crítica, nesses casos, é mais forte que o desejo de sucesso.

Muitas pessoas se recusam a estabelecer objetivos grandiosos para elas mesmas, ou até deixam de escolher uma carreira, porque temem as críticas de parentes e "amigos" que podem dizer: "Não sonhe tão alto, as pessoas vão pensar que você é maluco".

Quando Andrew Carnegie sugeriu que eu dedicasse vinte anos à organização de uma filosofia de realização individual, meu primeiro impulso de pensamento foi o medo do que as pessoas poderiam dizer. A sugestão estabelecia um objetivo desproporcional a qualquer coisa que eu já tivesse concebido para mim. Rápida como um raio, minha mente começou a criar álibis e desculpas, todos eles relacionados com o medo inerente de crítica. Alguma coisa dentro de mim dizia:

> Você não vai conseguir, o trabalho é muito grande e requer muito tempo, o que seus familiares vão pensar de você? Como vai ganhar a vida? Ninguém jamais organizou uma filosofia de sucesso, que direito você tem de acreditar que pode fazer isso? Quem é você, aliás, para querer algo tão grandioso? Lembre-se da sua origem humilde, o que você sabe sobre filosofia? As pessoas vão pensar que você é maluco (e pensaram), por que ninguém mais fez isso antes?

Essas e muitas outras questões passaram por minha cabeça e exigiram atenção. Era como se o mundo todo, de repente, prestasse atenção em mim com o propósito de me ridicularizar e me fazer desistir do desejo de aceitar a sugestão do Sr. Carnegie.

Eu tinha ali uma ótima oportunidade de matar a ambição antes que ela assumisse o controle sobre mim. Mais tarde, depois de ter analisado milhares de pessoas, descobri que muitas ideias são natimortas e precisam do sopro da vida injetado nelas por planos definidos de ação imediata. O tempo de nutrir uma ideia é o momento de seu nascimento. Cada minuto de vida dá a ela melhor chance de sobrevivência. O medo da crítica está na raiz da destruição de muitas ideias que nunca chegam às etapas de planejamento e ação.

Muitas pessoas acreditam que o sucesso material é resultado de momentos favoráveis. Há um elemento que serve de base para essa crença, mas quem depende inteiramente da sorte quase sempre acaba desapontado, porque ignora outro fator importante que deve estar presente antes que se possa ter certeza do sucesso. É o conhecimento com o qual esses momentos favoráveis podem acontecer por demanda.

Durante a depressão, W. C. Fields, o comediante, perdeu todo o seu dinheiro e se viu sem renda, sem emprego, e seu meio para ganhar o sustento (*vaudeville*) não existia mais. Além disso, ele tinha mais de sessenta anos, quando muitos homens se consideram "velhos". Estava tão aflito para promover sua volta que se ofereceu para trabalhar de graça em uma nova área (cinema). Além de todos os outros problemas, ele caiu e machucou o pescoço. Para muita gente, esse seria o momento para desistir. Mas Fields era persistente. Sabia que, se continuasse, teria o momento favorável mais cedo ou mais tarde, e ele o teve, mas não foi por acaso.

Marie Dressler estava arrasada, sem dinheiro, sem emprego e com quase sessenta anos. Ela também foi atrás dos momentos favoráveis e os encontrou. Sua persistência promoveu um impressionante triunfo naquele estágio da vida, muito depois da idade em que a maioria dos homens e mulheres desistiu da ambição de conquistar.

Eddie Cantor perdeu seu dinheiro no *crash* da bolsa de 1929, mas ainda tinha persistência e coragem. Com elas, mais dois olhos proeminentes, voltou a ter uma renda de US$ 10 mil semanais! Realmente, quem tem persistência pode se dar muito bem sem muitas outras qualidades.

O único momento favorável com que alguém pode contar é aquele que o próprio indivíduo promove. E isso se dá pela aplicação de persistência. O ponto de partida é a definição de objetivo.

Faça um teste com as primeiras cem pessoas que encontrar, pergunte a elas o que mais querem na vida, e 98 não vão conseguir responder. Se os pressionar por uma resposta, alguns dirão segurança, muitos dirão dinheiro, alguns poucos dirão felicidade, outros, fama e poder, e outros ainda dirão reconhecimento social, vida fácil, saber cantar, dançar ou escrever, mas nenhum deles será capaz de definir esses termos, ou dar a menor indicação de um plano pelo qual esperam alcançar esses desejos expressos de maneira tão vaga. Riquezas não respondem a vontades. Respondem apenas a planos definidos amparados por desejos definidos, por meio de persistência constante.

COMO DESENVOLVER PERSISTÊNCIA

Há quatro passos simples que levam ao hábito da persistência. Não exigem grande inteligência, nem um grau específico de educação, e requerem pouco tempo ou esforço. Os passos necessários são:

1. Objetivo definido amparado por desejo ardente de sua realização.
2. Um plano definido, expressado em ação contínua.
3. Mente hermeticamente fechada contra qualquer influência negativa ou desestimulante, inclusive sugestões negativas de familiares, amigos e conhecidos.
4. Uma aliança amigável com uma ou mais pessoas que incentivarão o indivíduo a seguir com o plano e o objetivo.

Esses quatro passos são essenciais para o sucesso em todas as esferas da vida. Todo o propósito dos treze princípios desta filosofia é capacitar o indivíduo a dar esses quatro passos como hábito.

Esses são os passos pelos quais se pode controlar o próprio destino econômico.

São os passos que levam à liberdade e independência de pensamento.

São os passos que levam às riquezas, em pequenas ou grandes quantidades.

Eles indicam o caminho para o poder, a fama e o reconhecimento mundial.

São os quatro passos que garantem os momentos favoráveis.

São os passos que transformam sonhos em realidades físicas.

Eles também levam ao domínio do medo, do desânimo e da indiferença.

Há uma recompensa magnífica para todos que aprendem esses quatro passos. É o privilégio de escrever o próprio holerite e fazer a vida pagar o preço solicitado, seja ele qual for.

Não tenho como saber os fatos, mas me arrisco a conjeturar que o grande amor da Sra. Wallis Simpson por um homem não foi acidental, não foi resultado apenas de momentos favoráveis. Havia um desejo ardente e uma busca cuidadosa que se manteve a cada passo do caminho.

Seu primeiro dever era amar. Qual é a maior de todas as coisas na Terra? O Mestre a chamou de amor – não regras feitas pelo homem, críticas, amargura, calúnia ou "casamentos" políticos, mas amor.

Ela sabia o que queria não depois de ter conhecido o príncipe de Gales, mas muito antes disso. Duas vezes, quando não conseguiu encontrar, teve a coragem de continuar procurando. "Seja fiel a você mesmo, e tão certo como a noite e o dia, não poderá ser falso com nenhum homem."

Sua ascensão da obscuridade foi lenta, progressiva e persistente, mas certeira! Ela triunfou sobre todas as oposições; e seja você quem for, ou qualquer que seja sua opinião sobre Wallis Simpson, ou sobre o rei que abriu mão de sua coroa pelo amor dessa mulher, ela é um exemplo impressionante de persistência aplicada, uma instrutora das regras de autodeterminação, de quem o mundo todo poderia se beneficiar se aproveitasse seus ensinamentos.

Quando se pensa em Wallis Simpson, vem à cabeça alguém que sabia o que queria e abalou o maior império da Terra para conseguir. Mulheres que reclamam que este é um mundo para homens, que mulheres não têm uma chance igual de vitória, devem a si mesmas o favor de estudar com atenção a vida dessa mulher incomum que, em uma idade em que a maioria considera ser "velha", conquistou os afetos do mais desejado solteiro do mundo todo.

E quanto ao rei Edward? Que lição podemos aprender com sua participação no maior drama do mundo em tempos recentes? Ele pagou um preço alto demais pelo afeto da mulher que escolheu?

Certamente, só ele pode dar a resposta correta.

Nós só podemos imaginar. O que sabemos é que o rei veio ao mundo sem ter consentido. Nasceu cercado de grandes riquezas que não pediu. Foi procurado com persistentes propostas de casamento; políticos e estadistas de toda a Europa ofereceram dotes e princesas. Por ser o primogênito de seus pais, ele herdou a coroa, coisa que não procurou e talvez não quisesse. Durante mais de quarenta anos ele não foi um agente livre, não pôde viver a vida à sua maneira, teve pouca privacidade e acabou assumindo deveres a ele impostos quando subiu ao trono.

Alguns dirão: "Com todas essas bênçãos, rei Edward deveria ter encontrado paz de espírito, contentamento e alegria de viver".

A verdade é que, por trás de todos os privilégios de uma coroa, todo o dinheiro, a fama e o poder herdados pelo rei Edward, havia um vazio que só poderia ser preenchido por amor.

Seu maior desejo era amor. Muito antes de conhecer Wallis Simpson, ele sentiu, sem dúvida, essa grande emoção universal mexendo com seu coração, batendo na porta da alma e clamando por expressão.

E quando ele conheceu uma alma gêmea em busca desse mesmo sagrado privilégio de expressão, a reconheceu e, sem medo ou desculpas, abriu o coração para ela entrar. Nem todos os fofoqueiros e amantes do escândalo no mundo conseguem destruir a beleza dessa trama internacional, na qual duas pessoas encontraram amor e tiveram a coragem de enfrentar críticas diretas, renunciar a todo o resto para dar a esse sentimento uma expressão sagrada.

A decisão do rei Edward de renunciar à coroa do império mais poderoso do mundo pelo privilégio de passar o resto da vida ao lado de sua escolhida exigiu coragem. A decisão também teve um preço, mas quem tem o direito de dizer que foi um preço alto demais? Certamente, não Ele, que disse: "Aquele entre vocês que nunca pecou, que atire a primeira pedra".

Como um comentário a qualquer pessoa maldosa que escolha acusar o duque de Windsor por seu desejo ter sido o amor, e por ter declarado abertamente seu amor por Wallis Simpson e abdicar do trono por ela, lembramos que a declaração aberta não era essencial. Ele poderia ter seguido o costume do romance clandestino que prevaleceu na Europa durante séculos, sem abrir mão de seu trono ou da mulher que escolheu, e não teria havido queixa de Igreja ou leigos. Mas esse homem incomum era feito de matéria mais dura. Seu amor era limpo. Era profundo e sincero. Representava a única coisa que ele desejava realmente acima de todas as outras e, portanto, ele pegou o que queria e pagou o preço cobrado.

Se a Europa fosse abençoada por mais governantes com o coração humano e a honestidade do ex-rei Edward no século passado, esse infeliz hemisfério que agora ferve com ganância, ódio, luxúria, corrupção política e ameaças de guerra teria uma história diferente e melhor para contar. Uma história em que o amor, e não o ódio, governaria.

Nas palavras de Stuart Austin Wier, erguemos a taça e brindamos ao ex-rei Edward e Wallis Simpson:

> 1. Abençoado é o homem que aprendeu que nossos pensamentos silenciados são os mais doces.
> 2. Abençoado é o homem que, das profundezas mais obscuras, consegue ver a silhueta luminosa do amor e, ao vê-la, cantar, e ao cantar, dizer: "Mais doces que as palavras ditas são os pensamentos que tenho sobre você".

Com essas palavras homenageamos as duas pessoas que, mais que todas as outras nos tempos modernos, foram vítimas de crítica e alvos de abuso por terem encontrado e se apoderado do maior tesouro da vida.*

A maior parte do mundo aplaudirá o duque de Windsor e Wallis Simpson por sua persistência na busca até encontrarem o que julgavam ser a maior recompensa da vida. Todos nós podemos nos beneficiar seguindo o exemplo deles na busca do que queremos da vida.

Que poder místico dá aos homens de persistência a capacidade de superar dificuldades? A qualidade da persistência desencadeia na mente do indivíduo alguma forma de atividade espiritual, mental ou química que dá acesso a forças sobrenaturais? A Inteligência Infinita se coloca ao lado da pessoa que ainda luta, mesmo depois de perder a batalha, com o mundo todo do outro lado?

Essas e muitas outras perguntas similares surgiram em minha cabeça enquanto observei homens como Henry Ford, que começou do nada e construiu um império industrial de imensas proporções, com pouco mais que persistência para começar. Ou Thomas A. Edison, que, com menos de três meses de escolarização, tornou-se o maior inventor do mundo e transformou persistência na máquina de falar, na máquina de cinema e na luz incandescente, sem mencionar meia centena de outras invenções úteis.

---

* A Sra. Simpson leu e aprovou esta análise.

Tive o feliz privilégio de analisar o Sr. Edison e o Sr. Ford ano a ano, durante um longo período de tempo, e tive, portanto, a oportunidade de estudá-los de perto, por isso falo com conhecimento quando afirmo que não encontrei outra qualidade além de persistência em nenhum deles, nada que sugerisse mesmo remotamente a principal fonte de suas estupendas realizações.

Quando se faz um estudo imparcial dos profetas, filósofos, homens "milagrosos" e líderes religiosos do passado, chega-se à inevitável conclusão de que persistência, concentração de esforço e definição de objetivo foram as maiores fontes de suas realizações.

Considere, por exemplo, a estranha e fascinante história de Maomé; analise sua vida, compare-a com a de homens de realizações nessa era moderna de indústria e finanças, e observe como eles têm uma relevante característica em comum, persistência!

Se você tem interesse em estudar o estranho poder que dá força à persistência, leia uma biografia de Maomé, especialmente a de Essad Bey. A breve análise desse livro feita por Thomas Sugrue no *Herald Tribune* fornece uma prévia do raro presente que aguarda aqueles que dedicam algum tempo à leitura de toda a história de um dos mais espantosos exemplos que se conhece do poder da persistência.

> **O último grande profeta**
>
> Analisado por Thomas Sugrue
>
> Maomé foi um profeta, mas nunca fez um milagre. Ele não era um místico; não tinha escolaridade formal; não começou sua missão senão aos quarenta anos. Quando ele anunciou que era o Mensageiro de Deus, trazendo a palavra da verdadeira religião, foi ridicularizado e chamado de louco. Crianças o empurravam e mulheres jogavam lixo nele. Ele foi banido de sua cidade natal, Meca, e seus seguidores foram destituídos de suas posses e mandados para o deserto com ele. Depois de dez anos pregando, Maomé não tinha nada além de banimento, pobreza e ridículo. Mas antes que mais dez anos passassem, ele se tornou o ditador de toda a Arábia, governante de Meca e chefe de uma nova religião que

dominaria o Danúbio e os Pirineus antes de esgotar o ímpeto por ele conferido. Esse ímpeto tinha três partes: o poder das palavras, a eficácia da oração e o parentesco do homem com Deus.

Sua carreira nunca fez sentido. Maomé nasceu de membros pobres de uma família de líderes de Meca. Meca, o entroncamento do mundo, lar da pedra mágica chamada Caaba, grande cidade de comércio e centro das rotas comerciais, era um lugar insalubre, e as crianças eram mandadas para o deserto para serem criadas por beduínos. Maomé foi uma dessas crianças, sorveu força e saúde do leite de mães nômades substitutas. Ele cuidava de carneiros e logo foi contratado por uma viúva rica para ser o líder de suas caravanas. Viajou a todas as partes do mundo oriental, falou com muitos homens de diferentes crenças e observou o declínio do cristianismo em seitas antagônicas. Quando ele tinha 28 anos, Khadija, a viúva, olhou para ele com interesse e se casou com ele. O pai teria se oposto a esse casamento, por isso ela o embebedou e amparou enquanto ele dava a bênção paternal. Durante os doze anos seguintes, Maomé viveu como um mercador rico, respeitado e muito astuto. Depois passou a vagar pelo deserto, e um dia ele voltou com o primeiro verso do Alcorão e disse a Khadija que o arcanjo Gabriel havia aparecido para ele e anunciado que ele seria o Mensageiro de Deus.

O Alcorão, que revelava a palavra de Deus, foi o que aconteceu de mais próximo a um milagre na vida de Maomé. Ele não era poeta, não tinha o dom das palavras. Mas os versos do Alcorão, como ele os recebeu e recitou fielmente, eram melhores que quaisquer versos produzidos pelos poetas profissionais das tribos. Isso, para os árabes, foi um milagre. Para eles, o dom das palavras era o maior dos dons, o poeta era todo-poderoso. Além disso, o Alcorão dizia que todos os homens eram iguais perante Deus, e que o mundo deveria ser um estado democrático, o Islã. Foi essa heresia política, mais a vontade de Maomé de destruir todos os 360 ídolos no pátio do Caaba, que provocou seu banimento. Os ídolos levavam as tribos do deserto a Meca, e isso resultava em comércio. Então, os homens de negócios de Meca, os capitalistas, grupo do qual ele havia feito parte, se voltaram contra Maomé. Ele então se retirou para o deserto e exigiu soberania sobre o mundo.

A ascensão do Islã começou. Do deserto vinha uma chama que não se deixava extinguir, um exército democrático que lutava como uma unidade e se dispunha a morrer sem hesitação. Maomé convidou os judeus e os cristãos a se juntar a ele, porque não estava criando uma nova religião. Estava convidando todos que acreditavam em um Deus para se unir em uma só fé. Se judeus e cristãos tivessem aceitado o convite, o Islã teria dominado o mundo. Mas eles não aceitaram. Não aceitaram nem a inovação de Maomé da guerra humana. Quando os exércitos do profeta entraram em Jerusalém, nenhuma pessoa foi morta por causa de sua fé. Quando os homens das Cruzadas entraram na cidade, séculos mais tarde, nenhum muçulmano foi poupado, homem, mulher ou criança. Mas os cristãos aceitaram uma ideia muçulmana - lugar de aprendizado, a universidade.

Capítulo 9

O PODER DO MASTERMIND

A FORÇA PROPULSORA

Nono passo para a riqueza

Poder é essencial para o sucesso em acumular dinheiro.

Planos são inertes e inúteis sem o poder suficiente para traduzi-los em ação. Este capítulo vai descrever o método pelo qual um indivíduo pode adquirir e aplicar poder.

Poder pode ser definido como "conhecimento organizado e dirigido de forma inteligente". Poder, como o termo é usado aqui, refere-se a esforço organizado, suficiente para capacitar o indivíduo a transmutar desejo em seu equivalente monetário. Esforço organizado é produzido por intermédio da coordenação de esforços de duas ou mais pessoas que trabalham por um fim definido, em espírito de harmonia.

Poder é requisito para o acúmulo de dinheiro! Poder é necessário para conservar o dinheiro depois de ele ter sido acumulado!

Vamos verificar como o poder pode ser adquirido. Se poder é "conhecimento organizado", vamos examinar as fontes de conhecimento.

a. *Inteligência Infinita.* Esta fonte de conhecimento pode ser acessada por meio do procedimento descrito em outro capítulo, com a ajuda da Imaginação Criativa.
b. *Experiência acumulada.* A experiência acumulada pelo homem (ou aquela porção dela que foi organizada e registrada) pode ser encontrada em qualquer biblioteca pública com um bom acervo. Uma parte

importante dessa experiência acumulada é ensinada nas escolas públicas e faculdades, onde ela tem sido classificada e organizada.

c. *Experiência e pesquisa.* No campo da ciência, e em praticamente todas as outras áreas da vida, os homens estão reunindo, classificando e organizando fatos novos todos os dias. Essa é a fonte a que se deve recorrer quando o conhecimento não está disponível pela "experiência acumulada". Aqui também a Imaginação Criativa deve ser usada com frequência.

Conhecimento pode ser adquirido em qualquer uma dessas fontes. Ele pode ser convertido em poder por sua organização em planos definidos e pela expressão desses planos em ação.

A análise das três maiores fontes de conhecimento vai demonstrar prontamente a dificuldade que um indivíduo teria, se dependesse apenas de seus esforços, para reunir conhecimento e expressá-lo por meio de planos definidos em ação. Se os planos são abrangentes e grandiosos, o indivíduo precisa, geralmente, induzir outras pessoas a cooperar com ele antes de poder injetar nesses planos o necessário elemento do poder.

OBTENDO PODER POR INTERMÉDIO DO MASTERMIND

O MasterMind pode ser definido como "Coordenação de conhecimento e esforço, em espírito de harmonia, entre duas ou mais pessoas, para a realização de um objetivo definido".

Nenhum indivíduo pode ter grande poder sem se servir do MasterMind. Em um capítulo anterior, foram dadas instruções para a criação de planos com o propósito de traduzir desejo em seu equivalente monetário. Se você segue essas instruções com persistência e inteligência, e usa discriminação na seleção de seu grupo de MasterMind, já terá percorrido metade do caminho para a conquista do seu objetivo, antes mesmo de começar a reconhecê-lo.

Para que você possa entender melhor as potencialidades "intangíveis" do poder disponível por meio de um grupo de MasterMind escolhido corretamente, vamos explicar aqui as duas características do princípio do MasterMind, uma delas de natureza econômica, e a outra, psíquica. A característica econômica é óbvia. Vantagens econômicas podem ser criadas por qualquer pessoa que se cerque com o conselho, a orientação e a cooperação pessoal de um grupo de homens que se dispõem a prestar ajuda sincera, em espírito de perfeita harmonia. Essa forma de aliança cooperativa tem sido a base de quase todas as grandes fortunas. A compreensão dessa grande verdade pode determinar de maneira definitiva seu *status* financeiro.

A fase psíquica do princípio do MasterMind é muito mais abstrata, muito mais difícil de compreender, porque se refere às forças espirituais que a raça humana, como um todo, não conhece bem. Você pode apreender uma sugestão importante nesta afirmação: "Duas mentes nunca se unem sem, assim, criar uma terceira força invisível, intangível, que pode ser comparada a uma terceira mente".

Mantenha em mente que só existem dois elementos conhecidos em todo o universo, energia e matéria. Sabe-se bem que a matéria pode ser quebrada em unidades de moléculas, átomos e elétrons. Há unidades de matéria que podem ser isoladas, separadas e analisadas.

Da mesma forma, há unidades de energia.

A mente humana é uma forma de energia, sendo uma parte dela de natureza espiritual. Quando as mentes de duas pessoas são coordenadas em um espírito de harmonia, as unidades espirituais de energia de cada uma formam uma afinidade, que constitui a fase "psíquica" do MasterMind.

O princípio do MasterMind, ou melhor, seu componente econômico, me foi apontado pela primeira vez por Andrew Carnegie há mais de 25 anos. A descoberta desse princípio foi responsável pela escolha do trabalho de minha vida.

O grupo de MasterMind do Sr. Carnegie era formado por uma equipe de aproximadamente cinquenta homens, de quem ele se cercava para o objetivo definido de produzir e comercializar aço. Ele atribui toda a sua fortuna ao poder que acumulou por intermédio desse MasterMind.

Analise o histórico de qualquer homem que tenha acumulado uma grande fortuna, e de muitos que acumularam fortunas modestas, e você vai descobrir que eles empregaram, de maneira consciente ou inconsciente, o princípio do MasterMind.

Não há outro princípio pelo qual se possa acumular grande poder!

Energia é o conjunto universal de blocos de construção da natureza, com os quais se constrói toda coisa material que existe no universo, inclusive o homem, e toda forma de vida animal e vegetal. Por meio de um processo que só a natureza entende completamente, ela traduz energia em matéria.

Os blocos de construção da natureza estão disponíveis para o homem na energia envolvida no pensamento! O cérebro do homem pode ser comparado a uma bateria elétrica. Ele absorve energia do éter, que permeia cada átomo de matéria, e preenche todo o universo.

Sabe-se bem que um grupo de baterias elétricas fornece mais energia que uma única bateria. Também é fato conhecido que uma bateria individual fornece energia proporcional ao número e à capacidade das células que ela contém.

O cérebro funciona de maneira semelhante. Isso explica por que algumas baterias são mais eficientes que outras, e leva a esta importante afirmação: um grupo de cérebros coordenados (ou conectados) em espírito de harmonia fornece mais energia de pensamento que um cérebro sozinho, da mesma forma que um grupo de baterias elétricas fornece mais energia que uma só bateria.

Com essa metáfora, fica imediatamente óbvio que o princípio do MasterMind contém o segredo do poder conferido aos homens que se cercam de outros homens inteligentes.

Segue-se, então, outra afirmação que nos aproxima ainda mais de compreender a fase psíquica do princípio do MasterMind: quando um grupo de cérebros individuais se coordena e funciona em harmonia, a energia aumentada criada por essa aliança torna-se disponível para todos os cérebros do grupo individualmente.

É fato bem conhecido que Henry Ford começou a carreira prejudicado pela pobreza, pela falta de estudo e pela ignorância. Também é um dado conhecido que, no breve período de dez anos, o Sr. Ford superou esses três obstáculos, e que em 25 anos ele se tornou um dos homens mais ricos da América. Junte a esse fato o conhecimento adicional de que o progresso rápido do Sr. Ford se tornou notável a partir do momento em que se tornou amigo pessoal de Thomas A. Edison, e você vai começar a entender o que a influência de uma mente sobre outra pode realizar. Vá um passo além e considere que as conquistas mais relevantes do Sr. Ford começaram a partir da época em que ele conheceu Harvey Firestone, John Burroughs e Luther Burbank (cada um deles dotado de grande capacidade cerebral), e terá evidência ainda maior de que é possível produzir poder pela aliança amigável de mentes.

Praticamente não há dúvida de que Henry Ford é um dos homens mais bem informados do mundo comercial e industrial. Sua riqueza é indiscutível. Analise os amigos pessoais e próximos do Sr. Ford, alguns deles já mencionados, e você estará preparado para entender a seguinte afirmação:

"Os homens absorvem a natureza, os hábitos e o poder de pensamento daqueles com quem se associam em espírito de simpatia e harmonia".

Henry Ford derrotou a pobreza, a falta de estudo e a ignorância aliando-se a grandes mentes, cujas vibrações de pensamento absorveu na própria mente. Por intermédio de sua associação com Edison, Burbank, Burroughs e Firestone, o Sr. Ford acrescentou poder ao próprio cérebro, a soma e a essência da inteligência, da experiência, do conhecimento e das forças espirituais desses quatro homens. Além disso, ele se apropriou do princípio do MasterMind e o usou por meio dos métodos de procedimento descritos neste livro.

Esse princípio está disponível para você!

Já mencionamos Mahatma Gandhi. A maioria das pessoas que ouviram falar em Gandhi talvez o considere apenas um homenzinho excêntrico, alguém que anda por aí sem trajes formais e cria problemas para o governo britânico.

Na verdade, Gandhi não é excêntrico, mas é o homem vivo mais poderoso da atualidade (estimativa feita a partir do número de seus seguidores e da fé que eles têm em seu líder). Além disso, é provável que ele seja o homem mais poderoso que jamais viveu. Seu poder é passivo, mas real.

Vamos estudar o método pelo qual ele adquiriu seu enorme poder. Ele pode ser explicado com poucas palavras. Gandhi adquiriu esse poder induzindo duzentos milhões de pessoas a se coordenarem, com mente e corpo, em espírito de harmonia, por um objetivo definido.

Resumindo, Gandhi fez um milagre, porque é um milagre quando duzentos milhões de pessoas podem ser induzidas, não forçadas, a cooperar em espírito de harmonia por tempo ilimitado. Se você duvida de que isso seja um milagre, tente induzir duas pessoas quaisquer a cooperar em espírito de harmonia por qualquer período.

Todo mundo que administra um negócio sabe como é difícil fazer os empregados trabalharem juntos em um espírito remotamente semelhante a harmonia.

A lista das principais fontes de onde o poder pode ser obtido é encabeçada, como você já viu, pela Inteligência Infinita. Quando duas ou mais pessoas se coordenam em espírito de harmonia e trabalham por um objetivo definido, elas se colocam, por meio dessa aliança, em uma posição em que podem absorver poder diretamente do grande depósito universal da Inteligência Infinita. Essa é a maior de todas as fontes de poder. É a fonte a que o gênio recorre. É a fonte a que todo grande líder recorre (esteja ele consciente do fato, ou não).

As outras duas maiores fontes de onde se pode obter o conhecimento necessário para o acúmulo de poder não são mais confiáveis que os cinco sentidos do homem. Os sentidos nem sempre são confiáveis. A Inteligência não erra.

Nos próximos capítulos, os métodos pelos quais se pode entrar em contato mais prontamente com a Inteligência Infinita serão adequadamente descritos.

Isto não é um curso ou uma religião. Nenhum princípio fundamental descrito neste livro deve ser interpretado como uma intenção de interferir, direta ou indiretamente, nos hábitos religiosos de ninguém. Este livro limita-se, exclusivamente, a instruir o leitor sobre como transmutar o objetivo definido do desejo por dinheiro em seu equivalente monetário.

Leia, pense e medite enquanto lê. Em breve, todo o assunto se descortinará, e você o verá com perspectiva. Agora você vê os detalhes dos capítulos individuais.

O dinheiro é tão tímido e esquivo quanto a donzela dos "velhos tempos". Tem que ser seduzido e conquistado com métodos que não diferem daqueles usados por um amante determinado que corteja a mulher escolhida. E, coincidentemente, o poder usado para "cortejar" o dinheiro não é muito diferente daquele usado para cortejar uma donzela. Esse poder, quando usado com sucesso na busca pelo dinheiro, deve ser misturado à fé. Deve ser misturado ao desejo. Deve ser misturado à persistência. Ele deve ser aplicado por meio de um plano, e esse plano deve ser posto em ação.

Quando o dinheiro chega em quantidade conhecida como "dinheiro grande", flui para aquele que o acumula com a mesma facilidade com que a água desce uma encosta. Existe aí um grande fluxo invisível de poder, que pode ser comparado a um rio, exceto que um lado flui em uma direção, levando todos que estão desse lado da correnteza para a frente e para cima, para a riqueza, e o outro lado corre em sentido contrário, levando todos que têm o infortúnio de estar nessa correnteza (e não conseguem escapar dela) para baixo, para a miséria e a pobreza.

Todo homem que acumulou uma grande fortuna reconheceu a existência desse fluxo de vida. Ele é o processo de pensamento do indivíduo. As emoções positivas do pensamento formam o lado da correnteza que leva o indivíduo para a fortuna. As emoções negativas formam o lado que carrega para a pobreza.

Isso transmite uma ideia de imensa importância para a pessoa que está lendo este livro com o propósito de acumular uma fortuna.

Se você está do lado da correnteza em que o poder leva à pobreza, isso pode servir como um remo com o qual você vai se conduzir ao outro lado da correnteza. Ele só pode ser útil para você por meio de aplicação e uso. A simples leitura e o julgamento do conteúdo, de um jeito ou de outro, não vão produzir nenhum benefício.

Algumas pessoas vivem a experiência de alternar entre os lados positivo e negativo da correnteza, às vezes estando do lado positivo, outras vezes, do negativo. O *crash* de Wall Street em 1929 arrastou milhões de pessoas do lado positivo para o negativo da correnteza. Esses milhões lutam, alguns em desespero e medo, para voltar ao lado positivo. Este livro foi escrito especialmente para esses milhões.

Pobreza e riqueza sempre mudam de lugar. O *crash* ensinou essa verdade ao mundo, embora o mundo não se lembre mais da lição. A pobreza pode tomar voluntariamente o lugar da riqueza, e geralmente acontece. Quando a riqueza toma o lugar da pobreza, a mudança normalmente é promovida por planos bem concebidos e cuidadosamente executados. Pobreza não precisa de plano. Não precisa de ninguém para ajudá-la, porque é ousada e implacável. A riqueza é acanhada e tímida. Precisa ser "atraída".

QUALQUER PESSOA
PODE DESEJAR RIQUEZAS,
E A MAIORIA DAS PESSOAS
DESEJA, MAS SÓ ALGUMAS
SABEM QUE UM PLANO
DEFINIDO, MAIS UM
DESEJO ARDENTE DE
RIQUEZA, SÃO OS ÚNICOS
MEIOS CONFIÁVEIS PARA
ACUMULAR RIQUEZA.

Capítulo 10

O MISTÉRIO DA TRANSMUTAÇÃO DO SEXO

Décimo passo para a riqueza

O significado da palavra "transmutação" é, em linguagem simples, "a mudança ou transferência de um elemento ou forma de energia em outro".

A emoção do sexo leva a um estado mental.

Por causa da ignorância sobre o assunto, esse estado mental é geralmente associado ao físico, e por causa de influências impróprias às quais muitas pessoas foram submetidas enquanto adquiriam conhecimento sobre sexo, coisas essencialmente físicas causaram um forte viés mental.

A emoção do sexo tem por trás dela a possibilidade de três potencialidades construtivas, a saber:

1. A perpetuação da humanidade.
2. A manutenção da saúde (não há outro agente terapêutico igual).
3. A transmutação da mediocridade em genialidade pela transmutação.

A transmutação do sexo é simples e fácil de explicar. Significa desviar a mente de pensamentos de expressão física para pensamentos de outra natureza.

O desejo sexual é o mais poderoso dos desejos humanos. Quando impelido por esse desejo, o homem desenvolve agudeza de imaginação, coragem, força de vontade, persistência e habilidade criativa desconhecidas por ele em outros momentos. O desejo de contato sexual é tão forte e propulsor que os homens arriscam a vida e a reputação para satisfazê-lo. Quando dominada e redirecionada para outras vias, essa força motivadora mantém todos os seus atributos de agudeza de imaginação, coragem etc. que podem ser usados como poderosas forças criativas em literatura, arte, ou em qualquer outra vocação ou ocupação, inclusive, é claro, na acumulação de riquezas.

A transmutação da energia do sexo requer o exercício da força de vontade, certamente, mas a recompensa justifica o esforço. O desejo de expressão sexual é inato e natural. O desejo não pode e não deve ser sufocado ou eliminado. Mas é preciso dar a ele formas de expressão que enriqueçam o corpo, a mente e o espírito do homem. Se não tem essa via de expressão pela transmutação, ele vai buscar manifestações pelas vias puramente físicas.

Um rio pode ser represado, e sua água, controlada por um tempo, mas em algum momento ele vai forçar uma passagem. Isso vale para a emoção do sexo. Ela pode ser sufocada e controlada por um tempo, mas sua própria natureza a leva a estar sempre buscando meios de expressão. Se não for transmutada em algum esforço criativo, ela vai encontrar uma via de expressão menos notável.

Afortunada, de fato, é a pessoa que descobriu como dar à emoção do sexo uma expressão por meio de alguma forma de esforço criativo, porque, com essa descoberta, ela se elevou ao *status* de gênio.

Pesquisas científicas revelaram os seguintes fatos significantes:

1. Os homens de maiores realizações são os que têm natureza sexual altamente desenvolvida; homens que aprenderam a arte da transmutação sexual.
2. Os homens que acumularam grandes fortunas e conquistaram reconhecimento relevante em literatura, arte, indústria, arquitetura e outras profissões são motivados pela influência de uma mulher.

As pesquisas de onde essas impressionantes descobertas foram extraídas remontam às páginas de biografias e história de mais de dois mil anos. Sempre que foi encontrada evidência em relação à vida de homens e mulheres de grandes realizações, ela indicava de maneira muito convincente que essas pessoas tinham naturezas sexuais altamente desenvolvidas.

A emoção do sexo é uma "força irresistível", contra a qual não pode haver a oposição de um "corpo imóvel". Quando impelidos por essa emoção, os homens adquirem um superpoder de ação. Entenda essa verdade e você vai apreender a importância da afirmação de que transmutação sexual eleva o indivíduo ao *status* de gênio.

A emoção do sexo contém o segredo da capacidade criativa.

Destrua as glândulas sexuais, seja em homens, seja em animais, e você terá removido a maior fonte de ação. Para prova disso, observe o que acontece com qualquer animal castrado. Um touro se torna dócil como uma vaca depois de ser sexualmente alterado. A alteração sexual tira do macho, seja ele homem, seja animal, toda capacidade de luta. A alteração sexual na fêmea causa o mesmo efeito.

OS DEZ ESTÍMULOS DA MENTE

A mente humana responde a estímulos, pelos quais pode ser "sintonizada" em elevados padrões de vibração, conhecidos como entusiasmo, imaginação criativa, desejo intenso etc. Os estímulos a que a mente responde de maneira mais irrestrita são:

1. O desejo de expressão sexual.
2. Amor.
3. Um desejo ardente de fama, poder ou ganho financeiro, dinheiro.
4. Música.
5. Amizade com pessoas do mesmo sexo ou do sexo oposto.
6. Uma aliança de MasterMind baseada na harmonia de duas ou mais pessoas que se aliam por progresso espiritual ou temporal.
7. Sofrimento mútuo, tal como o que é experimentado por pessoas que são perseguidas.
8. Autossugestão.
9. Medo.

10. Narcóticos e álcool.

O desejo de expressão sexual aparece no topo da lista de estímulos, é o que "eleva" as vibrações da mente e faz "girar as engrenagens" da ação física de maneira mais eficiente. Oito desses estímulos são naturais e construtivos. Dois são destrutivos. A lista é apresentada aqui com o objetivo de permitir que você faça um estudo comparativo das principais fontes de estímulo mental. A partir desse estudo, vê-se prontamente que a emoção do sexo é, com grandes probabilidades, o mais intenso e poderoso de todos os estímulos mentais.

Essa comparação é necessária como base para provar a afirmação de que a energia da transmutação do sexo pode elevar o indivíduo ao *status* de gênio. Vamos descobrir o que constitui um gênio.

Algum sabe-tudo disse que um gênio é um homem que "tem cabelo comprido, come comidas esquisitas, vive sozinho e vira alvo de comediante". Uma definição melhor de gênio é "um homem que descobriu como aumentar as vibrações de pensamento até o ponto em que pode se comunicar livremente com fontes de conhecimento que não estão disponíveis aos padrões comuns de vibração de pensamento".

A pessoa que raciocina vai querer fazer algumas perguntas sobre essa definição de gênio. A primeira questão seria: "Como alguém pode se comunicar com fontes de conhecimento que não estão disponíveis por meio dos padrões comuns de vibração de pensamento?".

A pergunta seguinte seria: "Existem fontes conhecidas de pensamento disponíveis apenas aos gênios, e, se sim, que fontes são essas, e como, exatamente, podem ser acessadas?".

Vamos oferecer prova da solidez de algumas das afirmações mais importantes feitas neste livro, ou, pelo menos, vamos oferecer evidências pelas quais você pode obter as próprias provas por meio de experimentação, e, assim, responderemos às duas perguntas.

"GENIALIDADE" É DESENVOLVIDA

POR MEIO DO SEXTO SENTIDO

A realidade de um "sexto sentido" já foi bem estabelecida. Esse sexto sentido é a "Imaginação Criativa". A faculdade da imaginação criativa nunca é usada pela maioria das pessoas durante toda a vida, e, se é usada, normalmente isso acontece por acidente. Um número relativamente pequeno de pessoas usa a faculdade da imaginação criativa com deliberação e propósito premeditado. Aqueles que a usam voluntariamente, e com a compreensão de suas funções, são gênios. A faculdade da imaginação criativa é a ligação direta entre a mente finita do homem e a Inteligência Infinita. Todas as supostas revelações a que se faz referência no domínio da religião e todas as descobertas de princípios básicos ou novos no campo da invenção acontecem por intermédio da faculdade da imaginação criativa.

Quando ideias ou conceitos passam pela cabeça do indivíduo, o que é popularmente chamado de "palpite", eles vêm de uma ou mais das seguintes fontes:

1. Inteligência Infinita.
2. A mente subconsciente, onde fica armazenada toda sensação, impressão ou impulso de pensamento que já chegou ao cérebro por qualquer um dos cinco sentidos.
3. Da mente de outra pessoa que acabou de expressar o pensamento, ou a imagem da ideia ou do conceito, por meio de pensamento consciente, ou
4. De seu depósito subconsciente.

Não existem outras fontes conhecidas das quais "ideias" ou "palpites" possam ser recebidos.

A imaginação criativa funciona melhor quando a mente está vibrando (devido a alguma forma de estímulo mental) em um ritmo extremamente alto. Isto é, quando a mente está funcionando em um ritmo de vibração mais alto que o pensamento comum, normal.

Quando a ação cerebral é estimulada por um ou mais dos dez estimulantes mentais, o indivíduo é elevado muito acima do horizonte do pensamento comum e pode vislumbrar distância, escopo e qualidade de pensamentos que não estão disponíveis no plano inferior, como aquele que é ocupado quando o indivíduo está ocupado com a solução dos problemas dos negócios e da rotina profissional.

Quando elevado a esse nível superior de pensamento, por qualquer forma de estimulação mental, um indivíduo ocupa, relativamente, a mesma posição de alguém que decolou em um avião a uma altura de onde pode ver acima e além da linha do horizonte que limita sua visão, quando ele está no chão. Além disso, quando está nesse nível mais elevado de pensamento, o indivíduo não é retido ou contido por nenhum dos estímulos que circunscrevem e limitam sua visão enquanto ele lida com os problemas de atender às três necessidades básicas de alimentação, vestuário e abrigo. Ele está em um mundo de pensamento no qual os pensamentos comuns, corriqueiros, foram tão efetivamente removidos quanto as colinas, os vales e outras limitações da visão física quando se está a bordo de um avião.

Nesse plano exaltado de pensamento, a faculdade criativa da mente tem liberdade de ação. O caminho foi aberto para o sexto sentido funcionar, e ele se torna receptivo a ideias que não poderiam alcançar o indivíduo em nenhuma outra circunstância. O "sexto sentido" é a faculdade que marca a diferença entre um gênio e um indivíduo comum.

A faculdade criativa torna-se mais alerta e receptiva a vibrações que se originam no exterior da mente subconsciente do indivíduo quanto mais ela é usada, e quanto mais o indivíduo se baseia nela e recorre a ela para impulsos de pensamento. Essa faculdade só pode ser cultivada e desenvolvida pelo uso.

O que se conhece como "consciência" do indivíduo opera inteiramente por meio da faculdade do sexto sentido.

Os grandes artistas, escritores, músicos e poetas tornaram-se grandes porque adquiriram o hábito de contar com aquela "voz baixa" que fala dentro deles por meio da faculdade da imaginação criativa. Pessoas que têm imaginação "aguçada" sabem que suas melhores ideias surgem dos chamados "palpites".

Há um grande orador que não alcança a grandiosidade até fechar os olhos e começar a contar inteiramente com a faculdade da Imaginação

Criativa. Quando alguém perguntou por que ele fechava os olhos imediatamente antes do clímax de sua oratória, ele respondeu: "Porque assim eu falo pelas ideias que vêm de dentro de mim".

Um dos mais conhecidos e bem-sucedidos financistas dos Estados Unidos tinha o hábito de fechar os olhos por dois ou três minutos antes de tomar uma decisão. Quando perguntaram por que, ele respondeu: "De olhos fechados, consigo recorrer a uma fonte de inteligência superior".

O falecido Dr. Elmer R. Gates, de Chevy Chase, Maryland, criou mais de duzentas patentes úteis, muitas delas básicas, pelo processo de cultivar e usar a faculdade criativa. Seu método é importante e interessante para quem se interessa em alcançar o *status* de gênio, em cuja categoria o Dr. Gates se enquadrava, sem dúvida nenhuma. O Dr. Gates foi um dos grandes cientistas do mundo, embora menos publicado.

Em seu laboratório, ele tinha o que chamava de "sala de comunicação pessoal". Era praticamente à prova de som, e arrumada de tal forma que toda a luz podia ser eliminada. Havia nessa sala uma mesinha, sobre a qual ele mantinha um bloco de papel. Na frente da mesa, na parede, tinha um interruptor que controlava a iluminação. Quando o Dr. Gates queria recorrer às forças disponíveis a ele por meio de sua Imaginação Criativa, ia para essa sala, sentava-se diante da mesinha, apagava as luzes e concentrava-se nos fatores conhecidos da invenção em que estava trabalhando, mantendo-se nessa posição até as ideias começarem a "espocar" em sua mente em relação aos fatores desconhecidos da invenção.

Em uma ocasião, as ideias surgiram tão depressa que ele foi forçado a escrever por quase três horas. Quando os pensamentos pararam de fluir e ele examinou as anotações, descobriu que continham uma descrição minuciosa de princípios que não tinham paralelo entre os dados científicos do mundo científico. Além do mais, a resposta para seu problema era apresentada com inteligência nessas anotações. Dessa maneira, o Dr. Gates completou mais de duzentas patentes, que haviam sido iniciadas, mas não concluídas. A prova disso está no Gabinete de Patentes dos Estados Unidos.

O Dr. Gates ganhou a vida "sentando e tendo ideias" para indivíduos e corporações. Algumas das maiores corporações dos Estados Unidos pagaram valores substanciais por hora de "sentar e ter ideias".

A faculdade do raciocínio é muitas vezes falha, porque é guiada, em grande parte, pela experiência acumulada do indivíduo. Nem todo conhecimento que se acumula pela "experiência" é preciso. Ideias recebidas pela faculdade criativa são muito mais confiáveis, porque vêm de fontes mais confiáveis que qualquer uma disponível para a faculdade mental do raciocínio.

A maior diferença entre o gênio e o inventor comum é que o gênio trabalha por intermédio de sua faculdade de imaginação criativa, enquanto o inventor comum nada sabe sobre essa faculdade. O inventor científico (como o Sr. Edison e o Dr. Gates) usa tanto a faculdade de imaginação criativa quanto a sintética.

Por exemplo, o inventor científico, ou "gênio", começa uma invenção organizando e combinando ideias conhecidas, ou princípios acumulados pela experiência, por meio da faculdade sintética (a do raciocínio). Se ele descobre que esse conhecimento acumulado é insuficiente para a conclusão de sua invenção, recorre a fontes de conhecimento disponíveis por meio de sua faculdade criativa. O método para isso varia de acordo com o indivíduo, mas aqui vão a essência e o resumo desse procedimento:

1. Ele estimula a própria mente a vibrar de um plano mais elevado que o mediano, usando um ou mais dos dez estimulantes mentais ou algum outro estimulante de sua escolha.
2. Ele se concentra nos fatores conhecidos (a parte concluída) de sua invenção, e cria na mente uma imagem perfeita de fatores desconhecidos (a parte não acabada) de sua invenção. Ele mantém a imagem em mente até que seja absorvida pela mente subconsciente,

> depois relaxa limpando a mente de todo pensamento e espera a resposta "aparecer" nela.

Às vezes, os resultados são definidos e imediatos. Outras vezes, os resultados são negativos, dependendo do estado de desenvolvimento do "sexto sentido" ou faculdade criativa.

O Sr. Edison experimentou mais de dez mil combinações diferentes de ideias por meio da faculdade sintética da imaginação antes de "sintonizar" por meio da faculdade criativa e receber a resposta que aperfeiçoou a luz incandescente. Sua experiência foi parecida quando ele criou a máquina de falar.

Há muita evidência confiável da existência da faculdade da imaginação criativa. Essa evidência fica disponível por meio da análise precisa de homens que se tornaram líderes em suas respectivas áreas sem terem tido educação abrangente. Lincoln foi um exemplo notável de grande líder que conquistou grandiosidade por intermédio da descoberta e do uso de sua faculdade da imaginação criativa. Ele descobriu e começou a usar essa faculdade como resultado do estímulo do amor que sentiu depois de conhecer Anne Rutledge, uma afirmação da mais alta relevância em relação ao estudo da origem da genialidade.

As páginas da história estão repletas de registros de grandes líderes cujas conquistas podem ser rastreadas e levar diretamente à influência de mulheres que despertaram as faculdades criativas na mente desses homens por meio do estímulo do desejo sexual. Napoleão Bonaparte foi um deles. Quando inspirado por sua primeira esposa, Josephine, ele foi irresistível e invencível. Quando a "razão" ou faculdade do raciocínio o impeliu a deixar Josephine de lado, ele começou a declinar. A derrota em Santa Helena não demoraria a acontecer.

Se o bom gosto permitisse, poderíamos mencionar com facilidade muitos homens bem conhecidos pelo público dos Estados Unidos que subiram ao cume da realização sob as influências estimulantes de suas esposas, mas caíram em destruição depois que dinheiro e poder subiram à cabeça e eles trocaram a antiga esposa por uma nova. Napoleão não foi o único homem a descobrir que influência sexual da fonte certa é mais poderosa que qualquer substituto que a mera razão possa criar.

A mente humana responde à estimulação!

Entre os maiores e mais poderosos desses estímulos está o impulso do sexo. Quando dominada e transmutada, essa força propulsora é capaz de elevar os homens à mais alta esfera de pensamento que os capacita a dominar as fontes de preocupação e aborrecimentos baratos que atravessam seu caminho no plano inferior.

Infelizmente, só os gênios fizeram a descoberta. Outros aceitaram a experiência do impulso sexual sem descobrir uma de suas maiores potencialidades, um fato que explica o grande número de "outros" em comparação ao limitado número de gênios.

A fim de refrescar a memória em relação aos fatos disponíveis na biografia de certos homens, apresentamos aqui os nomes de alguns que alcançaram destacada realização, cada um deles conhecido pela natureza altamente sexual. A genialidade desses homens certamente encontrou sua fonte de poder na energia transmutada do sexo: George Washington, Napoleão Bonaparte, William Shakespeare, Abraham Lincoln, Ralph Waldo Emerson, Robert Burns, Andrew Jackson, Thomas Jefferson, Elbbert Hubbard, Elbert H. Gary, Oscar Wilde, Woodrow Wilson, John H. Patterson e Enrico Caruso.

Seu conhecimento da biografia vai permitir que você acrescente nomes à lista. Descubra, se puder, um único homem em toda a história da civilização que alcançou sucesso relevante em qualquer área e não foi movido por uma natureza sexual bem desenvolvida.

Se você não quer se basear na biografia de homens que não estão vivos, faça um inventário dos que sabe que alcançaram grandes realizações e veja se consegue encontrar entre eles algum que não seja altamente sexuado.

A energia do sexo é a energia criativa de todos os gênios. Nunca houve e nunca haverá um grande líder, construtor ou artista que não tenha essa força propulsora do sexo.

Certamente, não vá entender essas afirmações de maneira distorcida e deduzir que todos os indivíduos altamente sexuados são gênios! Os homens só alcançam o *status* de gênio quando e se estimulam a mente, de forma que ela recorra às forças disponíveis, por meio da faculdade criativa da imaginação. Entre os estímulos com os quais essa "elevação" das energias pode ser produzida, o principal é a energia sexual. Simplesmente ter essa energia não é suficiente para produzir um gênio. A energia precisa ser transmutada de desejo por contato físico em alguma outra forma de desejo e ação antes de elevar alguém ao *status* de gênio.

Longe de tornar-se gênio por causa de grande desejo sexual, a maioria dos homens se rebaixa pela incompreensão e pelo mau uso dessa grande força, descendo ao *status* de animal inferior.

POR QUE OS HOMENS RARAMENTE ENCONTRAM O SUCESSO ANTES DOS QUARENTA ANOS

Descobri, pela análise de mais de 25 mil pessoas, que os homens que se destacam de alguma forma raramente alcançam o sucesso antes de completar quarenta anos e, mais frequentemente, não encontram seu verdadeiro ritmo até terem passado dos cinquenta. Esse fato foi tão surpreendente que me induziu a estudar sua causa com mais atenção, estendendo essa investigação por um período de mais de doze anos.

O estudo revelou que a principal razão para a maioria dos homens bem-sucedidos ter começado a encontrar o sucesso somente depois dos quarenta ou cinquenta anos é a tendência para dissipar energia na excessiva expressão física da emoção do sexo. A maioria dos homens nunca aprende que o impulso do sexo tem outras possibilidades, que transcendem muito em importância aquela da mera expressão física. A maioria dos que fazem essa descoberta já perdeu muitos anos em um período em que a energia sexual está no auge, antes dos 45, cinquenta anos. Normalmente, a descoberta é seguida de notáveis realizações.

A vida de muitos homens até os quarenta, e às vezes bem depois dessa idade, reflete uma continuada dissipação de energias que poderiam ter sido mais lucrativas se direcionadas para canais melhores. Suas melhores e mais poderosas emoções são jogadas loucamente aos quatro ventos. Desse hábito masculino surgiu a expressão "atirando para todos os lados".

O desejo de expressão sexual é, de longe, a mais forte e mais propulsora de todas as emoções humanas, e por isso esse desejo, quando controlado e transmutado em ação, além de sua expressão física, pode elevar o indivíduo ao *status* de gênio.

Um dos mais capazes homens de negócios dos Estados Unidos admitiu com franqueza que sua atraente secretária foi responsável pela maioria dos planos que criou. Ele reconheceu que a presença dela o elevava ao auge da imaginação criativa, o que não acontecia com nenhum outro estímulo.

Um dos homens mais bem-sucedidos da América deve a maioria de seu sucesso à influência de uma jovem muito encantadora, que foi sua fonte de inspiração por mais de doze anos. Todos conhecem o homem a quem é feita essa referência, mas nem todos conhecem a verdadeira fonte de suas realizações.

A história tem muitos exemplos de homens que alcançaram o *status* de gênios como resultado do uso de estímulos mentais artificiais na forma de álcool e narcóticos. Edgar Allan Poe escreveu *O corvo* sob a influência do álcool, "sonhando sonhos que nenhum mortal ousou sonhar antes". James Whitcomb Riley escreveu suas melhores obras sob a influência do álcool. Talvez tenha sido assim que ele viu "a solicitada mistura de realidade e sonho, o moinho sobre o rio e a névoa sobre o riacho". Robert Burns escrevia melhor quando estava intoxicado, "Pelos velhos tempos, meu caro, ainda beberemos uma taça de bondade, pelos velhos tempos" (tradução livre de Auld Lang Syne, poema composto por Burns e transformado em canção).

Mas que não se esqueça que muitos desses homens acabaram se destruindo. A natureza preparou poções com as quais os homens podem estimular a mente com segurança a fim de vibrar em um plano que permita a eles sintonizar os bons e raros pensamentos que vêm de... nenhum homem sabe de onde! Jamais foi encontrado substituto satisfatório para os estimulantes da natureza.

É fato bem conhecido pelos psicólogos que existe uma relação muito próxima entre desejos sexuais e impulsos espirituais – fato que responde pelo comportamento peculiar de pessoas que participam das orgias conhecidas como "avivamentos" religiosos, comuns entre os tipos primitivos.

O mundo é comandado, e o destino da civilização é estabelecido, pelas emoções humanas. Pessoas são influenciadas em seus atos mais por "sentimentos" que pela razão. A faculdade criativa da mente é posta em ação inteiramente por emoções, não pela razão fria. A mais poderosa de todas as emoções humanas é a do sexo. Há outros estimulantes mentais, alguns já relacionados, mas nenhum deles, nem todos eles combinados, pode se igualar à força propulsora do sexo.

Um estimulante mental é qualquer influência que aumente as vibrações do pensamento em caráter temporário ou permanente. Os dez maiores estimulantes descritos são aqueles a que se recorre de maneira mais comum. Por meio dessas fontes, pode-se comungar com a Inteligência Infinita, ou entrar, voluntariamente, no depósito da mente subconsciente, seja ela a do próprio indivíduo ou a de outra pessoa, um procedimento que é tudo que existe de genial.

Um professor que treinou e dirigiu os esforços de mais de trinta mil profissionais de vendas fez a surpreendente descoberta de que homens altamente sexuados são os vendedores mais eficientes. A explicação é que o fator de personalidade conhecido como "magnetismo pessoal" não é mais nem menos que energia sexual. Pessoas altamente sexuadas têm sempre um farto estoque de magnetismo. Pelo cultivo e a compreensão, essa força vital pode ser acessada e usada de forma muito proveitosa nas relações entre as pessoas. Essa energia pode ser comunicada aos outros pelos seguintes meios:

1. Aperto de mão. O toque das mãos indica instantaneamente a presença de magnetismo, ou a falta dele.
2. Tom de voz. Magnetismo, ou energia sexual, é o fator com que a voz pode ser modulada, que pode torná-la musical e encantadora.
3. Postura e porte físico. Pessoas altamente sexuadas se movem com energia, elegância e tranquilidade.

4. Vibrações de pensamento. Pessoas altamente sexuadas misturam a emoção do sexo com seus pensamentos, ou têm essa capacidade voluntariamente, e assim podem influenciar os que as cercam.
5. Aparência física. Pessoas altamente sexuadas costumam ser muito cuidadosas com sua aparência física. Normalmente, escolhem roupas que combinam com sua personalidade, forma física, complexão etc.

Quando contratam vendedores, os gerentes de venda mais capazes procuram a qualidade do magnetismo pessoal como principal requisito. Pessoas que carecem de energia sexual nunca serão entusiasmadas nem inspirarão entusiasmo nos outros, e entusiasmo é um dos requisitos mais importantes no ofício de vendedor, seja qual for a mercadoria.

O orador público, palestrante, pregador, advogado ou vendedor que carece de energia sexual é um "fiasco" em relação a ser capaz de influenciar os outros. Associe a isso o fato de muitas pessoas poderem ser influenciadas apenas pelo apelo a suas emoções, e você vai entender a importância da energia sexual como parte da capacidade nativa do vendedor. Mestres em vendas alcançam a maestria porque, de maneira consciente ou inconsciente, transmutam a energia do sexo em entusiasmo de vendas! Nessa afirmação é possível encontrar uma sugestão muito prática para o real significado de transmutação sexual.

O vendedor que sabe como desviar a mente do assunto sexo e dirigi-la para o esforço de vendas com o mesmo entusiasmo e a mesma determinação que aplicaria ao seu propósito original adquiriu a arte da transmutação do sexo, mesmo que não saiba disso. A maioria dos vendedores que transmutam sua energia sexual não tem a menor consciência do que está fazendo ou de como faz isso.

Transmutação de energia do sexo requer mais força de vontade que a pessoa mediana se dedica a usar para esse fim. Os que acham difícil reunir a força de vontade suficiente para a transmutação podem adquirir essa habilidade aos poucos. Embora a prática requeira força de vontade, a recompensa mais que justifica o esforço.

A maioria das pessoas parece ser imperdoavelmente ignorante sobre tudo que se refere ao assunto sexo. O impulso sexual foi mal entendido, atacado e ridicularizado por pessoas ignorantes e mal-intencionadas, e isso acontece há tanto tempo que a palavra sexo raramente é usada na sociedade educada. Homens e mulheres conhecidos por terem sido abençoados, sim, abençoados, com uma natureza altamente sexuada são vistos, normalmente, como gente a quem é bom prestar atenção. Em vez de abençoadas, elas são consideradas amaldiçoadas.

Milhões de pessoas, mesmo nesta era do esclarecimento, têm complexos de inferioridade desenvolvidos em razão dessa falsa crença de que uma natureza altamente sexuada é uma maldição. Essas afirmações sobre a virtude da energia sexual não devem ser usadas como justificativa para o libertino. A emoção do sexo é uma virtude apenas quando usada de maneira inteligente e com discriminação. Pode ser mal usada, e é, frequentemente, de tal forma que prejudica, em vez de enriquecer, corpo e mente. Este capítulo trata, principalmente, do melhor uso desse poder.

Pareceu muito importante para o autor quando descobriu que praticamente todo grande líder que ele teve o privilégio de analisar era um homem cujas realizações foram largamente inspiradas por uma mulher. Em muitos casos, a "mulher em questão" era uma esposa modesta, abnegada, de quem o público pouco ou nada sabia. Em alguns casos, a fonte de inspiração foi encontrada em "outra mulher". Talvez esses casos não sejam inteiramente desconhecidos por você.

Intemperança nos hábitos sexuais é tão prejudicial quanto no consumo de bebida e comida. Nesta época em que vivemos, um tempo que começou com a guerra mundial, a intemperança nos hábitos sexuais é comum. Essa orgia de indulgência pode responder pela falta de grandes líderes. Nenhum homem pode dispor das forças de sua imaginação criativa enquanto as dissipa. O homem é a única criatura na Terra que viola o propósito da natureza em relação a esse tema. Todos os outros animais vivem sua natureza sexual com moderação e com propósito que se harmoniza com as leis da natureza. Todos os outros animais respondem ao chamado do sexo apenas em "temporadas". A inclinação do homem é declarar "temporada aberta".

Toda pessoa inteligente sabe que excesso de estimulação, seja por consumo de bebida alcoólica ou uso de narcóticos, é uma forma de intemperança que destrói os órgãos vitais do corpo, inclusive o cérebro. Nem todo mundo sabe, no entanto, que a indulgência excessiva na expressão sexual pode se tornar um hábito tão destrutivo e prejudicial ao esforço criativo quanto narcóticos ou bebida alcoólica.

Um homem louco por sexo não é essencialmente diferente de um homem louco por drogas! Ambos perderam o controle sobre razão e força de vontade. A indulgência sexual excessiva pode, além de destruir razão e força de vontade, levar a insanidade temporária ou permanente. Muitos casos de hipocondria (doença imaginária) surgem dos hábitos desenvolvidos pela ignorância da verdadeira função do sexo.

A partir dessas breves referências ao assunto, é possível perceber prontamente que a ignorância sobre o tema da transmutação do sexo impõe grandes penalidades ao ignorante, por um lado, e o impede de alcançar benefícios igualmente grandes, por outro.

A ignorância disseminada sobre o assunto sexo se deve ao fato de o tema ter sido cercado de mistério e obscurecido pelo silêncio sombrio. A conspiração de mistério e silêncio teve sobre a mentalidade do jovem o mesmo efeito exercido pela psicologia da proibição. O resultado foi maior curiosidade e desejo de obter mais conhecimento sobre esse assunto "proibido"; e para vergonha de todos os legisladores e da maioria dos médicos, que são, por formação, os mais qualificados para educar a juventude sobre o tema, não há informação de fácil acesso.

Raramente um indivíduo desenvolve um esforço altamente criativo em qualquer campo de empreitada antes dos quarenta anos. O homem mediano entra no período de maior capacidade de criação entre os quarenta e os sessenta anos. Essas afirmações se baseiam na análise de milhares de homens e mulheres atentamente observados. Eles devem ser um incentivo para aqueles que ficaram amedrontados com a aproximação da "velhice" por volta do marco dos quarenta anos. Os anos entre os quarenta e os cinquenta são, via de regra, os mais frutíferos. Os homens não devem se aproximar dessa idade com receio e tremor, mas com esperança e ansiosa antecipação.

Se você quer prova de que a maioria dos homens não começa a fazer seu melhor trabalho antes dos quarenta anos de idade, estude o histórico dos homens mais bem-sucedidos que o povo dos Estados Unidos conhece e a encontrará. Henry Ford não "encontrou o ritmo" de conquistas até passar dos quarenta anos. Andrew Carnegie tinha passado bastante dos quarenta quando começou a colher as recompensas de seus esforços. James J. Hill ainda operava um telégrafo aos quarenta anos. Suas fabulosas realizações aconteceram depois dessa idade. A biografia de industriais e financistas dos Estados Unidos é cheia de evidências de que o período entre os quarenta e os sessenta anos é o mais produtivo do homem.

Entre os trinta e os quarenta anos, o homem começa a aprender (se é que aprende algum dia) a arte da transmutação do sexo. A descoberta geralmente é acidental, e, mais frequentemente, o indivíduo nem tem consciência de que fez essa descoberta. Ele pode observar que seus poderes de realização aumentaram por volta dos 35 a quarenta anos, mas em muitos casos não conhece a causa da mudança; não sabe que a natureza começa a harmonizar as emoções de amor e sexo no indivíduo entre os trinta e os quarenta anos, de forma que ele possa recorrer a essas grandes forças e aplicá-las juntas como estímulos para a ação.

Sexo, sozinho, é um poderoso impulso para a ação, mas suas forças são como um ciclone – frequentemente incontroláveis. Quando a emoção do amor começa a se misturar à emoção do sexo, o resultado é calmaria de propósito, postura, precisão de julgamento e equilíbrio. Quem já fez quarenta anos e tem a infelicidade de não ser capaz de analisar essas afirmações e confirmá-las pela própria experiência?

Quando movido pelo desejo de agradar uma mulher baseado apenas na emoção do sexo, um homem pode ser e normalmente é capaz de grandes realizações, mas suas atitudes podem ser desorganizadas e distorcidas, e totalmente destrutivas. Quando movido por seu desejo de agradar uma mulher com base no motivo do sexo apenas, um homem pode roubar, mentir e até cometer assassinato. Mas quando a emoção do amor se mistura à emoção do sexo, esse mesmo homem orienta suas atitudes com mais sanidade, equilíbrio e razão.

Criminologistas descobriram que os criminosos mais endurecidos podem ser regenerados pela influência do amor de uma mulher. Não há registro de um criminoso que foi reformado apenas pela influência do sexo. Esses fatos são bem conhecidos, mas não sua causa. A regeneração vem, quando acontece, pelo coração, ou pelo lado emocional do homem, não pela cabeça, ou pelo lado racional. Reformar significa "uma mudança do coração". Não significa uma "mudança da cabeça". Por causa da razão, um homem pode fazer certas mudanças em sua conduta pessoal para evitar as consequências de efeitos indesejáveis, mas a verdadeira reformulação só acontece com uma mudança do coração, por meio de um desejo de mudar.

Amor, romance e sexo são emoções capazes de levar um homem ao auge da super-realização. Amor é a emoção que serve como válvula de segurança e garante equilíbrio, postura e esforço construtivo. Quando combinadas, essas três emoções podem elevar o homem à estatura de um gênio. Existem gênios, no entanto, que sabem pouco sobre a emoção do amor. A maioria pode ser vista envolvida com alguma forma de ação destrutiva, ou, pelo menos, que não seja baseada em tratamento justo e honesto de terceiros. Se o bom gosto permitisse, uma dezena de gênios poderia ser relacionada na área de indústria e finanças, homens que atropelam os direitos de seus semelhantes. Parecem não ter nenhuma consciência. O leitor pode fazer a própria lista desses homens.

As emoções são estados mentais. A natureza dotou o homem de uma "química mental" que funciona de maneira semelhante aos princípios da química da matéria. Sabe-se bem que, com a ajuda da química da matéria, um químico pode criar um veneno mortal misturando certos elementos, nenhum deles danoso isoladamente, nas proporções certas. Da mesma forma, as emoções podem ser combinadas de forma a criar um veneno mortal. As emoções de sexo e ciúme, quando misturadas, podem transformar uma pessoa em um animal insano.

A presença de qualquer uma ou mais de uma emoção destrutiva na mente humana, por meio da química mental, cria um veneno que pode destruir a noção de justiça e correção do indivíduo. Em casos extremos, a presença de qualquer combinação dessas emoções na mente pode destruir a razão.

O caminho para a genialidade consiste em desenvolvimento, controle e uso de sexo, amor e romance. De maneira resumida, o processo pode ser descrito da seguinte maneira:

Incentive a presença dessas emoções como pensamentos dominantes na mente do indivíduo, e desestimule a presença de todas as emoções destrutivas. A mente é uma criatura de hábitos. Alimenta-se dos pensamentos dominantes que são dados a ela. Pela faculdade da força de vontade, pode-se desestimular a presença de qualquer emoção e incentivar a presença de qualquer outra. Controlar a mente pela força de vontade não é difícil. O controle vem da persistência e do hábito. O segredo do controle está em entender o processo de transmutação. Quando qualquer emoção negativa se apresenta à mente, ela pode ser transmutada em uma emoção positiva ou construtiva pelo simples procedimento de mudar os pensamentos.

Não há outro caminho para a genialidade, exceto o esforço voluntário! Um homem pode alcançar realização financeira ou empresarial de grande importância apenas pela força propulsora da energia do sexo, mas a história está cheia de evidências de que ele pode ter e normalmente tem certos traços de caráter que o privam da capacidade de preservar ou desfrutar de sua fortuna. Isso é digno de análise, pensamento e meditação, porque estabelece uma verdade cujo conhecimento pode ser útil para mulheres e homens. Sua ignorância pode custar a milhares de pessoas o privilégio da felicidade, mesmo que tenham riqueza.

As emoções de amor e sexo deixam suas marcas inconfundíveis nos traços. Além disso, esses sinais são tão visíveis que podem ser lidos por quem quiser. O homem que é impelido pela tempestade da paixão, baseado apenas em desejos sexuais, anuncia claramente esse fato ao mundo todo pelo olhar e pela expressão do rosto. A emoção do amor, quando misturada à emoção do sexo, suaviza, modifica e embeleza a expressão facial. Não é necessário um analista de personalidade lhe dizer isso, você mesmo pode observar.

A emoção do amor traz à tona e desenvolve a natureza artista e estética do homem. Deixa sua impressão na alma, mesmo depois que o fogo é controlado por tempo e circunstância.

As lembranças do amor nunca passam. Elas permanecem, guiam e influenciam por muito tempo depois que a fonte de estímulo enfraquece. Não há nada de novo nisso. Cada pessoa que já foi movida pelo amor verdadeiro sabe que ele deixa marcas duradouras no coração humano. O efeito do amor permanece, porque o amor é de natureza espiritual. O homem que não pode ser estimulado a grandes realizações pelo amor está perdido – está morto, embora pareça estar vivo.

Até as lembranças do amor são suficientes para elevar o indivíduo a um plano superior de esforço criativo. A grande força do amor pode esgotar-se e passar, como um fogo que se extingue, mas deixa marcas indeléveis que provam sua passagem por ali. Sua partida muitas vezes prepara o coração humano para um amor ainda maior.

Volte ao seu passado, às vezes, e banhe a mente nas belas memórias do amor que passou. Isso vai amenizar a influência das preocupações e dos aborrecimentos do presente. Vai lhe dar uma via de escape das desagradáveis realidades da vida, e talvez a mente forneça, durante esse retiro temporário para o mundo da fantasia, ideias ou planos que podem mudar todo o *status* financeiro ou espiritual de sua vida.

Se você acredita ser desafortunado porque "amou e perdeu", supere esse pensamento. Quem amou de verdade nunca pode perder completamente. O amor é caprichoso e temperamental. Sua natureza é efêmera e transitória. Vem quando quer e vai sem aviso. Aceite e aproveite enquanto ela permanece, mas não perca tempo se preocupando com sua partida. Preocupação nunca a trará de volta.

Supere também a ideia de que o amor só acontece uma vez. O amor pode ir e vir inúmeras vezes, mas não existem duas experiências amorosas que possam afetar o indivíduo do mesmo jeito. Pode haver e normalmente há uma experiência de amor que deixa marca mais profunda no coração que todas as outras, mas todas as experiências de amor são benéficas, exceto para a pessoa que se torna ressentida e cínica quando o amor acaba.

Não deve haver decepção em relação ao amor, e não haveria, se as pessoas entendessem a diferença entre as emoções de amor e sexo. A principal diferença é que o amor é espiritual, enquanto o sexo é biológico. Nenhuma experiência que toque o coração humano com uma força espiritual pode ser danosa, exceto por meio de ignorância ou ciúme.

O amor é, sem dúvida, a maior experiência da vida. Põe o indivíduo em comunhão com a Inteligência Infinita. Quando misturado às emoções de romance e sexo, pode levar o indivíduo mais alto na escada do esforço criativo. As emoções de amor, sexo e romance são lados do triângulo eterno do gênio construtor de realizações. A natureza não cria gênios por nenhuma outra fonte.

O amor é uma emoção com muitos lados, tons e cores. O amor que se sente pelos pais ou filhos é bem diferente daquele que se sente por um namorado. Um se mistura à emoção do sexo, enquanto o outro, não.

O amor que se sente na amizade verdadeira não é o mesmo que se sente por um namorado, pelos pais ou pelos filhos, mas também é uma forma de amor.

E também existe a emoção do amor por coisas inanimadas, como o amor pela obra da natureza. Mas o mais intenso e ardente de todos os vários tipos de amor é aquele que se sente na fusão das emoções de amor e sexo. Casamentos que não são abençoados pela eterna afinidade do amor, adequadamente equilibrada e proporcional ao sexo, não podem ser felizes e raramente duram. Amor sozinho não traz felicidade ao casamento, nem o sexo sozinho. Quando essas duas emoções se misturam, o casamento pode promover um estado mental o mais próximo do espiritual que alguém jamais vai conhecer neste plano terreno.

Quando a emoção do romance é adicionada às do amor e do sexo, as obstruções entre a mente finita do homem e a Inteligência Infinita são removidas. Nasce um gênio!

Que diferença há entre essa história e aquelas normalmente associadas à emoção do sexo. Há aqui uma interpretação da emoção que a eleva do lugar-comum e faz dela argila nas mãos de Deus, da qual Ele molda tudo que é belo e inspirador. É uma interpretação que, quando apropriadamente compreendida, leva harmonia ao caos que existe em muitos casamentos. As desarmonias muitas vezes expressadas na forma de irritação podem surgir, normalmente, da falta de conhecimento sobre o assunto do sexo. Onde existem amor, romance e a devida compreensão da emoção e função do sexo, não há desarmonia entre pessoas casadas.

Feliz é o marido cuja esposa entende a verdadeira relação entre as emoções de amor, sexo e romance. Quando motivada por esse triunvirato sagrado, nenhuma forma de trabalho é pesada, porque até a mais humilde forma de esforço assume a natureza de um trabalho de amor.

Existe um velho ditado que diz que "a esposa pode construir ou destruir o homem", mas o motivo nem sempre é compreendido. O "construir" e "destruir" é resultado da compreensão da esposa, ou da falta de compreensão das emoções de amor, sexo e romance.

Apesar de os homens serem polígamos, pela própria natureza de sua herança biológica, é verdade que nenhuma mulher tem maior influência sobre um homem que sua esposa, a menos que ele seja casado com uma mulher totalmente inadequada à sua natureza. Se uma mulher permite que o marido perca o interesse nela e se interesse mais por outra mulher, normalmente é por causa de sua ignorância, ou pela indiferença em relação aos assuntos de sexo, amor e romance. Essa afirmação pressupõe, é claro, que já existiu amor verdadeiro entre um homem e sua esposa. Os fatos são igualmente aplicáveis a um homem que permite que o interesse da esposa por ele morra.

Pessoas casadas discutem frequentemente por várias trivialidades. Se elas forem analisadas com precisão, a verdadeira causa do problema será encontrada na indiferença ou na ignorância sobre esses assuntos.

A maior força motivadora do homem é seu desejo de agradar a mulher! O caçador que era bem-sucedido nos tempos pré-históricos, antes do nascer da civilização, alcançava o sucesso por causa de seu desejo de parecer grande aos olhos da mulher. A natureza do homem não mudou nesse aspecto. O "caçador" de hoje não leva para casa a pele de animais selvagens, mas indica seu desejo de agradar a mulher levando para ela boas roupas, carros e riqueza. O homem tem o mesmo desejo anterior ao nascimento da civilização de agradar a mulher. A única coisa que mudou é o método de agradar. Homens que acumulam grandes fortunas e alcançam elevadas posições de poder e fama o fazem, principalmente, para satisfazer seu desejo de agradar as mulheres.

Se tirassem as mulheres de sua vida, grande riqueza seria inútil para a maioria dos homens. É esse desejo inerente ao homem de agradar a mulher que dá à mulher o poder de construir ou destruir um homem.

A mulher que entende a natureza do homem e a atende com habilidade não precisa temer a concorrência de outras mulheres. Os homens podem ser "gigantes" com indomável força de vontade ao lidar com outros homens, mas são facilmente comandados pela mulher que escolhem.

A maioria dos homens não admite que é facilmente influenciada pela mulher de sua escolha – esposa, namorada, mãe ou irmã –, mas evita se rebelar contra a influência, porque é suficientemente inteligente para saber que nenhum homem é feliz ou completo sem a influência modificadora da mulher certa. A mulher que não reconhece essa importante verdade se priva do poder que fez mais para ajudar os homens a conquistar o sucesso que todas as outras forças combinadas.

Capítulo 11

A MENTE SUBCONSCIENTE

O ELO

Décimo primeiro passo para a riqueza

A mente subconsciente consiste de um campo de consciência no qual cada impulso de pensamento que alcança a mente objetiva por intermédio de qualquer um dos cinco sentidos é classificado e registrado, e a partir do qual pensamentos podem ser resgatados ou retirados como cartas podem ser tiradas de um arquivo.

Ela recebe e arquiva impressões sensoriais ou pensamentos, independentemente de sua natureza. Você pode plantar voluntariamente em sua mente subconsciente qualquer plano, pensamento ou objetivo que desejar transmutar em seu equivalente físico ou monetário. O subconsciente age primeiro na dominação dos desejos que foram misturados a sentimento emocional, como a fé.

Considere isso em relação às instruções dadas no capítulo sobre desejo, para os cinco passos lá relacionados, e às instruções dadas no capítulo sobre construção e execução de planos, e você vai entender a importância do pensamento transmitido.

A mente subconsciente trabalha dia e noite. Por meio de um método de procedimento desconhecido pelo homem, a mente subconsciente recorre às forças da Inteligência Infinita para obter o poder com que transmuta voluntariamente os desejos do indivíduo em seu equivalente físico, usando sempre o meio mais prático para alcançar esse fim.

Você não pode controlar inteiramente sua mente subconsciente, mas pode entregar a ela voluntariamente qualquer plano, desejo ou objetivo que queira transformar na forma concreta. No capítulo sobre autossugestão, leia novamente as instruções para usar a mente subconsciente.

Há muita evidência para sustentar a crença de que a mente subconsciente é o elo entre a mente finita do homem e a Inteligência Infinita. Ela é o intermediário pelo qual se pode recorrer às forças da Inteligência Infinita voluntariamente. Só ela contém o processo secreto pelo qual impulsos mentais são modificados e transformados em seu equivalente espiritual. Só ela é o meio pelo qual a oração pode ser transmitida à força capaz de responder à prece.

As possibilidades de esforço criativo relacionadas com a mente subconsciente são estupendas e imponderáveis. São admiráveis.

Nunca abordei o assunto mente subconsciente sem um sentimento de pequenez e inferioridade, devido, talvez, ao fato de todo o estoque de conhecimento do homem sobre esse assunto ser tão lamentavelmente limitado. O simples fato de a mente subconsciente ser o meio de comunicação entre a mente pensante do homem e a Inteligência Infinita é, em si mesmo, um pensamento que quase paralisa a razão.

Depois que você aceitar como realidade a existência da mente subconsciente e entender suas possibilidades como um meio de transmutação de seus desejos em seu equivalente físico ou monetário, vai compreender plenamente toda a importância das instruções dadas no capítulo sobre desejo. Você também vai entender por que tem sido repetidamente alertado sobre deixar claros seus desejos e reduzi-los a um texto. Também vai entender a necessidade da persistência ao pôr em prática as instruções.

Os treze princípios são os estímulos com os quais você adquire a capacidade de acessar e influenciar a mente subconsciente. Não desanime se não conseguir na primeira tentativa. Lembre-se de que a mente subconsciente pode ser voluntariamente dirigida apenas pelo hábito, sob as orientações dadas no capítulo sobre fé. Você ainda não teve tempo para dominar a fé. Seja paciente. Seja persistente.

Muitas afirmações feitas nos capítulos sobre fé e autossugestão serão repetidas aqui, para o benefício da sua mente subconsciente. Lembre-se, a mente subconsciente funciona voluntariamente, com ou sem seu esforço para influenciá-la. Isso, naturalmente, sugere que pensamentos de medo e pobreza e todos os pensamentos negativos servem como estímulos para sua mente subconsciente, a menos que você domine esses impulsos e dê a ela alimento mais desejável.

A mente subconsciente não fica parada! Se você não planta desejos em sua mente subconsciente, ela se alimenta dos pensamentos que chegam nela como resultado de sua negligência. Já explicamos que impulsos de pensamento, tanto os negativos quanto os positivos, chegam à mente subconsciente continuamente a partir das quatro fontes mencionadas no capítulo sobre transmutação sexual.

Por enquanto, é suficiente que você lembre que está vivendo diariamente no meio de todo tipo de impulsos de pensamento que chegam à mente subconsciente sem seu conhecimento. Alguns desses impulsos são negativos, outros, positivos. Você agora está tentando ajudar a conter o fluxo de impulsos negativos e influenciar voluntariamente a mente subconsciente por meio dos impulsos positivos do desejo.

Quando conseguir, você vai ter a chave que destranca a porta para a mente subconsciente. Além disso, vai controlar essa porta tão completamente que nenhum pensamento indesejável vai poder influenciar sua mente subconsciente.

Tudo que o homem cria começa na forma de um impulso de pensamento. O homem não pode criar nada que não conceba primeiro em pensamento. Com a ajuda da imaginação, impulsos de pensamento podem ser reunidos e formar planos. A imaginação, quando controlada, pode ser usada para a criação de planos de objetivos que levam ao sucesso na ocupação que se escolheu.

Todos os impulsos de pensamento que se pretende transmutar em seu equivalente físico e são plantados voluntariamente na mente subconsciente devem passar pela imaginação e se misturar com fé. A "mistura" de fé e plano, ou objetivo, para ser submetida à mente subconsciente, só pode ser feita pela imaginação.

A partir destas declarações, você vai observar prontamente que o uso voluntário da mente subconsciente requer coordenação e aplicação de todos os princípios.

Ella Wheeler Wilcox deu provas de sua compreensão do poder da mente subconsciente quando escreveu:

Nunca se sabe o que fará um pensamento,
Se trará ódio ou amor.
Pois pensamentos são coisas, e suas asas leves
São mais rápidas que as de um pássaro voador.
Eles seguem as leis do universo,
Cada coisa cria seu semelhante,
E correm sobre os trilhos para trazer de volta
Tudo que saiu de sua cabeça pensante.

A Sra. Wilcox entendeu a verdade, que pensamentos que saem da cabeça de alguém também se enraízam profundam na mente subconsciente, onde servem como um ímã, padrão ou planta com que a mente subconsciente é influenciada enquanto os traduz em seu equivalente físico. Pensamentos são realmente coisas, simplesmente porque toda coisa material começa na forma de energia de pensamento.

A mente subconsciente é mais suscetível à influência por impulsos de pensamento misturados a "sentimento" ou emoção do que por aqueles que se originam somente da porção racional da mente. De fato, há muita evidência para sustentar a teoria de que apenas pensamentos revestidos de emoção têm alguma influência ativa sobre a mente subconsciente. Sabe-se bem que emoção ou sentimentos comandam a maioria das pessoas. Se é verdade que a mente subconsciente responde mais depressa e é influenciada mais prontamente por impulsos de pensamentos que são bem misturados com emoção, é essencial conhecer a mais importante das emoções. Há sete principais emoções positivas e sete principais emoções negativas. As negativas se injetam voluntariamente nos impulsos de pensamento, que asseguram a passagem para o interior da mente subconsciente. As positivas precisam ser injetadas, por meio do princípio da autossugestão, nos impulsos de pensamento que o indivíduo deseja transmitir à mente subconsciente (as instruções foram dadas no capítulo sobre autossugestão).

Essas emoções, ou impulsos de sentimento, podem ser comparadas ao fermento no pão, porque constituem o elemento da ação que transforma impulsos de pensamento do estado passivo ao ativo. Assim se pode entender por que impulsos de pensamento que foram bem misturados com emoção resultam mais prontamente em ação do que impulsos de pensamento originados pela "razão fria".

Você está se preparando para influenciar e controlar a "plateia interior" da mente subconsciente a fim de entregar a ela o desejo por dinheiro, que você quer transmutar em seu equivalente monetário. É essencial, portanto, entender o método para abordar essa "plateia interior". Você deve falar sua língua, ou ela não dará atenção ao chamado. Ela entende melhor a linguagem da emoção ou do sentimento. Vamos descrever aqui, portanto, as sete principais emoções positivas e as sete principais emoções negativas, de forma que você possa recorrer às positivas e evitar as negativas quando der instruções à mente subconsciente.

AS SETE PRINCIPAIS EMOÇÕES POSITIVAS

A emoção do *desejo*
A emoção da *fé*
A emoção do *amor*
A emoção do *sexo*
A emoção do *entusiasmo*
A emoção do *romance*
A emoção da *esperança*

Há outras emoções positivas, mas essas são as sete mais poderosas e as que são mais usadas no esforço criativo. Domine essas sete emoções (elas só podem ser controladas pelo uso), e as outras emoções positivas estarão à sua disposição quando precisar delas. Lembre, em relação a isso, que você está estudando um livro que pretende ajudar a desenvolver uma "consciência do dinheiro" enchendo sua mente com emoções positivas. Não é possível se tornar consciente do dinheiro enchendo a mente com emoções negativas.

AS SETE PRINCIPAIS EMOÇÕES NEGATIVAS

A emoção do *medo*
A emoção do *ciúme*
A emoção do *ódio*
A emoção da *vingança*
A emoção da *ganância*
A emoção da *superstição*
A emoção da *raiva*

Emoções positivas e negativas não podem ocupar a mente ao mesmo tempo. Uma ou outra deve dominar. É sua responsabilidade garantir que emoções positivas constituam a influência dominante sobre sua mente. Aqui a lei do hábito virá em seu socorro. Adquira o hábito de aplicar e usar as emoções positivas! Com o tempo, elas dominarão sua mente tão completamente que as emoções negativas não conseguirão entrar.

Você só consegue controlar a mente subconsciente seguindo essas instruções literalmente e de maneira contínua. A presença de um único pensamento negativo em sua mente é suficiente para destruir todas as chances de obter ajuda construtiva da mente subconsciente.

Se você é uma pessoa observadora, deve ter notado que muita gente recorre à oração apenas depois de todo o resto ter falhado! Ou reza cumprindo um ritual de palavras sem sentido. E como a maioria das pessoas só recorre à prece depois que todo o resto falha, elas rezam com a mente cheia de medo e dúvida, que são as emoções a partir das quais a mente subconsciente age e transmite à Inteligência Infinita. Da mesma forma, essa é a emoção que a Inteligência Infinita recebe e a partir da qual age.

Se você reza por alguma coisa, mas, enquanto reza, tem medo de não a alcançar, ou de que sua prece não seja posta em prática pela Inteligência Infinita, sua oração terá sido em vão.

A oração resulta, às vezes, na realização daquilo pelo que se reza. Se você já teve a experiência de ser atendido em uma oração, recorra à memória e lembre seu real estado mental enquanto fazia essa prece, e saberá com certeza que a teoria aqui descrita é mais que uma teoria.

Vai chegar o tempo em que escolas e instituições educacionais do país ensinarão a "ciência da prece". Além disso, a oração então poderá ser e será reduzida a uma ciência. Quando esse tempo chegar (ele virá assim que a humanidade estiver preparada para exigi-lo), ninguém abordará a Mente Universal em estado de medo, simplesmente porque não haverá a emoção do medo. Ignorância, superstição e falsos ensinamentos terão desaparecido, e o homem terá alcançado seu verdadeiro *status* de filho da Inteligência Infinita. Alguns já alcançaram essa bênção.

Se você acredita que essa profecia é absurda, dê uma olhada na raça humana no passado. Há menos de cem anos, os homens acreditavam que o relâmpago era evidência da ira de Deus e tinham medo dele. Agora, graças ao poder da fé, os homens dominaram o relâmpago e o fizeram girar as engrenagens da indústria. Há muito menos de cem anos, os homens acreditavam que o espaço entre planetas era só um grande vácuo, uma extensão de nada morto. Agora, graças a esse mesmo poder da fé, os homens sabem que, longe de ser um nada ou de estar morto, o espaço entre os planetas é muito vivo, é a mais elevada forma de vibração que se conhece, exceto, talvez, pela vibração do pensamento. Além disso, os homens sabem que essa energia viva, pulsante, vibratória que permeia cada átomo de matéria e preenche cada nicho de espaço conecta cada cérebro humano a cada outro cérebro humano.

Que razão os homens têm para acreditar que essa mesma energia não conecta cada cérebro humano à Inteligência Infinita?

Não existem pedágios entre a mente finita do homem e a Inteligência Infinita. A comunicação não custa mais que paciência, fé, persistência, compreensão e um desejo sincero de se comunicar. Além disso, a abordagem só pode ser feita pelo próprio indivíduo. Rezadores pagos são inúteis. A Inteligência Infinita não faz negócios com procuradores. Ou você a aborda diretamente, ou não se comunica.

Você pode comprar livros de oração e repeti-las até seu último dia, sem nenhum resultado. Os pensamentos que você quer comunicar à Inteligência Infinita devem passar por transformação, como a que só pode acontecer na mente subconsciente.

O método pelo qual você pode se comunicar com a Inteligência Infinita é muito semelhante àquele pelo qual a vibração do som é comunicada pelo rádio. Se você entende o princípio de funcionamento do rádio, sabe, é claro, que o som não pode ser comunicado pelo éter até que seja "intensificado", ou transformado em um padrão de vibração que o ouvido humano não é capaz de detectar. A estação de transmissão de rádio capta o som da voz humana e o "embaralha" ou modifica intensificando a vibração milhões de vezes. Só assim a vibração do som pode ser comunicada pelo éter. Depois que essa transformação é feita, o éter "capta" a energia (que estava originalmente na forma de vibrações de som), leva essa energia para as estações receptoras de rádio, e essas estações receptoras "reduzem" essa energia de volta ao seu padrão original de vibração, de forma que ela seja reorganizada como som.

A mente subconsciente é o intermediário que traduz as orações do indivíduo em termos que a Inteligência Infinita consegue reconhecer, apresenta a mensagem e leva a resposta de volta na forma de um plano definido ou ideia para obter o objeto da prece. Entenda esse princípio e você saberá por que meras palavras lidas de um livro de orações não podem servir e nunca servirão como agente de comunicação entre a mente do homem e a Inteligência Infinita.

Antes de sua prece chegar à Inteligência Infinita (uma afirmação que faz parte apenas da teoria do autor), ela provavelmente é transformada de sua vibração de pensamento original em termos de vibração espiritual. A fé é o único agente conhecido que dá aos seus pensamentos uma natureza espiritual. Fé e medo são péssimos companheiros. Onde um se encontra, o outro não pode existir.

Capítulo 12

O CÉREBRO

UMA ESTAÇÃO TRANSMISSORA E RECEPTORA DE PENSAMENTO

Décimo segundo passo para a riqueza

Há mais de vinte anos, o autor, que trabalhava com o falecido Dr. Alexander Graham Bell e o Dr. Elmer R. Gates, observou que todo cérebro humano é uma estação que transmite e recebe a vibração de pensamento.

Através do éter, de maneira semelhante àquela empregada pelo princípio de transmissão do rádio, todo cérebro humano é capaz de captar vibrações de pensamento que estão sendo liberadas por outros cérebros.

Com relação à afirmação feita no parágrafo anterior, compare e considere a descrição de Imaginação Criativa, fornecida no capítulo sobre imaginação. A Imaginação Criativa é a "estação receptora" do cérebro, que recebe pensamentos liberados pelo cérebro de outras pessoas. Ela é a agência de comunicação entre a mente consciente, ou racional, e as quatro fontes das quais se pode receber estímulos de pensamento.

Quando estimulada, ou "intensificada" em um elevado índice de vibração, a mente se torna mais receptiva à vibração de pensamento que chega a ela pelo éter a partir de fontes externas. Esse processo de "intensificação" acontece por meio das emoções positivas, ou das emoções negativas. Por intermédio das emoções, as vibrações de pensamento podem ser aumentadas.

As vibrações de um padrão extraordinariamente alto são as únicas captadas e transmitidas pelo éter de um cérebro a outro. Pensamento é energia viajando em um padrão de vibração extraordinariamente alto. O pensamento que foi modificado ou "intensificado" por qualquer uma das principais emoções vibra em um padrão muito mais elevado que o pensamento comum, e é esse tipo de pensamento que passa de um cérebro para outro por intermédio da máquina de transmissão do cérebro humano.

A emoção do sexo está no topo da lista das emoções humanas com relação à intensidade e força propulsora. O cérebro estimulado pela emoção do sexo vibra em uma frequência muito mais rápida em relação a quando a emoção está em repouso ou ausente.

O resultado da transmutação do sexo é o aumento do padrão de vibração de pensamentos até um ritmo em que a Imaginação Criativa se torna altamente receptiva a ideias, que ela capta do éter. Por outro lado, quando o cérebro está vibrando em uma frequência rápida, não só atrai pensamentos e ideias liberados por outros cérebros por meio do éter, como também dá aos próprios pensamentos do indivíduo aquele "sentimento" que é essencial antes de esses pensamentos serem captados e postos em prática pela mente subconsciente.

Portanto, você vai ver que o princípio de transmissão é o fator por meio do qual você mistura sentimento, ou emoção, aos pensamentos e os transmite para a mente subconsciente.

A mente subconsciente é a "estação transmissora" do cérebro, pela qual as vibrações de pensamento são transmitidas. A Imaginação Criativa é a "estação receptora" pela qual as vibrações de pensamento são captadas do éter.

Junto com os importantes fatores da mente subconsciente e a faculdade da Imaginação Criativa, que constituem as estações transmissoras e receptoras da sua máquina de transmissão mental, considere agora o princípio de autossugestão, que é o meio pelo qual você pode colocar em operação sua estação "transmissora".

Com as instruções descritas no capítulo de autossugestão, você foi informado sobre o método pelo qual desejo pode ser transmutado em seu equivalente monetário.

A operação de sua estação "transmissora" mental é um procedimento comparativamente simples. Você só tem três princípios para ter em mente e aplicar quando quiser usar sua estação transmissora – a mente subconsciente, a imaginação criativa e a autossugestão. Os estímulos pelos quais você põe esses três princípios em ação foram descritos – o procedimento começa com desejo.

AS MAIORES FORÇAS SÃO INTANGÍVEIS

A depressão levou o mundo ao limite da compreensão das forças que são intangíveis e invisíveis. No passado, o homem dependeu demais dos sentidos físicos e limitou seu conhecimento às coisas físicas que ele podia ver, tocar, pesar e medir.

Agora entramos na mais maravilhosa de todas as eras – aquela que vai nos ensinar alguma coisa sobre as forças intangíveis do mundo que nos cerca. Talvez devamos aprender, enquanto vivemos esse tempo, que o "outro eu" é mais poderoso que o eu físico que vemos no espelho.

Às vezes os homens falam com descaso sobre os intangíveis, as coisas que não podemos perceber por nenhum dos cinco sentidos, e quando os ouvimos, devemos lembrar que todos nós somos controlados por forças invisíveis e intangíveis.

A humanidade como um todo não tem o poder de enfrentar ou controlar a força intangível contida nas ondas do oceano. O homem não tem a capacidade de entender a força intangível da gravidade, que mantém esta pequena Terra suspensa no ar e impede que os homens caiam dela, e tem menos ainda o poder de controlar essa força. O homem é inteiramente subserviente à força intangível que acompanha uma tempestade, e é igualmente impotente na presença da força intangível da eletricidade – não, ele nem sabe o que é a eletricidade, de onde ela vem ou qual é seu propósito!

Nem é esse o fim da ignorância do homem sobre as coisas invisíveis e intangíveis. Ele não entende a força intangível (e a inteligência) contida no solo da Terra – a força que dá a ele cada porção de comida que come, cada peça de roupa que veste, cada dólar que leva nos bolsos.

A DRAMÁTICA HISTÓRIA DO CÉREBRO

Por último, mas não menos importante, o homem, com toda a sua alardeada cultura e educação, entende pouco ou nada da força intangível (a maior de todas as intangíveis) do pensamento. Ele sabe pouco sobre o cérebro físico e sua vasta rede de complexo maquinário pela qual o poder de pensamento é traduzido em seu equivalente material, mas está entrando agora em uma era que deve lançar luz sobre o assunto. Homens da ciência já começaram a voltar a atenção para o estudo dessa coisa estupenda chamada cérebro e, embora estejam ainda no jardim de infância de seus estudos, descobriram conhecimento suficiente para saber que o quadro de distribuição central do cérebro humano, o número de linhas que conectam as células cerebrais entre si, é igual ao número um seguido por quinze milhões de dígitos.

"O número é tão estupendo", disse o Dr. C. Judson Herrick, da Universidade de Chicago, "que valores astronômicos associados a centenas de milhões de anos-luz se tornaram insignificantes comparados a ele. Determinou-se que há de dez bilhões a quatorze bilhões de células nervosas no córtex cerebral humano, e sabemos que elas são arranjadas em diferentes padrões. Esses arranjos não são aleatórios. São organizados. Métodos recentemente desenvolvidos de eletrofisiologia extraem correntes de ação a partir de células localizadas muito precisamente, ou fibras com microeletrodos, as amplificam com tubos de rádio e registram possíveis diferenças de até um milionésimo de volt.

É inconcebível que uma rede de maquinário tão complexo deva existir apenas para executar as funções físicas incidentais ao crescimento e manutenção do corpo físico. Não é provável que o mesmo sistema que fornece às células cerebrais os meios para se comunicarem umas como as outras forneça, também, os meios de comunicação com outras forças intangíveis?

Depois que este livro foi escrito, pouco antes de o manuscrito ter ido para o editor, o *The New York Times* publicou um editorial mostrando que pelo menos uma universidade e um investigador inteligente do campo dos fenômenos mentais estão realizando pesquisa organizada pela qual chegaram a conclusões que se assemelham a muitas descritas neste e no próximo capítulo. O editorial analisou de maneira breve o trabalho realizado por Dr. Rhine e seus associados na Duke University, a saber:

O QUE É "TELEPATIA"?

Um mês atrás, mencionamos nesta página alguns dos impressionantes resultados obtidos pelo professor Rhine e seus associados na Duke University a partir de mais de cem mil testes para determinar a existência de "telepatia" e "clarividência". Esses resultados foram resumidos nos dois primeiros artigos na Harpers Magazine. No segundo, que apareceu agora, E. H. Wright tenta resumir o que foi aprendido, ou o que parece razoável inferir em relação à natureza exata desses modos "extrassensoriais" de percepção.

A real existência de telepatia e clarividência agora parece enormemente provável como resultado dos experimentos de Rhine. Vários percipientes foram solicitados a identificar tantas cartas quantas pudessem de um baralho especial sem olhar para elas e sem outro acesso sensorial a elas. Descobriu-se que cerca de vinte homens e mulheres eram capazes de identificar de maneira regular e corretamente tantas cartas que "não havia uma chance em muitos milhões de terem conseguido a proeza por sorte ou acidente".

Mas como eles fizeram? Esses poderes, presumindo que existam, não parecem ser sensoriais. Não há órgão conhecido para eles. Os experimentos funcionaram igualmente bem em distâncias de várias centenas de quilômetros e na mesma sala. Esses fatos também descartam, na opinião do Sr. Wright, a tentativa de explicar telepatia ou clarividência por meio de qualquer teoria física de radiação. Todas as formas conhecidas de energia radiante declinam inversamente ao quadrado da distância percorrida. Telepatia e clarividência, não. Mas elas variam por causas físicas, como nossos poderes mentais. Ao contrário da opinião disseminada, elas melhoram não quando o percipiente está dormindo ou meio adormecido, mas, pelo contrário, quando ele está desperto e alerta. Rhine descobriu que um narcótico reduz invariavelmente a pontuação do percipiente, enquanto um estimulante sempre a

> aumenta. O agente mais confiável parece não poder alcançar uma boa pontuação, a menos que se esforce para fazer seu melhor.
>
> Uma conclusão a que Wright chega com alguma confiança é que telepatia e clarividência são realmente um só e o mesmo dom. Isto é, a faculdade de "ver" a carta voltada para baixo sobre a mesa parece ser exatamente a mesma que "lê" um pensamento residente em outra mente. Há vários motivos para acreditar nisso. Até agora, por exemplo, os dois dons foram encontrados em todas as pessoas que os apreciam. Em todas, até agora, os dois tinham quase exatamente o mesmo vigor. Telas, paredes, distâncias não têm efeito sobre um ou outro. Wright avança a partir dessa conclusão para expressar o que ele apresenta como não mais que o mero "palpite" de que outras experiências extrassensoriais, sonhos proféticos, premonições de desastre e coisas do tipo também podem ser parte da mesma faculdade. O leitor não precisa aceitar nenhuma dessas conclusões, a menos que considere necessário, mas as evidências acumuladas por Rhine são impressionantes.

À luz do anúncio do Dr. Rhine em relação às condições sob as quais a mente responde ao que ele chama de modos de percepção "extrassensoriais", sinto-me agora privilegiado por contribuir com esse depoimento afirmando que meus associados e eu descobrimos o que acreditamos serem as condições ideais sob as quais a mente pode ser estimulada, de forma que o sexto sentido, descrito no próximo capítulo, possa ser posto para funcionar de um jeito prático.

As condições a que me refiro consistem em uma aliança de trabalho próxima entre mim e dois membros de minha equipe. Por meio de experimentação e prática, descobrimos como estimular a mente (aplicando o princípio usado em relação aos "Conselheiros Invisíveis" descritos no próximo capítulo) de forma a podermos, por um processo de mistura das nossas três mentes, encontrar a solução para uma grande variedade de problemas pessoais trazidos por meus clientes.

O procedimento é muito simples. Sentamos em volta de uma mesa de reuniões, colocamos com clareza a natureza do problema que temos que tratar, depois começamos a discuti-lo. Cada um contribui com todos os pensamentos que surgirem. O estranho nesse método de estimulação mental é que ele coloca cada participante em comunicação com fontes desconhecidas de conhecimento alheias à sua experiência.

Se você entende o princípio descrito no capítulo sobre MasterMind, certamente reconhece o procedimento de mesa-redonda aqui descrito como uma aplicação prática do MasterMind.

Esse método de estimulação mental, por discussão harmoniosa de assuntos definidos entre três pessoas, ilustra o uso mais simples e mais prático do MasterMind.

Adotando e seguindo um plano semelhante, qualquer aluno desta filosofia pode se apoderar da famosa fórmula Carnegie descrita resumidamente na introdução. Se a esta altura isso não tem nenhum significado para você, marque esta página e a leia novamente depois que terminar o último capítulo.

A "DEPRESSÃO"
FOI UMA BÊNÇÃO
DISFARÇADA. REDUZIU
O MUNDO TODO A UM
NOVO PONTO DE PARTIDA
QUE DÁ A TODOS UMA
NOVA OPORTUNIDADE.

Capítulo 13

O SEXTO SENTIDO

A PORTA PARA O TEMPLO DA SABEDORIA

Décimo terceiro passo para a riqueza

O "décimo terceiro" princípio é conhecido como sexto sentido, pelo qual a Inteligência Infinita pode se comunicar e se comunica voluntariamente sem nenhum esforço ou demanda do indivíduo.

Esse princípio é o ápice da filosofia. Pode ser assimilado, entendido e aplicado apenas se antes forem dominados os outros doze princípios.

O sexto sentido é aquela porção da mente subconsciente chamada de Imaginação Criativa. Ela também foi chamada de "estação receptora" por meio da qual ideias, planos e pensamentos aparecem na cabeça. Os "*flashes*" são chamados, às vezes, de "palpites" ou "inspirações".

O sexto sentido desafia a descrição! Não pode ser descrito a alguém que não dominou os outros princípios desta filosofia, porque essa pessoa não tem conhecimento, nem experiência com que o sexto sentido possa ser comparado. A compreensão do sexto sentido só pode vir por meditação por meio do desenvolvimento mental a partir do interior. O sexto sentido é, provavelmente, o meio de contato entre a mente finita do homem e a Inteligência Infinita, e por essa razão é uma mistura de mental e espiritual. Acredita-se que ele é o ponto em que a mente do homem entra em contato com a Mente Universal.

Depois de dominar os princípios descritos neste livro, você está preparado para aceitar como verdadeira uma afirmação que poderia, de outra maneira, ser inacreditável para você, a saber:

Com a ajuda do sexto sentido, você será prevenido contra perigos iminentes a tempo de evitá-los, e será notificado de oportunidades a tempo de agarrá-las.

Com o desenvolvimento do sexto sentido, surge em seu socorro e a seu pedido um "anjo guardião" que abrirá em todos os momentos a porta do Templo de Sabedoria.

Se essa é ou não uma afirmação da verdade, é algo que você nunca saberá, a menos que siga as instruções descritas nas páginas deste livro, ou por algum método semelhante.

O autor não acredita nem defende "milagres", porque tem conhecimento suficiente da natureza para entender que ela nunca se desvia das leis estabelecidas. Algumas de suas leis são tão incompreensíveis que produzem o que parecem ser "milagres". O sexto sentido chega tão perto de ser um milagre quanto qualquer coisa que já experimentei, e parece ser, apenas porque não entendo o método pelo qual esse princípio funciona.

Isto o autor sabe: existe um poder, ou uma Causa Primeira, ou uma Inteligência, que permeia cada átomo de matéria e envolve cada unidade de energia perceptível ao homem – que essa Inteligência Infinita converte bolotas em carvalhos, faz a água correr encosta abaixo em resposta à lei da gravidade, segue a noite com o dia e o inverno com o verão, com cada coisa mantendo seu devido lugar e relacionamento com as outras. Essa Inteligência pode, por intermédio dos princípios desta filosofia, ser induzida a ajudar na transmutação de desejos na forma concreta ou material. O autor tem esse conhecimento porque o testou e experimentou.

Passo a passo, ao longo dos capítulos anteriores, você foi trazido a isto, o último princípio. Se dominou cada um dos princípios anteriores, agora está preparado para aceitar, sem ceticismo, a afirmação estupenda que é feita aqui. Se não dominou os outros princípios, deve dominá-los antes de poder determinar, definitivamente, se a afirmação feita neste capítulo é fato ou ficção.

Quando eu passava pela fase da "idolatria do herói", me peguei tentando imitar as pessoas que mais admirava. Além disso, descobri que o elemento da fé, com que pretendia imitar meus ídolos, me dava grande capacidade para realizar essa imitação com sucesso.

Nunca me desfiz inteiramente desse hábito da idolatria do herói, embora tenha superado a fase em que, normalmente, ela acontece. A experiência me ensinou que a segunda melhor coisa depois de ser realmente grande é imitar o grande, em sentimento e ação, tanto quanto for possível.

Muito antes de eu ter escrito uma linha sequer para publicação, ou me dedicado à empreitada de fazer uma palestra, tinha o hábito de reformular meu próprio caráter tentando imitar os nove homens cujas vidas e obras mais me impressionavam. Esses nove homens eram Emerson, Paine, Edison, Darwin, Lincoln, Burbank, Napoleão, Ford e Carnegie. Todas as noites, ao longo de muitos anos, eu promovia uma reunião de conselho imaginária com esse grupo que chamava de meus "Conselheiros Invisíveis".

O procedimento era este. Imediatamente antes de ir dormir, eu fechava os olhos e via, na imaginação, esse grupo de homens sentado comigo em torno da minha Mesa do Conselho. Ali eu não só tinha a oportunidade de me sentar entre aqueles que considerava grandes, mas também dominava o grupo no papel de presidente.

Eu tinha um objetivo definido quando imaginava essas reuniões noturnas. O objetivo era reconstruir meu caráter de forma que ele representasse uma composição dos caráteres dos meus conselheiros imaginários. Percebi desde cedo que tinha que superar o prejuízo de ter nascido em um ambiente de ignorância e superstição, e designei a mim mesmo a tarefa do renascimento voluntário por meio do método aqui descrito.

CONSTRUIR CARÁTER PELA AUTOSSUGESTÃO

Como dedicado estudante de psicologia, eu sabia, é claro, que todo homem se tornou o que é por causa de seus pensamentos e desejos dominantes. Eu sabia que cada desejo profundamente enraizado faz o indivíduo buscar a expressão exterior pela qual esse desejo pode ser transmutado em realidade. Sabia que a autossugestão é um fator poderoso na construção de caráter, e que é, de fato, o único princípio pelo qual o caráter é construído.

Com esse conhecimento dos princípios da operação mental, estava bem equipado com as ferramentas necessárias para reconstruir meu caráter. Nessas reuniões de conselho imaginárias, eu convocava meus oficiais de gabinete e pedia o conhecimento com que queria que cada um contribuísse, dirigindo-me a cada membro em palavras audíveis, assim:

> Sr. Emerson, quero obter do senhor a maravilhosa compreensão da natureza que distinguiu sua vida. Peço que imprima em minha mente subconsciente as qualidades que detinha e que permitiram que entendesse e se adaptasse às leis da natureza. Peço que me auxilie a recorrer às fontes de conhecimento disponíveis para esse fim e beber delas.
>
> Sr. Burbank, solicito que transfira para mim o conhecimento que o capacitou a harmonizar de tal forma as leis da natureza que fez o cacto derramar seus espinhos e se tornar um alimento. Permita que eu tenha acesso ao conhecimento que permitiu que você fizesse duas folhas de grama nascerem onde antes só nascia uma, e que o ajudou a misturar as cores das flores com mais esplendor e harmonia, porque só você conseguiu dourar o lírio.
>
> Napoleão, desejo adquirir de você, por imitação, a maravilhosa capacidade que tinha de inspirar os homens e despertar neles o maior e mais determinado espírito de ação. Também quero adquirir o espírito da fé duradoura que permitiu que você transformasse derrota em vitória e superasse obstáculos intransponíveis. Imperador do Destino, Rei do Acaso, Homem do Destino, eu o saúdo!
>
> Sr. Paine, desejo que me ceda a liberdade de pensamento e a coragem e clareza com que expressou convicções que tanto o distinguiram!
>
> Sr. Darwin, quero obter sua maravilhosa paciência e habilidade para estudar causa e efeito, sem viés ou preconceito, tão exemplificadas por você no campo da ciência natural.
>
> Sr. Lincoln, desejo desenvolver em meu caráter o aguçado senso de justiça, o incansável espírito de paciência, o senso de humor, a compreensão humana e a tolerância que foram suas características distintivas.
>
> Sr. Carnegie, já estou em dívida com você pela escolha do trabalho da minha vida, que me trouxe grande felicidade e paz de espírito.

> Quero adquirir uma abrangente compreensão dos princípios do esforço organizado, que você usou com tanta eficiência na construção de um grande empreendimento industrial.
>
> Sr. Ford, você esteve entre os homens mais úteis que forneceram boa parte do material para o meu trabalho. Desejo obter de você o espírito de persistência, a determinação, postura e autoconfiança que o capacitaram para superar a pobreza, organizar, unificar e simplificar o esforço humano, de forma que eu possa ajudar outras pessoas a seguirem seus passos.
>
> Sr. Edison, o coloquei sentado a meu lado, à minha direita, por causa da cooperação pessoal que me deu durante a pesquisa das causas de sucesso e fracasso. Desejo de você o maravilhoso espírito de fé com que descobriu tantos segredos da natureza, o espírito de labuta incessante com que tantas vezes arrancou a vitória da derrota.

Meu método de abordar os membros do gabinete imaginário variava de acordo com as características que eu mais desejava adquirir no momento. Estudei o histórico de cada um com cuidado minucioso. Depois de alguns meses desse procedimento noturno, fiquei chocado com a descoberta de que essas figuras imaginárias se tornavam aparentemente reais.

Cada um desses nove homens desenvolveu características individuais que me surpreenderam. Por exemplo, Lincoln desenvolveu o hábito de estar sempre atrasado, depois andar de um lado para o outro com ar solene. Quando chegava, ele andava muito devagar, com as mãos unidas às costas, e de vez em quando parava ao passar por mim e descansava uma das mãos sobre meu ombro por um momento. Ele sempre tinha uma expressão séria no rosto. Raramente eu o via sorrir. Cuidar de uma nação dividida o tornava grave.

Não era assim com os outros. Burbank e Paine sempre compartilhavam brincadeiras que, às vezes, chocavam os outros membros do gabinete. Certa noite, Paine sugeriu que eu preparasse uma palestra sobre "A idade da razão" e falasse do púlpito de uma igreja que havia frequentado anteriormente. Muitos em torno da mesa riram da sugestão. Não Napoleão! Ele comprimiu os lábios e gemeu tão alto que todos olharam surpresos em sua direção. Para ele, a igreja era só uma ferramenta do Estado, não para ser reformada, mas para ser usada como conveniente incitadora de atividade em massa do povo.

Uma vez, Burbank se atrasou. Quando chegou, estava entusiasmado e agitado, e explicou que tinha se atrasado por causa de uma experiência que estava fazendo, com a qual esperava poder produzir maçãs em qualquer tipo de árvore. Paine o advertiu lembrando que foi uma maçã que começou toda a confusão entre homem e mulher. Darwin riu com vontade ao sugerir que Paine deveria tomar cuidado com as pequenas serpentes quando fosse à floresta colher maçãs, porque elas costumavam virar grandes serpentes. Emerson comentou: "Nada de serpentes, nem de maçãs", e Napoleão declarou: "Nem maçãs, nem Estado!".

Lincoln desenvolveu o hábito de ser sempre o último a deixar a mesa depois de cada reunião. Uma vez, ele se debruçou sobre a mesa com os braços cruzados e permaneceu nessa posição por muitos minutos. Não tentei incomodá-lo. Finalmente, ele levantou a cabeça devagar, ficou em pé e saiu, depois parou, voltou, tocou meu ombro e disse: "Meu rapaz, você vai precisar de muita coragem se insistir em realizar seu propósito na vida. Mas lembre-se, quando as dificuldades surgirem, as pessoas comuns têm senso comum. A adversidade o desenvolverá".

Certa noite, Edison chegou antes de todos os outros. Ele se aproximou e sentou à minha esquerda, onde Emerson costumava sentar, e disse:

> Você está destinado a testemunhar a descoberta do segredo da vida. Quando chegar a hora, você vai ver que a vida consiste em grandes enxames de energia, ou entidades, cada uma delas tão inteligente quanto os seres humanos pensam que são. Essas unidades de vida se agrupam como colmeias de abelhas e permanecem juntas até se desintegrar por falta de harmonia. Essas unidades têm diferenças de opinião, como os seres humanos, e brigam frequentemente entre elas. Essas reuniões que você tem conduzido o ajudarão muito. Trarão em seu socorro algumas das mesmas unidades de vida que serviram aos membros de nosso gabinete durante a vida deles. Essas unidades são eternas. Nunca morrem! Seus pensamentos e desejos servem como o

> ímã que atrai unidades de vida do grande oceano da vida lá fora. Só as unidades amistosas são atraídas, aquelas que se harmonizam com a natureza de seus desejos.

Os outros membros do gabinete começaram a entrar na sala. Edison levantou-se e, devagar, dirigiu-se ao seu lugar à mesa. Ele ainda era vivo quando isso aconteceu. Fiquei tão impressionado que fui procurá-lo e contei a experiência. Ele sorriu e disse: "Seu sonho foi mais real do que você imaginou que fosse". E não deu explicações para essa afirmação.

Essas reuniões se tornaram tão realistas que fiquei com medo de suas consequências e as interrompi por vários meses. As experiências eram tão misteriosas que tive receio de continuar com elas e perder de vista que elas eram apenas experiências da minha imaginação.

Uns seis meses depois de ter interrompido a prática, acordei à noite, ou pensei ter acordado, e vi Lincoln em pé ao lado da cama. Ele disse:

> O mundo em breve vai precisar de seus serviços. Ele se aproxima de um período de caos que vai levar homens e mulheres a perderem a fé e se entregarem ao pânico. Continue com seu trabalho e complete sua filosofia. Essa é sua missão na vida. Se a negligenciar por qualquer causa, será reduzido a um estado primitivo e compelido a retraçar os ciclos pelos quais passou durante milhares de anos.

Na manhã seguinte, não consegui dizer se havia sonhado com isso ou se tinha realmente acordado e, desde então, nunca fui capaz de descobrir o que aconteceu, mas sei que o sonho, se foi um sonho, permaneceu tão nítido em minha cabeça no dia seguinte que retomei as reuniões à noite.

Em nossa próxima reunião, os membros de meu gabinete chegaram juntos e ocuparam os lugares de costume à mesa do conselho, enquanto Lincoln ergueu uma taça e disse: "Cavalheiros, vamos fazer um brinde a um amigo que retornou ao grupo".

Depois disso, comecei a adicionar novos membros ao meu gabinete, até que, agora, ele é formado por mais de cinquenta, entre eles Cristo, São Paulo, Galileu, Copérnico, Aristóteles, Platão, Sócrates, Homero, Voltaire,

Bruno, Spinoza, Drummond, Kant, Schopenhauer, Newton, Confúcio, Elbert Hubbard, Brann, Ingersol, Wilson e William James.

Esta é a primeira vez que tenho coragem de falar sobre isso. Até agora, guardei silêncio sobre o assunto, porque sabia, com base em minha própria atitude em relação a essas questões, que seria mal entendido se descrevesse minha experiência incomum. Senti-me encorajado agora a transportar minha experiência para o papel porque agora me preocupo menos que nos anos passados com "o que vão dizer". Uma das bênçãos da maturidade é que, às vezes, ela traz mais coragem para ser verdadeiro, independentemente do que podem pensar ou dizer aqueles que não entendem.

Para que não me entendam mal, quero aqui declarar mais enfaticamente que ainda considero as reuniões do meu gabinete puramente imaginárias, mas sinto que tenho o direito de sugerir que, embora os membros do meu gabinete sejam puramente fictícios e as reuniões só existam em minha imaginação, eles me levaram por caminhos gloriosos de aventura, reacenderam um reconhecimento da verdadeira grandeza, incentivaram a empreitada criativa e encorajaram a expressão do pensamento honesto.

Em algum lugar da estrutura celular do cérebro se localiza um órgão que recebe vibrações de pensamento chamadas originalmente de "palpites". Até agora a ciência não descobriu onde fica o órgão do sexto sentido, mas isso não é importante. O que importa é que o ser humano recebe conhecimento preciso por meio de outras fontes além dos sentidos físicos. Esse conhecimento geralmente é recebido quando a mente está sob a influência de estimulação extraordinária. Qualquer emergência que surja nas emoções e faça o coração bater mais depressa que o normal pode pôr o sexto sentido em ação, e geralmente põe. Qualquer um que tenha vivido a experiência de um quase acidente enquanto dirigia sabe que, nessas ocasiões, o sexto sentido muitas vezes entra em cena e ajuda, por uma fração de segundo, a evitar o acidente.

Esses fatos são mencionados em caráter preliminar a uma afirmação que farei agora, a de que, durante minhas reuniões com os "Conselheiros Invisíveis", descubro que minha mente está mais receptiva a ideias, pensamentos e conhecimento que chegam a mim pelo sexto sentido. Posso dizer sinceramente que devo aos meus "Conselheiros Invisíveis" todo o crédito por essas ideias, fatos ou conhecimentos que recebi por "inspiração".

Em dezenas de ocasiões, quando me vi diante de emergências, algumas tão graves que minha vida esteve em risco, fui milagrosamente guiado para além dessas dificuldades pela influência de meus "Conselheiros Invisíveis".

Meu objetivo original em conduzir reuniões de conselho com seres imaginários foi só impressionar minha mente subconsciente, pelo princípio da autossugestão, com certas características que desejava adquirir. Em anos mais recentes, minha experimentação tomou um caminho inteiramente diferente. Agora recorro aos meus conselheiros imaginários a cada problema difícil que se apresenta a mim e meus clientes. Os resultados costumam ser espantosos, embora eu não dependa inteiramente dessa forma de conselho.

Você certamente reconheceu que este capítulo trata de um assunto que a maioria das pessoas não conhece. O sexto sentido é um assunto que será de grande interesse e benefício para a pessoa cujo objetivo é acumular vasta riqueza, mas não precisa chamar atenção daqueles cujos desejos são mais modestos.

Henry Ford entende, sem dúvida, e faz uso prático do sexto sentido. Seu imenso negócio e suas operações financeiras tornam necessário que ele entenda e use esse princípio. O finado Thomas A. Edison entendia e usava o sexto sentido em relação ao desenvolvimento de invenções, especialmente aquelas que envolviam patentes básicas, sobre as quais ele não tinha experiência humana nem conhecimento acumulado para guiá-lo, como quando trabalhava na máquina falante e na máquina de cinema.

Quase todos os grandes líderes, como Napoleão, Bismark, Joana d'Arc, Cristo, Buda, Confúcio e Maomé, entendiam e provavelmente usavam o sexto sentido quase continuamente. A maior porção da grandeza desses líderes consistia no conhecimento que tinham desse princípio.

O sexto sentido não é algo que se possa tirar e pôr à vontade. A habilidade para usar esse grande poder surge lentamente pela aplicação dos outros princípios relatados neste livro. Raramente algum indivíduo adquire conhecimento funcional do sexto sentido antes dos quarenta anos de idade. O mais comum é que o conhecimento não esteja disponível até que se tenha passado bem dos cinquenta, porque as forças espirituais, com as quais o sexto sentido tem relação bem próxima, não aparecem e se tornam úteis senão por anos de meditação, autoanálise e pensamento sério.

Seja você quem for, ou seja qual for seu objetivo ao ler este livro, você pode tirar proveito dele sem entender o princípio descrito neste capítulo. Isso é especialmente verdadeiro se seu principal objetivo é acumular dinheiro ou outras coisas materiais.

O capítulo sobre o sexto sentido foi incluído porque o livro foi criado com o propósito de apresentar uma filosofia completa com a qual os indivíduos podem se guiar sem erro a fim de conquistar o que quiserem da vida. O ponto de partida de toda realização é desejo. O ponto final é aquela qualidade de conhecimento que leva à compreensão – compreensão do eu, compreensão dos outros, compreensão das leis da natureza, reconhecimento e compreensão de felicidade.

Esse tipo de compreensão só chega em sua plenitude pelo conhecimento e uso do sexto sentido, por isso o princípio teve que ser incluído como parte desta filosofia, para o benefício daqueles que querem mais que dinheiro.

Tendo lido o capítulo, você deve ter observado que, enquanto o lia, foi levado a um nível mais elevado de estimulação mental. Esplêndido! Volte daqui a um mês, leia o capítulo mais uma vez e observe que sua mente vai se elevar a um nível ainda mais alto de estimulação. Repita essa experiência de tempos em tempos, sem se preocupar com o muito ou pouco que aprende em cada vez, e você vai acabar se descobrindo de posse de um poder que vai permitir que se livre do desânimo, domine o medo, supere a procrastinação e recorra livremente à sua imaginação. Então, vai sentir o toque daquela "alguma coisa" desconhecida que tem sido o espírito mobilizador de todo grande pensador, líder, artista, músico, escritor, estadista. Então, você vai estar em posição de transmutar seus desejos nas contrapartes físicas ou financeiras com a mesma facilidade com que poderia se deitar e desistir ao primeiro sinal de oposição.

FÉ *VERSUS* MEDO!

Os capítulos anteriores descreveram como desenvolver fé por meio de autossugestão, desejo e o subconsciente. O próximo capítulo apresenta instruções detalhadas para dominar o medo.

Aqui vamos encontrar uma descrição completa dos seis medos que são a causa de desânimo, timidez, procrastinação, indiferença, indecisão e falta de ambição, autoconfiança, iniciativa, autocontrole e entusiasmo.

Analise-se cuidadosamente enquanto estuda esses seis inimigos, porque eles podem existir somente em sua mente subconsciente, onde sua presença vai ser difícil de detectar.

Lembre-se também, enquanto analisa os "seis fantasmas do medo", que eles não são mais que fantasmas, porque só existem na cabeça do indivíduo.

Lembre-se ainda que fantasmas, criações da imaginação descontrolada, causaram a maior parte do dano que as pessoas provocaram na própria mente, portanto, fantasmas podem ser tão perigosos quanto se vivessem e andassem pela terra em corpos físicos.

O fantasma do medo da pobreza, que se apoderou da mente de milhões de pessoas em 1929, era tão real que provocou a pior depressão econômica que nosso país já conheceu. Além disso, esse fantasma em particular ainda apavora algumas pessoas.

Capítulo 14

COMO VENCER OS SEIS FANTASMAS DO MEDO

FAÇA UMA AUTOANÁLISE ENQUANTO LÊ ESTE CAPÍTULO FINAL E DESCUBRA QUANTOS FANTASMAS ESTÃO NO SEU CAMINHO.

Limpando o cérebro para a riqueza

Antes de você pôr qualquer parte desta filosofia em uso e ter sucesso, sua mente precisa ser preparada para recebê-la. A preparação não é difícil. Começa com estudo, análise e compreensão dos três inimigos que você terá que eliminar. Eles são indecisão, dúvida e medo!

O sexto sentido nunca vai funcionar enquanto esses três negativos, ou qualquer um deles, permanecerem em sua mente. Os membros desse trio profano têm uma relação próxima; onde um está, os outros estão próximos.

Indecisão é o broto do medo! Lembre-se disso enquanto lê. A indecisão se cristaliza em dúvida, as duas se unem e se tornam medo! O processo de "união" costuma ser lento. Essa é uma razão pela qual esses três inimigos são tão perigosos. Germinam e crescem sem que sua presença seja observada.

O restante deste capítulo descreve um fim que deve ser alcançado antes que a filosofia como um todo possa ser posta em prática. Também analisa uma condição que apenas recentemente reduziu números imensos de pessoas à pobreza, e estabelece uma verdade que deve ser entendida por todos que acumulam riquezas, sejam elas medidas em termos de dinheiro ou de um estado mental muito mais valioso que o dinheiro.

O propósito deste capítulo é voltar o holofote da atenção para a causa e a cura dos seis medos básicos. Antes de podermos dominar um inimigo, precisamos conhecer seu nome, seus hábitos e onde ele se esconde. Enquanto lê, faça uma cuidadosa autoanálise e determine quais dos seis medos básicos se instalaram em você, se é que há algum.

Não se deixe enganar pelos hábitos desses inimigos sutis. Às vezes, eles permanecem escondidos na mente subconsciente, onde são difíceis de localizar e ainda mais difíceis de eliminar.

OS SEIS MEDOS BÁSICOS

Há seis medos básicos, e todo ser humano sofre, em um outro momento, de alguma combinação deles. Muitas pessoas são afortunadas se não sofrem com os seis. Relacionados em ordem de aparição mais comum, eles são:

Medo da pobreza }
Medo de crítica } *Na base da maioria das preocupações do indivíduo*
Medo de doença }
Medo de perder o amor de alguém
Medo de envelhecer
Medo da morte

Todos os outros medos são de menor importância e podem ser agrupados sob esses seis principais.

A prevalência desses medos, como uma maldição contra o mundo, acontece em ciclos. Durante quase seis anos, enquanto a Depressão estava instalada, permanecemos no ciclo do medo de pobreza. Durante a Guerra Mundial, estivemos no ciclo do medo da morte. Logo depois da guerra, vivemos o ciclo do medo da doença, por conta da pandemia que se espalhou pelo mundo todo.

Medos não são mais que estados mentais. O estado mental do indivíduo é sujeito a controle e direção. Médicos, como todos sabem, são menos propensos a doença que os leigos, pelo simples fato de os médicos não temerem a doença. Sabemos que os médicos estabelecem contato físico diário, sem medo ou hesitação, com centenas de pessoas que sofrem de doenças contagiosas, como varíola, sem se infectar. Sua imunidade contra a doença consiste em grande parte, se não completamente, da absoluta falta de medo.

O homem não pode criar nada que não crie antes na forma de um impulso de pensamento. Depois dessa afirmação, vem outra de importância ainda maior: os impulsos de pensamento do homem começam imediatamente a se traduzir em seu equivalente físico, sejam esses pensamentos voluntários ou involuntários. Impulsos de pensamento que são captados no éter, por mero acaso (pensamentos que foram liberados por outras mentes), podem determinar o destino financeiro, comercial, profissional ou social do indivíduo tão seguramente quanto os impulsos de pensamento que se criam intencionalmente.

Estamos aqui criando a base para a apresentação de um fato de grande importância para quem não entende por que algumas pessoas parecem ter "sorte", enquanto outras de igual ou maior habilidade, treinamento, experiência e capacidade mental parecem destinadas a viver com o infortúnio. Isso pode ser explicado pela afirmação de que todo ser humano tem a capacidade de controlar completamente sua mente, e com esse controle, obviamente, toda pessoa pode abrir a mente para os impulsos de pensamento que vagam por aí liberados por outras mentes, ou fechar as portas e admitir apenas impulsos de pensamento de sua escolha.

A natureza deu ao homem o controle absoluto sobre uma única coisa, o pensamento. Isso, associado ao fato de tudo que o homem cria começar na forma de um pensamento, aproxima muito o indivíduo do princípio pelo qual o medo pode ser dominado.

Se é verdade que todo pensamento tem a tendência para se vestir de seu equivalente físico (e não há nenhuma dúvida de que isso é verdade), é igualmente verdadeiro que impulsos de pensamento de medo e pobreza não podem ser traduzidos em termos de coragem e ganho financeiro.

O povo dos Estados Unidos começou a pensar em pobreza depois do *crash* de Wall Street em 1929. Devagar, mas certa, essa massa de pensamento cristalizou-se em seu equivalente físico, que ficou conhecido como uma "depressão". Isso tinha que acontecer, está de acordo com as leis da natureza.

O MEDO DA POBREZA

Não pode haver acordo entre pobreza e riqueza! As duas vias que levam à pobreza e à riqueza seguem em sentidos opostos. Se você quer riqueza, deve se recusar a aceitar qualquer circunstância que leve em direção à pobreza. (A palavra "riqueza" aqui é usada em seu sentido mais amplo, e significa estados financeiros, espirituais, mentais e materiais.) O ponto de partida do caminho que leva à riqueza é desejo. No capítulo 1, você recebeu instruções completas para o uso adequado do desejo. Neste capítulo sobre o medo, você tem instruções completas para preparar a mente para fazer uso prático do desejo.

Aqui, então, é o lugar onde você se desafia para determinar quanto desta filosofia absorveu. Este é o ponto em que é possível se tornar profeta e prever, com precisão, o que o futuro reserva para você. Se depois de ler este capítulo você estiver disposto a aceitar a pobreza, é melhor decidir receber a pobreza. Essa é uma decisão que você não pode evitar.

Se você exige riqueza, determine de que forma e quanto será satisfatório. Você conhece o caminho que leva à riqueza. Recebeu um mapa que, se for seguido, o manterá nessa estrada. Se deixar de dar o primeiro passo, ou parar antes de chegar ao destino, o único culpado vai ser você. Essa responsabilidade é sua. Nenhuma desculpa o salvará de aceitar a responsabilidade se falhar agora ou se recusar a exigir riqueza da vida, porque a aceitação só requer uma coisa, aliás, a única coisa que você pode controlar – é um estado mental. Um estado mental é algo que se assume. Não pode ser comprado, precisa ser criado.

Medo de pobreza é um estado mental, mais nada! Mas é suficiente para destruir as chances de realização em qualquer empreitada, uma verdade que se tornou dolorosamente evidente durante a depressão.

Esse medo paralisa a faculdade da razão, destrói a faculdade da imaginação, mata a autoconfiança, mina o entusiasmo, desencoraja a iniciativa, conduz à incerteza de propósito, estimula a procrastinação, varre o entusiasmo e impossibilita o autocontrole. Tira o charme da personalidade, distrai a concentração de esforço, domina a persistência, transforma força de vontade em nada, destrói ambição, turva a memória e convida o fracasso em todas as formas concebíveis; mata o amor e assassina as melhores emoções do coração, desestimula a amizade e convida o desastre em uma centena de formas, provoca insônia, sofrimento e infelicidade, e tudo isso apesar da verdade óbvia de que vivemos em um mundo de superabundância de tudo que se pode querer, sem nada entre nós e nossos desejos exceto a falta de um objetivo definido.

O medo de pobreza é, sem dúvida, o mais destrutivo dos seis medos básicos. Foi posto no topo da lista porque é o mais difícil de dominar. É preciso uma coragem considerável para estabelecer a verdade sobre a origem desse medo, e uma coragem ainda maior para aceitar a verdade depois que ela foi estabelecida. O medo da pobreza surgiu da tendência herdada do homem de predar economicamente seu semelhante. Quase todos os animais inferiores ao homem são motivados por instinto, mas sua capacidade de "pensar" é limitada, portanto, eles predam um ao outro fisicamente. O homem, com seu senso superior de intuição, com a capacidade de pensar e raciocinar, não se alimenta fisicamente de seu semelhante, ele obtém mais satisfação se "alimentando" dele financeiramente. O homem é tão ganancioso que todas as leis concebíveis foram aprovadas para protegê-lo de seus semelhantes.

De todas as eras do mundo sobre as quais sabemos alguma coisa, a era em que vivemos parece ser uma que se destaca por causa da loucura do homem por dinheiro. Um homem é considerado menos que o pó da terra, a menos que possa exibir uma gorda conta bancária; mas se ele tem dinheiro – e não importa como o obteve –, ele é o "rei" ou o "chefão";

está acima da lei, comanda na política, domina nos negócios, e o mundo todo à sua volta se curva em respeito quando ele passa.

Nada leva ao homem tanto sofrimento e humildade quanto a pobreza! Só quem já a experimentou entende o pleno significado disso.

Não é de espantar que o homem tema a pobreza. Através de uma longa sequência de experiências herdadas, ele aprendeu que alguns homens não são dignos de confiança nas questões que envolvem dinheiro e bens terrenos. Essa é uma acusação muito dolorosa, e a pior parte dela é que é verdadeira.

A maioria dos casamentos é motivada pela riqueza de uma ou das duas partes. Não causa espanto, portanto, que haja tantas ações de divórcio.

Tamanha é a avidez do homem para ter riqueza que ele a obterá de qualquer maneira possível – por métodos legais, se puder, ou por outros, se for necessário ou conveniente.

A autoanálise pode revelar fraquezas que não agrada reconhecer. Essa forma de exame é essencial para todos que demandam da vida mais que mediocridade e pobreza. Não esqueça, imagine que vai examinar a si mesmo, que você é o tribunal e o júri, o promotor e o advogado de defesa, e que é o reclamante e o réu, e também está em julgamento. Encare os fatos de frente. Faça a si mesmo perguntas claras e exija respostas diretas. Quando o exame acabar, você saberá mais sobre si mesmo. Se não sente que pode ser um juiz imparcial nessa autoanálise, peça a alguém que o conhece bem para servir de juiz enquanto você se analisa. Você busca a verdade. Encontre-a a qualquer custo, mesmo que possa ser temporariamente constrangedora para você!

Se alguém perguntasse o que mais causa medo, a maioria das pessoas responderia que "não tem medo de nada". A resposta seria imprecisa, porque poucas pessoas percebem que são contidas, prejudicadas, castigadas espiritual e fisicamente por alguma forma de medo. Tão sutil e profundamente enraizada é a emoção do medo que é possível passar a vida toda carregando esse fardo sem nunca reconhecer sua presença. Só uma análise corajosa revela a presença desse inimigo universal. Quando começar essa análise, examine profundamente seu caráter. Aqui vai uma lista dos sintomas que você deve procurar:

Sintomas do medo de pobreza

Indiferença. Normalmente expressada por falta de ambição; disponibilidade para tolerar a pobreza; aceitação de qualquer compensação que a vida possa oferecer sem protesto; preguiça mental e física; falta de iniciativa, imaginação, entusiasmo e autocontrole.

Indecisão. O hábito de permitir que os outros pensem em seu lugar. Ficar "em cima do muro".

Dúvida. Geralmente expressada por desculpas e justificativas criadas para encobrir, explicar ou justificar fracassos, às vezes expressada na forma de inveja daqueles que são bem-sucedidos, ou por críticas a eles.

Preocupação. Normalmente expressada em defeitos encontrados nos outros, tendência para gastar mais do que ganha, negligenciar a aparência pessoal, franzir a testa e fazer cara feia; intemperança no consumo de bebida alcoólica, às vezes no uso de narcóticos; nervosismo, ausência de compostura, timidez e falta de autoconfiança.

Excesso de cautela. O hábito de procurar o lado negativo de toda circunstância, pensar em e falar de possível fracasso, em vez de concentrar-se nos meios de alcançar o sucesso. Conhecer todos os caminhos para o desastre, mas nunca buscar os planos para evitar o fracasso. Esperar a "hora certa" para começar a pôr ideias e planos em prática, até que a espera se torne um hábito permanente. Lembrar-se daqueles que fracassaram e esquecer os que alcançaram o sucesso. Ver o buraco na rosquinha, mas não enxergar a rosquinha. Pessimismo, que leva a indigestão, constipação, autointoxicação, mau hálito e mau humor.

Procrastinação. O hábito de deixar para amanhã o que deveria ter sido feito no ano passado. Gastar com a criação de desculpas e justificativas um tempo que teria sido suficiente para cumprir a tarefa. Esse sintoma tem relação próxima com o excesso de cautela, a dúvida e a preocupação. Recusar-se a aceitar a responsabilidade quando ela pode ser evitada. Disponibilidade para ceder, em vez de brigar com determinação. Aceitar dificuldades, em vez de dominá-las e usá-las como degraus para o progresso. Negociar com a vida por um centavo, em vez de exigir prosperidade, opulência, riqueza, contentamento e felicidade. Planejar o que fazer se e quando encontrar o fracasso, em vez de queimar todas as pontes e tornar o recuo impossível. Fraqueza, e muitas vezes total ausência, de autoconfiança, definição de objetivo, autocontrole, iniciativa, entusiasmo, ambição, parcimônia e sólida capacidade de raciocínio. Esperar pobreza em vez de exigir riqueza. Associação com pessoas que aceitam a pobreza, em vez de buscar a companhia daqueles que exigem e recebem riqueza.

O dinheiro fala!

Algumas pessoas vão perguntar: "Por que você escreveu um livro sobre dinheiro? Por que medir riqueza apenas em dólares?". Algumas vão acreditar, e com razão, que há outras formas de riqueza mais desejáveis que dinheiro. Sim, há riqueza que não pode ser medida em dólares, mas há milhões de pessoas que vão dizer: "Dê-me todo o dinheiro de que preciso, e eu encontro todo o resto que quero".

A principal razão pela qual escrevi este livro sobre como ganhar dinheiro é que o mundo passou, há pouco tempo, por uma experiência que deixou milhões de homens e mulheres paralisados pelo medo da pobreza. O que esse tipo de medo faz com o indivíduo foi habilmente descrito por Westbrook Pegler no *New York World-Telegram*, a saber:

> Dinheiro é só conchas de mariscos, ou discos de metal, ou pedaços de papel, e há tesouros do coração e da alma que o dinheiro não pode comprar, mas muita gente, quando encontra a falência, não consegue pensar nisso e sustentar o espírito. Quando um homem perde tudo e está na rua, incapaz de encontrar um emprego, acontece com seu espírito alguma coisa que pode ser observada em seus ombros caídos, na posição do chapéu, no jeito de andar e no olhar. Ele não consegue evitar um sentimento de inferioridade entre as pessoas que estão empregadas, mesmo sabendo que não se comparam a ele em caráter, inteligência ou habilidade.

Essas pessoas, inclusive seus amigos, experimentam, por outro lado, um sentimento de superioridade e olham para ele, talvez inconscientemente, como uma fatalidade. Ele pode tomar empréstimos, mas não o bastante para manter seu padrão habitual, e não pode continuar tomando empréstimos por muito tempo. Mas o simples fato de pedir empréstimos, quando um homem faz isso para viver, é uma experiência deprimente, e o dinheiro não tem o mesmo poder de reanimar seu espírito como aquele que é ganho com trabalho. É claro, nada disso se aplica a vagabundos ou fracassados habituais, mas a homens de ambições normais e autorrespeito.

MULHERES ESCONDEM O DESESPERO.

As mulheres na mesma situação devem ser diferentes. De alguma maneira, não pensamos nas mulheres quando consideramos falência ou desemprego. Elas raramente estão nas filas do pão, raramente são vistas mendigando nas ruas, e não são reconhecíveis nas multidões pelos mesmos sinais simples que identificam os homens falidos. É claro, não me refiro às maltrapilhas que se arrastam pelas ruas da cidade e são a contrapartida dos vagabundos confirmados. Refiro-me a mulheres razoavelmente jovens, decentes e inteligentes. Deve haver muitas delas, mas seu desespero não é aparente. Talvez se matem.

Quando um homem perde tudo, tem nas mãos tempo para se lamentar. Pode percorrer quilômetros para encontrar alguém e tentar arrumar um emprego, só para descobrir que a vaga já foi preenchida, ou que é um daqueles empregos sem salário fixo, só comissão sobre as vendas de alguma bugiganga inútil que ninguém compraria, exceto por piedade. Ele então volta às ruas sem nenhum lugar aonde ir, ou qualquer lugar. Então, ele anda e anda. Olha vitrines de lojas luxuosas que não são para ele, sente-se inferior e se afasta para dar lugar às pessoas que param para olhar com interesse ativo. Ele entra na estação de trem, ou senta-se na biblioteca para descansar as pernas e se aquecer um pouco, mas isso não é procurar emprego, então, ele sai novamente. Pode não saber, mas a falta de rumo o delataria, mesmo que a postura não o fizesse. Pode estar bem-vestido com as roupas que sobraram dos tempos em que tinha um emprego fixo, mas as roupas não disfarçam o abatimento.

DINHEIRO FAZ DIFERENÇA.

Ele vê milhares de outras pessoas, contadores, balconistas, químicos ou funcionários da ferrovia, ocupadas com seu trabalho e as inveja do fundo do coração. Elas têm independência, autorrespeito e masculinidade, e ele simplesmente não consegue se convencer de que também é um bom homem, embora reflita e chegue a um veredicto favorável hora após hora.

É só dinheiro que o torna diferente. Com um pouco de dinheiro, voltaria a ser ele mesmo.

Alguns empregadores exploram de maneira chocante as pessoas que estão sem nada. As agências penduram cartazes coloridos oferecendo salários miseráveis para homens falidos = US$ 12 por semana, US$ 15 por semana. Um emprego de US$ 18 por semana é uma beleza, e quem consegue uma oferta de emprego de US$ 25 por semana não precisa anunciá-lo em um cartaz na frente de uma agência de empregos. Tenho um anúncio de vaga recortado de um jornal local pedindo um auxiliar de escritório, alguém de boa caligrafia para anotar os pedidos de sanduíches feitos por telefone das 11h às 14h, por US$ 8 mensais – não US$ 8 semanais, mas US$ 8 mensais. O anúncio também exige que o candidato "declare a religião". Dá para imaginar o descaramento brutal de alguém que exige um bom calígrafo por onze centavos de dólar a hora e quer saber qual é a religião da vítima? Mas são essas as ofertas feitas a quem está falido.

Medo de crítica

Ninguém pode afirmar com precisão como o homem adquiriu esse medo, mas uma coisa é certa: ele o tem em uma forma altamente desenvolvida. Alguns acreditam que esse medo surgiu mais ou menos na época em que a política se tornou uma "profissão". Outros pensam que ele pode ser rastreado até a época em que as mulheres começaram a se preocupar com “estilo” no vestuário.

Este autor, que não é humorista nem profeta, está propenso a atribuir o medo básico da crítica àquela parte da natureza herdada do homem que o compele não só a tomar os bens e pertences de seu semelhante, mas também a justificar sua ação criticando o caráter desse semelhante. Sabe-se bem que um ladrão vai criticar o homem de quem rouba, que os políticos disputam cargos públicos não exibindo suas virtudes e qualificações, mas tentando difamar os adversários.

O medo de crítica assume muitas formas, a maioria pequena e trivial. Homens calvos, por exemplo, são calvos por nenhum outro motivo além do medo de crítica. Cabeças ficam calvas por causa das fitas apertadas de chapéus que cortam a circulação da raiz dos cabelos. Homens usam chapéu não porque precisam deles, mas geralmente porque “todo mundo está usando”. O indivíduo entra na fila e faz a mesma coisa, para evitar que outro indivíduo o critique. Mulheres raramente ficam calvas, ou perdem cabelo, porque usam chapéus que ficam folgados na cabeça, sendo o único propósito dos chapéus servir de enfeite.

Mas não se deve supor que as mulheres são livres do medo de crítica. Se alguma mulher se declarar superior ao homem em relação a esse medo, peça a ela para andar pela rua com um chapéu de 1890.

Os astutos fabricantes de roupas não demoraram a capitalizar sobre esse medo básico de crítica que atormenta toda a humanidade. Toda estação, o estilo de muitos artigos de vestuário muda de estilo. Quem estabelece o estilo? Certamente, não é o consumidor de roupas, mas o fabricante. Por que ele muda o estilo com tanta frequência? A resposta é óbvia. Ele muda o estilo para poder vender mais roupas.

Pelo mesmo motivo, os fabricantes de automóveis (com algumas raras e sensatas exceções) mudam o estilo dos modelos a cada temporada. Nenhum homem quer dirigir um automóvel que não é o último tipo, embora o modelo mais antigo possa ser melhor.

Estivemos descrevendo como as pessoas se comportam sob o medo da crítica nas pequenas coisas da vida. Vamos agora examinar o comportamento humano quando esse medo afeta as pessoas em relação aos acontecimentos mais importantes das relações humanas. Vejamos, por exemplo, praticamente qualquer pessoa que chegou à idade da "maturidade mental" (dos 35 aos quarenta anos, em média), e se você pudesse ler os pensamentos secretos dessa mente, encontraria uma incredulidade muito decidida sobre a maioria das fábulas ensinadas pela maioria dos dogmáticos e teólogos algumas décadas atrás.

Nem sempre, porém, você encontrará uma pessoa com a coragem para declarar abertamente sua crença nesse assunto. Se pressionadas, muitas dirão uma mentira, em vez de admitir que não acreditam nas histórias associadas àquela forma de religião que mantinha as pessoas dominadas antes da era da educação e da descoberta científica.

Por que a pessoa comum, mesmo nestes tempos de esclarecimento, reluta em negar sua crença nas fábulas que serviam de base para a maioria das religiões há algumas décadas? A resposta é: "por medo de crítica". Homens e mulheres queimaram na fogueira por ousarem expressar sua incredulidade em fantasmas. Não é espantoso que tenhamos herdado uma consciência que nos faz temer a crítica. Houve um tempo, não muito distante, em que a crítica acarretava severas punições, e ainda é assim em alguns países.

O medo de crítica priva o homem de sua iniciativa, destrói seu poder de imaginação, limita a individualidade, elimina a autoconfiança e o prejudica de muitas outras maneiras. Muitas vezes, os pais causam aos filhos dano irreparável criticando-os. A mãe de um dos meus amigos de infância batia nele quase todos os dias, e sempre concluía a tarefa com a afirmação: "Você vai acabar na cadeia antes dos vinte anos". Ele foi mandado para um reformatório aos dezessete.

Crítica é uma forma de serviço da qual todo mundo tem demais. Todo mundo tem um estoque fornecido gratuitamente, mesmo sem ser solicitado. Os parentes mais próximos costumam ser os piores ofensores. Deveria ser considerado crime (na verdade, é um crime da pior natureza) um pai construir complexos de inferioridade na mente do filho por meio de crítica desnecessária. Empregadores que entendem a natureza humana extraem do homem o que ele tem de melhor não pela crítica, mas por sugestão construtiva. Os pais podem conseguir os mesmos resultados com seus filhos. A crítica semeia o medo no coração humano, ou ressentimento, mas não constrói amor ou afeto.

Sintomas de medo de crítica

Esse medo é quase tão universal quanto o medo da pobreza, e seus efeitos são igualmente fatais para a realização pessoal, principalmente porque destrói a iniciativa e desestimula o uso da imaginação. Os principais sintomas do medo são:

Timidez. Geralmente expressada por nervosismo, acanhamento em conversas e ao conhecer estranhos, movimento desajeitado das mãos e membros, desvio do olhar.

Falta de compostura. Manifestada por falta de controle vocal, nervosismo na presença de outras pessoas, postura ruim, memória ruim.

Personalidade. Falta de firmeza de decisão, charme pessoal e capacidade de expressar opiniões definidas. O hábito de se desviar de problemas, em vez de enfrentá-los. Concordar com os outros sem um exame cuidadoso de suas opiniões.

Complexo de inferioridade. O hábito de expressar autoaprovação por palavras e atos, como um meio de encobrir um sentimento de inferioridade. Usar "palavras grandes" para impressionar (muitas vezes sem saber seu verdadeiro significado). Imitar outras pessoas no vestir, no discurso e nas maneiras. Gabar-se de conquistas imaginárias. Isso às vezes cria uma aparência superficial de sentimento de superioridade.

Extravagância. O hábito de tentar "ser o que não é" gastando mais do que ganha.

Falta de iniciativa. Deixar de aproveitar oportunidades para progresso pessoal, medo de expressar opiniões, falta de confiança nas próprias ideias, dar respostas evasivas a perguntas feitas por superiores, hesitação nas atitudes e na fala, enganar com palavras e atos.

Falta de ambição. Preguiça mental e física, falta de autoafirmação, lentidão para tomar decisões, facilmente influenciável, hábito de criticar outras pessoas pelas costas e adular na presença delas, hábito de aceitar a derrota sem protestar, desistir e ceder diante de oposição, desconfiar de outras pessoas sem motivo, falta de tato nas maneiras e na fala, disponibilidade para aceitar a culpa por erros.

Medo de doença

Este medo pode remontar à hereditariedade física e social. É intimamente ligado, como sua origem, às causas do medo da velhice e do medo da morte, porque leva o indivíduo às fronteiras de "mundos terríveis" sobre os quais o homem nada sabe, mas dos quais ouviu histórias perturbadoras. Também é consenso, de certa forma, que certas pessoas desprovidas de ética e envolvidas no negócio de "vender saúde" tiveram muito a ver com a manutenção do medo da doença.

No geral, o homem teme a doença por causa das imagens horríveis que foram plantadas em sua mente sobre o que pode acontecer se a morte o levar. Ele também teme a doença pelo impacto econômico que pode ter.

Um médico respeitado estimou que 75% de todas as pessoas que procuram os consultórios para atendimento profissional sofrem de hipocondria (doença imaginária). Foi demonstrado de maneira convincente que o medo de doença, mesmo quando não existe a menor causa para medo, produz, frequentemente, os sintomas físicos da enfermidade temida.

A mente humana é poderosa! Ela constrói ou destrói.

Valendo-se dessa fraqueza comum do medo de doença, fornecedores de medicamentos comuns, de venda livre, têm acumulado fortunas. Essa forma de imposição sobre a humanidade crédula tornou-se tão prevalente há cerca de vinte anos que a revista semanal *Collier's* conduziu uma dura campanha contra alguns dos piores ofensores na área de medicamentos de venda livre.

Durante a epidemia de "gripe" que eclodiu na Guerra Mundial, o prefeito da cidade de Nova York tomou medidas drásticas para conter o dano que as pessoas causavam a elas mesmas por causa do medo inerente da doença. Ele chamou os jornalistas e disse a eles: "Cavalheiros, sinto que é necessário pedir que não publiquem manchetes assustadoras em relação à epidemia de gripe. A menos que cooperem comigo, teremos uma situação que não conseguiremos controlar". Os jornais pararam de publicar matérias sobre a "gripe", e um mês depois a epidemia havia sido controlada.

Por meio de uma série de experimentos conduzidos há alguns anos, ficou provado que as pessoas podem adoecer por sugestão. Conduzimos essa experiência fazendo três conhecidos visitarem as "vítimas", e a cada uma delas foi feita a pergunta: "O que o incomoda? Você parece muito doente". A primeira tentativa normalmente provocava um sorriso e uma resposta despreocupada da vítima: "Ah, nada. Estou bem". Na segunda vez, a resposta normalmente era: "Não sei bem, mas me sinto mal". Quando o terceiro visitante fazia a pergunta, a resposta geralmente era que a vítima realmente se sentia doente.

Experimente fazer esse teste com um conhecido, se tem dúvidas de que pode deixá-lo incomodado, mas não leve o experimento longe demais. Há certa seita religiosa cujos membros se vingam de seus inimigos com o método do "agouro". Eles chamam de "enfeitiçar" a vítima.

Há evidências esmagadoras de que a doença algumas vezes começa na forma de impulso de pensamento negativo. Esse impulso pode ser passado de uma mente para outra por sugestão, ou criado por um indivíduo em sua própria mente.

Um homem que foi abençoado com mais sabedoria do que pode indicar esse incidente disse certa vez: "Quando alguém pergunta como me sinto, sempre tenho vontade de responder batendo na pessoa".

Médicos mandam pacientes para climas diferentes em prol da saúde, porque uma mudança de "atitude mental" é necessária. A semente do medo da doença vive em toda mente humana. Preocupação, medo, desânimo, decepção amorosa e questões de negócios fazem essa semente germinar e crescer. A recente depressão manteve os médicos ocupados, porque toda forma de pensamento negativo pode causar doença.

Decepções nos negócios e no amor estão no topo da lista das causas do medo de adoecer. Um rapaz sofreu uma decepção amorosa que o mandou para o hospital. Ele passou meses entre a vida e a morte. Um especialista em terapias sugestivas foi chamado. O especialista trocou as enfermeiras, deixando o paciente aos cuidados de uma jovem muito encantadora que começou (de acordo com uma combinação prévia com o médico) a cortejá-lo desde o primeiro dia de trabalho. Em três semanas o paciente teve alta do hospital, ainda sofrendo, mas de uma doença completamente diferente. Estava apaixonado outra vez. O remédio foi uma trama, mas o paciente e a enfermeira se casaram algum tempo depois. Os dois gozavam de boa saúde quando eu escrevia este livro.

Sintomas do medo da doença

Os sintomas deste medo quase universal são:

Autossugestão. O hábito do uso negativo de autossugestão ao procurar e esperar ter sintomas de todos os tipos de doença. "Viver" doenças imaginárias e falar delas como se fossem reais. O hábito de experimentar todos os "modismos" e "ismos" recomendados por outras pessoas por terem valor terapêutico. Conversar sobre cirurgias, acidentes e outras formas de doença. Testar dietas, exercícios físicos, sistemas redutores, tudo sem orientação profissional. Tentar remédios domésticos, medicamentos de venda livre e "charlatanices".

Hipocondria. O hábito de falar sobre doenças, concentrar a mente em doença e esperar seu surgimento até que ocorra um colapso nervoso. Nada que seja vendido em frascos pode curar esse quadro. Ele é provocado por pensamento negativo, e nada que não seja pensamento positivo pode promover uma cura. Hipocondria (o termo médico para doença imaginária) pode causar tanto dano ocasional quanto a doença temida pode provocar. Muitos supostos casos de "nervosismo" resultam de doença imaginária.

Exercício. Medo de adoecer frequentemente interfere no adequado exercício físico, e resulta em sobrepeso por levar o indivíduo a evitar a vida ao ar livre.

Suscetibilidade. O medo da doença reduz a resistência física natural e cria uma condição favorável para qualquer forma de doença com que se possa entrar em contato.

O medo da doença se relaciona frequentemente com o medo da pobreza, em especial no caso do hipocondríaco, que se preocupa constantemente com a possibilidade de ter que pagar despesas com médicos, hospitais etc. Esse tipo de pessoa passa muito tempo se preparando para a doença, falando sobre morte, economizando dinheiro para comprar lote no cemitério e para as despesas com o funeral etc.

Mimar a si mesmo. O hábito de tentar conquistar piedade usando doença imaginária como isca (as pessoas muitas vezes recorrem a esse truque para não ter que trabalhar). O hábito de fingir doença para esconder pura preguiça, ou servir de desculpa para falta de ambição.

Intemperança. O hábito de usar álcool ou narcóticos para eliminar desconfortos como dores de cabeça, neuralgia etc., em vez de eliminar a causa.

O hábito de ler sobre doença e se preocupar com a possibilidade de ser acometido por ela. O hábito de ler comerciais de remédios de uso comum.

Medo da perda do amor

A fonte original desse medo inerente não precisa de muita descrição, porque, obviamente, surgiu do hábito polígamo do homem de roubar a companheira de seu semelhante, e de seu hábito de tomar liberdades sempre que podia.

Ciúme e outras formas semelhantes de demência precoce resultam do medo herdado do homem de perder alguém que ama. Esse medo é o mais doloroso dos seis medos básicos. Provavelmente, cria mais confusão no corpo e na mente que qualquer outro dos medos básicos, porque frequentemente leva a insanidade permanente.

O medo de perda do amor data, provavelmente, da Idade da Pedra, quando os homens roubavam as mulheres pela força bruta. Eles continuam roubando mulheres, mas a técnica mudou. Em vez de força, agora usam persuasão, a promessa de belas roupas, carros e outras "iscas" muito mais eficientes que força física. Os hábitos do homem são os mesmos desde a aurora da civilização, mas ele os expressa de maneira diferente.

Análise cuidadosa mostrou que os homens são mais suscetíveis a esse medo que as mulheres. É fácil explicar esse fato. As mulheres aprenderam, por experiência, que os homens são polígamos por natureza, que não merecem confiança em caso de rivalidade.

Sintomas do medo de perder o amor

Os sintomas distintivos deste medo são:

Ciúme. O hábito de desconfiar de amigos e amados sem evidência razoável de motivos suficientes. (O ciúme é uma forma de demência precoce que às vezes se torna violento sem a menor causa.) O hábito de acusar esposa ou marido de infidelidade sem motivo. Desconfiança generalizada, fé absoluta em ninguém.

Apontar defeitos. O hábito de apontar defeitos em amigos, parentes, associados comerciais e pessoas amadas à menor provocação, ou sem nenhum motivo.

Jogar. O hábito de jogar, roubar, trapacear e correr outros riscos para obter dinheiro para as pessoas amadas, com a crença de que o amor pode ser comprado. O hábito de gastar mais do que ganha, ou contrair dívidas, para dar presentes a pessoas amadas, com o propósito de causar impressão favorável. Insônia, nervosismo, falta de persistência, fraqueza de vontade, falta de autocontrole, falta de autoconfiança, mau humor.

O medo de envelhecer

No geral, este medo surge de duas fontes. Primeira, a ideia de que a velhice pode trazer pobreza. Segunda, e a mais comum, de longe, os ensinamentos falsos e cruéis do passado, que foram bem enraizados, e outras tolices criadas para escravizar o homem pelo medo.

No medo básico de envelhecer, o homem tem duas razões sólidas para sua apreensão – uma originária da desconfiança em seus semelhantes, que podem se apoderar de todos os bens terrenos que ele possa ter, e a outra resultante das terríveis imagens do outro mundo, plantadas em sua mente pela herança social antes de ele se apoderar por completo da própria mente.

A possibilidade da doença, que é mais comum à medida que a pessoa envelhece, também contribui para esse medo comum da velhice. Erotismo também faz parte da causa do medo de envelhecer, pois nenhum homem aprecia a ideia da diminuição da atração sexual.

A causa mais comum para o medo de envelhecer está associada à possibilidade de pobreza. "Asilo para pobres" não sugere um mundo bonito. Provoca arrepios em todo mundo que se vê diante da possibilidade de ter que passar seus anos de declínio em uma instituição desse tipo.

Outra causa que contribui para o medo de envelhecer é a possibilidade de redução de liberdade e independência, uma vez que a velhice pode trazer a perda da liberdade física e econômica.

Sintomas do medo de envelhecer

Os sintomas mais comuns deste medo são:

Tendência para reduzir o ritmo e desenvolver um complexo de inferioridade na idade da maturidade mental, por volta dos quarenta anos, passando a acreditar, erroneamente, que se está declinando por causa da idade. (A verdade é que os anos mais úteis do homem, tanto na esfera mental quanto na espiritual, são aqueles entre os quarenta e os sessenta.)

O hábito de falar de si mesmo se desculpando por "ser velho" apenas por ter chegado aos quarenta anos, ou cinquenta, em vez de reverter a regra e demonstrar gratidão por ter alcançado a idade da sabedoria e da compreensão.

O hábito de matar iniciativa, imaginação e autoconfiança por acreditar, erroneamente, que se é velho demais para exercitar essas qualidades. O hábito do homem ou da mulher de quarenta anos de se vestir com a intenção de parecer muito mais jovem, e afetar maneirismos da juventude, expondo-se à ridicularização por amigos e desconhecidos.

O medo da morte

Para alguns, este é o mais cruel de todos os medos básicos. A razão é óbvia. O terrível pavor associado à ideia de morrer, na maioria dos casos, pode ser diretamente atribuído ao fanatismo religioso. Os chamados "pagãos" têm menos medo da morte que os mais "civilizados". Durante centenas de milhões de anos, o homem tem repetido as perguntas para as quais ainda não há respostas, "de onde" e "para onde". De onde eu vim e para onde estou indo?

Durante as eras mais sombrias do passado, os mais ardilosos não demoravam a oferecer respostas para essas perguntas, mas cobravam um preço. Essa é, agora, a principal origem do medo da morte.

"Entre em minha cabana, aceite minha fé, aceite meus dogmas, e eu lhe dou uma passagem direta para o paraíso quando você morrer", grita um líder sectário. "Fique fora de minha cabana", avisa o mesmo líder, "e que o diabo o carregue e queime por toda a eternidade."

Eternidade é muito tempo. Fogo é uma coisa terrível. A ideia da punição eterna com fogo não só causa o medo da morte, como também faz o homem perder a razão. Destrói o interesse na vida e torna a felicidade impossível.

Durante minha pesquisa, revisei um livro chamado *A Catalogue of the Gods* (Um catálogo dos deuses), no qual havia trinta mil deuses relacionados já idolatrados pelo homem. Pense nisso! Trinta mil deuses representados por tudo, de lagosta a homem. Não é de se estranhar que o homem tenha ficado com medo de abordar a morte.

Embora o líder religioso possa não ter a capacidade de fornecer salvo-conduto para o céu, nem, pela falta dessa capacidade, permitir que o desafortunado desça ao inferno, a segunda possibilidade apavora de tal forma que a simples ideia dela aprisiona a imaginação de maneira tão realista que paralisa a razão e desencadeia o medo da morte.

Na verdade, nenhum homem sabe, e nenhum homem jamais soube, como é o céu ou o inferno, e nenhum homem sabe se esses lugares existem. Essa falta de conhecimento positivo abre a porta da mente humana para o charlatão, que pode entrar e dominá-la com sua coleção de truques e várias qualidades de fraude e enganação piedosa.

O medo da morte não é tão comum agora quanto era no tempo em que não havia grandes faculdades e universidades. Os homens de ciência direcionaram os holofotes da verdade para o mundo, e essa verdade está libertando rapidamente homens e mulheres de seu terrível medo da morte. Os rapazes e moças que frequentam as faculdades e universidades não se impressionam facilmente com "fogo" e "enxofre". Com a ajuda da biologia, astronomia, geologia e outras ciências relacionadas, os temores da idade das trevas que se apoderavam da mente do homem e destruíam sua razão foram dissipados.

Instituições para mentalmente desequilibrados estão cheias de homens e mulheres que enlouqueceram por causa do medo da morte.

Esse medo é inútil. A morte virá, independentemente do que se possa pensar sobre ela. Aceite-a como uma necessidade e tire o pensamento da cabeça. Ela deve ser necessária, ou não aconteceria. Talvez não seja tão ruim quanto tem sido pintada.

O mundo todo é feito de apenas duas coisas, energia e matéria. Em física elementar, aprendemos que matéria e energia (únicas duas realidades conhecidas pelo homem) não podem ser criadas nem destruídas.

Vida é energia, se é que é alguma coisa. Se energia e matéria não podem ser destruídas, é claro que a vida não pode ser destruída. A vida, como outras formas de energia, pode passar por vários processos de transição, ou mudança, mas não pode ser destruída. A morte é mera transição.

Se a morte não é mera mudança, ou transição, então, não há nada além da morte exceto um longo, eterno e tranquilo sono, e não há nada a temer no sono. Assim, você pode banir para sempre o medo da morte.

Sintomas do medo da morte

Os sintomas gerais deste medo são:

O hábito de pensar em morrer, em vez de tirar proveito máximo da vida, devido, geralmente, a ausência de objetivo, ou falta de uma ocupação adequada. Este medo é mais prevalente entre os idosos, mas às vezes os jovens são vítimas dele. O maior de todos os remédios para o medo da morte é um desejo ardente de realização, amparado pelo serviço útil a outras pessoas. Uma pessoa ocupada raramente tem tempo para pensar em morrer. Considera a vida excitante demais para se preocupar com a morte. Às vezes, o medo de morrer é intimamente associado ao medo da pobreza, em que a morte de alguém deixa seus entes queridos na miséria. Em outros casos, o medo da morte é causado por doença e pela consequente diminuição da resistência do corpo físico. As causas mais comuns do medo da morte são doença, pobreza, falta de ocupação apropriada, decepção amorosa, insanidade, fanatismo religioso.

PREOCUPAÇÃO DO HOMEM VELHO

Preocupação é um estado mental baseado no medo. Trabalha devagar, mas é persistente. É insidioso e sutil. Passo a passo, vai se enraizando até paralisar a faculdade de raciocínio, destruir a autoconfiança e a iniciativa. Preocupação é uma forma de medo sustentado causado por indecisão, portanto, é um estado mental que pode ser controlado.

A mente perturbada é inútil. A indecisão gera a mente perturbada. Muitos indivíduos não têm força de vontade para tomar decisões prontamente e mantê-las depois de tomadas, mesmo em condições normais de negócios. Durante períodos de inquietação econômica (como as que o mundo experimentou recentemente), o indivíduo é prejudicado não só pela natureza inerente de ser lento para tomar decisões, mas também pela indecisão das pessoas à sua volta, que criaram um estado de "indecisão em massa".

Durante a depressão, toda a atmosfera, no mundo todo, foi dominada por "Medite" e "Preocupação aguda", os dois germes da doença mental que começaram a se espalhar depois do caos de Wall Street em 1929. Só há um antídoto conhecido para esses germes: o hábito de tomar decisões prontamente e com firmeza. Além disso, esse é um antídoto que todo indivíduo pode aplicar em si mesmo.

Uma vez que tomamos a decisão de seguir determinada linha de ação, não nos preocupamos com condições. Uma vez entrevistei um homem que seria eletrocutado duas horas depois. O condenado era o mais calmo dos oito homens que estavam na cela da morte. Sua calma me levou a perguntar como ele se sentia sabendo que partiria para a eternidade em pouco tempo. Ele respondeu com um sorriso confiante: "Bem. Pense nisso, irmão, logo meus problemas terão acabado. Só tive problema durante toda a minha vida. Foi muito difícil conseguir comida e roupa. Logo não vou mais precisar dessas coisas. Tenho me sentido bem desde que tive certeza de que ia morrer. Assim que soube, tomei a decisão de aceitar meu destino com boa disposição".

Enquanto falava, ele devorava uma refeição suficiente para três homens, comendo cada bocado de comida servida a ele e, aparentemente, saboreando tudo como se nenhum desastre o esperasse. Decisão deu a esse homem a resignação com seu destino! Decisão também pode impedir que o indivíduo aceite circunstâncias indesejáveis.

Os seis medos básicos se traduzem em um estado de preocupação, por meio da indecisão. Livre-se para sempre do medo da morte tomando a decisão de aceitá-la como um acontecimento inevitável. Elimine o medo da pobreza tomando a decisão de se dar bem com toda a riqueza que conseguir acumular sem preocupação. Pise no pescoço do medo de crítica tomando a decisão de não se preocupar com o que outras pessoas pensam, fazem ou dizem. Elimine o medo de envelhecer tomando a decisão de aceitar a velhice não como um prejuízo, mas como uma grande bênção que traz com ela sabedoria, autocontrole e compreensão desconhecidos na juventude. Supere o medo da doença com a decisão de esquecer sintomas. Domine o medo de perder o amor tomando a decisão de seguir em frente sem amor, se for necessário.

Destrua o hábito de se preocupar, em todas as suas formas, tomando a decisão abrangente de que nada que a vida tem a oferecer vale o preço da preocupação. Com essa decisão virão a compostura, a paz de espírito e a tranquilidade de pensamento que trarão a felicidade.

Um homem cuja mente está cheia de medo não só destrói suas chances de ação inteligente, mas também transmite essas vibrações destrutivas à mente de todos que entram em contato com ele, e também destrói suas chances.

Até um cachorro ou um cavalo sabe quando falta coragem ao dono; além disso, um cachorro ou um cavalo captam as vibrações de medo projetadas pelo dono e se comportam de acordo com elas. Abaixo da linha de inteligência no reino animal, encontra-se essa mesma capacidade de captar vibrações de medo. Uma abelha sente imediatamente o medo na mente de uma pessoa – por motivos desconhecidos, a abelha vai picar muito mais prontamente a pessoa cuja mente está projetando vibrações de medo, em vez de incomodar aquela cuja mente não registra medo.

As vibrações de medo passam de uma mente a outra tão rapidamente e com tanta certeza quanto o som da voz humana passa da estação transmissora para um rádio receptor – e pelo mesmo meio.

Telepatia mental é uma realidade. Pensamentos passam de uma mente a outra, voluntariamente, e esse é um fato que independe do reconhecimento da pessoa que transmite os pensamentos ou daquelas que os captam.

A pessoa que expressa em palavras pensamentos negativos ou destrutivos experimenta, quase que certamente, os resultados dessas palavras na forma de um "coice" destrutivo. A liberação dos impulsos de pensamento destrutivo, sem a ajuda das palavras, também já produz um "coice" em vários sentidos. Primeiro de todos, e talvez o mais importante a se lembrar, a pessoa que libera pensamentos de natureza destrutiva sofre prejuízo pela destruição da faculdade de imaginação criativa. Em segundo lugar, a presença na mente de qualquer emoção destrutiva desenvolve uma personalidade negativa que repele as pessoas, e muitas vezes as transforma em antagonistas. A terceira fonte de dano à pessoa que alimenta ou libera pensamentos negativos se encontra neste fato importante: esses impulsos-pensamentos não estão causando mal apenas aos outros, mas se entranham na mente subconsciente da pessoa que os libera, e lá se tornam parte de sua personalidade.

Ninguém encerra um pensamento simplesmente o liberando. Quando um pensamento é liberado, ele se espalha em todas as direções pelo éter, mas também se planta permanentemente na mente subconsciente da pessoa que o libera.

Seu negócio na vida é, presumo, conquistar o sucesso. Para ser bem-sucedido, você precisa encontrar paz de espírito, atender às necessidades materiais da vida e, acima de tudo, alcançar a felicidade. Todas essas evidências de sucesso começam na força de impulsos de pensamento.

Você pode controlar a própria mente, tem o poder de alimentá-la com os impulsos de pensamento que escolher. Esse privilégio é acompanhado pela responsabilidade de usá-lo de maneira construtiva. Você é o mestre de seu destino terreno, tão certamente quanto tem o poder de controlar seus pensamentos. Pode influenciar, dirigir e, com o tempo, controlar seu ambiente, fazendo de sua vida o que quer que ela seja, ou pode negligenciar o exercício do privilégio que é seu, o de construir a vida como quer que ela seja, lançando-se assim no vasto mar da "circunstância", onde será jogado de um lado para o outro como uma partícula nas ondas do oceano.

A OFICINA DO DIABO

O sétimo medo básico

Além dos seis medos básicos, existe outro mal que acomete as pessoas. Ele é um solo rico no qual as sementes do fracasso crescem em abundância. É tão sutil que sua presença muitas vezes não é detectada. Essa aflição não pode ser corretamente classificada como um medo. Ela é mais profundamente assentada e mais frequentemente fatal que todos os seis medos. Por falta de um nome melhor, vamos chamar esse mal de suscetibilidade a influências negativas.

Homens que acumulam grandes riquezas sempre se protegem contra esse mal! Os atingidos pela pobreza, nunca! Os que alcançam o sucesso em qualquer área devem preparar a mente para resistir ao mal. Se você está lendo esta filosofia com o propósito de acumular riqueza, deve se analisar com muita atenção para determinar se é suscetível a influências negativas. Se você negligencia essa autoanálise, abre mão de seu direito de conquistar o objeto de seus desejos.

Faça a análise com atenção. Depois de ler as questões preparadas para esta autoanálise, seja verdadeiro em todas as respostas. Dedique-se à tarefa com a atenção que teria ao procurar qualquer outro inimigo que soubesse estar preparando uma emboscada e lide com suas falhas como lidaria com um inimigo mais tangível.

Você pode se proteger com facilidade contra os assaltantes de estrada, porque a lei fornece cooperação organizada em seu benefício, mas o "sétimo medo básico" é mais difícil de dominar, porque ataca quando você não está consciente de sua presença, seja dormindo, seja acordado. Além disso, sua arma é intangível, porque é meramente um estado mental. O mal também é perigoso porque ataca em tantas formas diferentes quantas são as experiências humanas. Às vezes, ele entra na mente pelas palavras bem-intencionadas de um parente. Outras vezes, ele vem de dentro, da própria atitude mental do indivíduo. É sempre mortal como veneno, embora não mate tão depressa

COMO SE PROTEGER CONTRA INFLUÊNCIAS NEGATIVAS

Para se proteger contra as influências negativas, sejam elas suas ou resultado das atividades de pessoas negativas à sua volta, reconheça que tem força de vontade e a ponha em uso constante até que ela construa um muro de imunidade em sua cabeça contra influências negativas.

Reconheça que você, e qualquer outro ser humano, é naturalmente preguiçoso, indiferente e suscetível a todas as sugestões que se harmonizem com suas fraquezas.

Reconheça que você é, por natureza, suscetível aos seis medos básicos, e estabeleça hábitos com o objetivo de neutralizar esses medos.

Reconheça que influências negativas muitas vezes atuam em você por meio da mente subconsciente e são, portanto, difíceis de detectar, e mantenha a mente fechada contra todas as pessoas que o deprimem ou desestimulam de algum jeito.

Esvazie seu armário de remédios, jogue fora todos os frascos de comprimidos e pare de acomodar resfriados, dores, desconfortos e doenças imaginárias.

Procure deliberadamente a companhia de pessoas que o influenciam a pensar e agir por si mesmas.

Não exclua a possibilidade de ter problemas, porque eles têm uma tendência para não desapontar.

Sem dúvida, a fraqueza mais comum a todos os seres humanos é o hábito de deixar a mente aberta para a influência negativa de outras pessoas. Essa fraqueza é ainda mais prejudicial porque muitas pessoas não reconhecem que são amaldiçoadas por ela, e muitas das que a reconhecem não se importam, ou se recusam a corrigir o mal até que ele se torne uma parte incontrolável de seus hábitos diários.

A seguinte lista de perguntas foi preparada para ajudar aos que desejam se ver como realmente são. Leia as questões e responda em voz alta, de forma que possa ouvir a própria voz. Assim, será mais fácil ser verdadeiro com você mesmo.

QUESTÕES DO TESTE DE AUTOANÁLISE

Você reclama sempre de "sentir-se mal" e, se sim, qual é a causa?

Você aponta defeitos de outras pessoas à menor provocação?

Você comete erros frequentemente no trabalho e, se sim, por quê?

É sarcástico e ofensivo ao conversar?

Evita deliberadamente se associar a alguém e, se sim, por quê?

Sofre frequentemente de indigestão? Se sim, qual é a causa?

A vida parece inútil e não há esperança no futuro para você? Se sim, por quê?

Gosta da sua ocupação? Se não, por quê?

Sente frequentemente autopiedade e, se sim, por quê?

Inveja aqueles que estão melhor que você?

A que dedica a maior parte do tempo, em termos de sucesso ou fracasso?

Está ganhando ou perdendo autoconfiança à medida que envelhece?

Aprende alguma coisa de valor com todos os erros?

Está permitindo que algum parente ou conhecido o preocupe? Se sim, por quê?

Às vezes, está "nas nuvens" e, outras vezes, nas profundezas do desânimo?

Quem tem a influência mais inspiradora sobre você? Por quê?

Tolera influências negativas ou desanimadoras que pode evitar?

É descuidado com sua aparência pessoal? Se sim, quando e por quê?

Aprendeu a "sufocar seus problemas" se mantendo ocupado demais para se deixar incomodar por eles?

Você se consideraria um "fraco sem vontade" se permitisse que outras pessoas pensassem por você?

Negligencia o banho interno até que a autointoxicação o deixe de mau humor e irritado?

Quantas perturbações preveníveis o incomodam, e por que você as tolera?

Recorre a bebida alcoólica, narcóticos ou cigarros para "acalmar os nervos"? Se sim, por que não tenta usar a força de vontade, em vez disso?

Alguém o "irrita" e, se sim, por que motivo?

Você tem um objetivo principal definido e, se tem, qual é, e que plano tem para conquistá-lo?

Sofre de algum dos seis medos básicos? Se sim, quais?

Tem algum método para se proteger da influência negativa alheia?

Faz uso deliberado de autossugestão para tornar sua mente positiva?

O que valoriza mais, suas posses materiais ou o privilégio de controlar os próprios pensamentos?

É facilmente influenciável pelos outros, contra suas próprias opiniões?

Acrescentou hoje algum valor ao seu arsenal de conhecimento ou estado mental?

Enfrenta as circunstâncias que o fazem infeliz, ou se esquiva da responsabilidade?

Analisa todos os erros e fracassos e tenta lucrar com eles, ou age como se isso não fosse sua obrigação?

Pode nomear três de suas fraquezas mais prejudiciais? O que está fazendo para corrigi-las?

Incentiva outras pessoas a trazer suas preocupações a você por piedade?

Escolhe, entre suas experiências diárias, lições ou influências que colaboram com seu progresso pessoal?

Sua presença tem uma influência negativa regular sobre outras pessoas?

Que hábitos dos outros mais o incomodam?

Forma suas opiniões ou se deixa influenciar por outra pessoa?

Aprendeu a criar um estado mental com o qual consegue se proteger contra influências desanimadoras?

Sua ocupação o inspira com fé e esperança?

Tem consciência de ter forças espirituais de poder suficientes para manter a mente livre de todas as formas de medo?

Sua religião o ajuda a manter a mente positiva?

Sente que é seu dever compartilhar da preocupação de outras pessoas? Se sim, por quê?

Se acredita que "diga-me com quem andas e te direi quem és", o que aprendeu sobre si mesmo analisando os amigos que atrai?

Que relação você vê entre as pessoas com quem se associa de maneira mais próxima e qualquer infelicidade que possa sentir?

É possível que alguém que você considera um amigo seja, na verdade, seu pior inimigo, por causa dessa influência negativa sobre sua mente?

Por quais regras você julga quem é útil e quem o prejudica?

Quanto de 24 horas você dedica a:

a. sua ocupação
b. sono
c. lazer e relaxar
d. adquirir conhecimento útil
e. simples desperdício
Quem entre seus conhecidos:
a. mais o incentiva
b. mais o alerta
c. mais o desestimula
d. mais o ajuda de outras maneiras

Qual é sua maior preocupação? Por que a tolera?

Quando alguém oferece conselho que não foi solicitado, você aceita sem questionar ou analisa os motivos dessa pessoa?

O que mais deseja, acima de tudo? Pretende realizar esse desejo? Está disposto a subordinar todos os outros desejos a este? Quanto tempo dedica diariamente a conquistá-lo?

Você muda de ideia com frequência? Se sim, por quê?

Costuma terminar tudo que começa?

Você se impressiona com facilidade com os negócios ou títulos profissionais, diplomas universitários ou riqueza de outras pessoas?

É facilmente influenciável pelo que outras pessoas pensam ou dizem de você?

Faz deferência às pessoas por seu *status* social ou financeiro?

Quem acredita ser a maior pessoa viva? Em que aspecto essa pessoa é superior a você?

Quanto tempo dedicou a estudar e responder essas questões? (É necessário um dia, pelo menos, para analisar e responder a lista inteira.)

Se você respondeu a todas essas perguntas com sinceridade, sabe mais sobre si mesmo que a maioria das pessoas. Estude as questões atentamente, volte a elas uma vez por semana durante vários meses, e se surpreenda com a quantidade de conhecimento adicional de grande valor pessoal que terá adquirido com o método simples de responder às perguntas honestamente. Se não tem certeza em relação às respostas para algumas das perguntas, converse com aqueles que o conhecem melhor, especialmente os que não têm motivos para adulá-lo, e enxergue-se através dos olhos deles. A experiência vai ser surpreendente.

Você tem controle absoluto sobre uma única coisa, seus pensamentos. Esse é o fato mais importante e inspirador conhecido pelo homem! Reflete a natureza dividida do homem. Essa prerrogativa divina é o único meio pelo qual você pode controlar o próprio destino. Se deixar de controlar sua mente, pode ter certeza de que não vai controlar mais nada.

Se tem que ser descuidado com seus bens, que seja com as coisas materiais. A mente é sua propriedade espiritual! Proteja-a e use-a com o cuidado a que a Realeza Divina tem direito. Para isso lhe foi concedida a força de vontade.

Infelizmente, não existe proteção legal contra aqueles que, por intenção ou ignorância, envenenam a mente alheia com sugestão negativa. Essa forma de destruição deveria ser passível de punição por pesadas penas legais, porque pode destruir e muitas vezes destrói as chances de aquisição de coisas materiais que são protegidas por lei.

Homens de mente negativa tentaram convencer Thomas A. Edison de que ele não poderia construir a máquina que gravaria e reproduziria a voz humana, "porque", disseram, "ninguém jamais havia produzido máquina como essa". Edison não acreditou neles. Sabia que a mente era capaz de produzir qualquer coisa que fosse capaz de imaginar e acreditar, e o conhecimento era o que colocava o grande Edison acima das pessoas comuns.

Homens de mente negativa disseram a F. W. Woolworth que ele poderia "falir" tentando administrar uma loja que vendia produtos a cinco e dez centavos. Ele não acreditou neles. Sabia que poderia fazer qualquer coisa, dentro do razoável, se respaldasse seus planos com fé. Exercitando o direito de manter as sugestões negativas de outros homens fora de sua cabeça, ele acumulou uma fortuna de mais de cem milhões de dólares.

Homens de mente negativa disseram a George Washington que ele não poderia ter esperanças de derrotar as forças muito superiores da Inglaterra, mas ele exercitou o direito divino de acreditar, e assim seu livro foi publicado sob a proteção das Listras e Estrelas, enquanto o nome de lorde Cornwallis foi praticamente esquecido.

Céticos debocharam quando Henry Ford testou seu primeiro automóvel, rusticamente construído, nas ruas de Detroit. Alguns disseram que a coisa nunca se tornaria praticável. Outros disseram que ninguém daria dinheiro por uma invenção como aquela. Ford disse: "Vou encher a Terra com veículos motorizados confiáveis", e foi o que ele fez! A decisão de confiar no próprio julgamento já rendeu uma fortuna muito maior que as próximas cinco gerações de seus descendentes podem esbanjar. Pelo bem dos que buscam grande riqueza, que seja lembrado que praticamente a única diferença entre Henry Ford e a maioria dos mais de cem mil homens que trabalham para ele é esta: Ford tem uma mente que ele controla, os outros têm mentes que não tentam controlar.

Henry Ford foi mencionado repetidamente porque é um exemplo impressionante do que um homem com mentalidade própria e vontade de controlar essa mente pode realizar. Seu histórico demole as bases de uma desculpa desgastada pelo tempo: "nunca tive uma chance". Ford também nunca teve uma chance, mas criou uma oportunidade e a respaldou com persistência até ela o enriquecer.

Controle mental é resultado de autodisciplina e hábito. Ou você controla a mente, ou ela controla você. Não existe meio-termo. O mais prático de todos os métodos para controlar a mente é o hábito de mantê-la ocupada com um objetivo definido, amparada por um plano definido. Estude o histórico de qualquer homem que alcança sucesso digno de nota e você vai observar que ele tem controle sobre a própria mente e, além disso, exercita esse controle e o direciona para a conquista dos objetivos definidos. Sem esse controle, sucesso não é possível.

"CINQUENTA E SETE" DESCULPAS FAMOSAS DO VELHO "SE"

Pessoas que não alcançam o sucesso têm uma característica em comum. Elas conhecem todas as razões para o fracasso e têm o que acreditam ser desculpas irrefutáveis para explicar a própria falta de realizações.

Algumas dessas desculpas são astutas e algumas poucas são justificáveis pelos fatos. Mas desculpas não podem ser usadas como dinheiro. O mundo só quer saber uma coisa: você conquistou o sucesso?

Um analista de personalidade compilou uma lista das desculpas mais usadas. Enquanto lê a lista, analise-se com atenção e determine quantas dessas desculpas você usa. Lembre-se também que a filosofia apresentada neste livro torna todas essas desculpas obsoletas.

Se eu não tivesse esposa e família...
Se eu tivesse "impulso" suficiente...
Se eu tivesse dinheiro...
Se eu tivesse uma boa educação...
Se eu conseguisse um emprego...
Se eu tivesse boa saúde...
Se ao menos eu tivesse tempo...
Se os tempos fossem melhores...
Se outras pessoas me entendessem...
Se as condições à minha volta fossem diferentes...
Se eu pudesse viver minha vida de novo...
Se eu não tivesse medo do que "eles" vão dizer...
Se eu tivesse tido uma chance...
Se eu tivesse uma chance agora...

Se as outras pessoas não "implicassem comigo"...
Se não acontecesse nada para me impedir...
Se eu fosse mais jovem...
Se eu pudesse fazer o que quero...
Se eu tivesse nascido rico...
Se eu pudesse conhecer "as pessoas certas"...
Se eu tivesse o talento que algumas pessoas têm...
Se eu ousasse me colocar...
Se eu tivesse aproveitado oportunidades passadas...
Se as pessoas não me deixassem nervoso...
Se eu não tivesse que manter a casa e cuidar dos filhos...
Se eu pudesse economizar algum dinheiro...
Se o chefe me reconhecesse...
Se eu tivesse alguém para me ajudar...
Se minha família me entendesse...
Se eu vivesse em uma cidade grande...
Se eu conseguisse ao menos começar...
Se eu fosse livre...
Se eu tivesse a personalidade de algumas pessoas...
Se eu não fosse tão gordo...
Se meus talentos fossem conhecidos...
Se eu tivesse uma "sorte"...
Se eu conseguisse me livrar das dívidas...
Se eu não tivesse errado...
Se eu soubesse como...
Se todo mundo não se opusesse a mim...
Se eu não tivesse tantas preocupações...
Se eu pudesse me casar com a pessoa certa...
Se as pessoas não fossem tão burras...
Se minha família não fosse tão extravagante...
Se eu me sentisse seguro...
Se a sorte não estivesse contra mim...
Se eu não tivesse nascido com a estrela errada...

Se não fosse verdade que "o que tem que ser, será"...
Se eu não tivesse que trabalhar tanto...
Se eu não tivesse perdido meu dinheiro...
Se eu vivesse em uma região diferente...
Se eu não tivesse um "passado"...
Se eu tivesse um negócio próprio...
Se outras pessoas me ouvissem...
Se *** e este é o maior de todos *** eu tivesse a coragem de me ver como realmente sou, descobriria o que está errado em mim e corrigiria, então poderia ter uma chance de lucrar com meus erros e aprender alguma coisa com a experiência de outras pessoas, porque sei que tem algo errado comigo, ou poderia estar agora onde gostaria de estar, se tivesse passado mais tempo analisando minhas fraquezas, e menos tempo criando desculpas para encobri-las.

Criar desculpas para explicar o fracasso é um passatempo nacional. O hábito é tão antigo quanto a raça humana, e é fatal para o sucesso! Por que as pessoas se apegam a desculpas de estimação? A resposta é óbvia. Elas defendem suas desculpas porque as criam! A desculpa de um homem é filha de sua imaginação. É da natureza humana defender a própria criação.

Construir desculpas é um hábito enraizado profundamente. Hábitos são difíceis de quebrar, especialmente quando oferecem justificativa para alguma coisa que fazemos. Platão tinha essa verdade em mente quando escreveu: "A primeira e melhor vitória é dominar seu eu. Ser dominado pelo eu é, de todas as coisas, a mais vergonhosa e vil".

Outro filósofo tinha o mesmo pensamento em mente quando disse: "Foi uma grande surpresa quando descobri que a maior parte da feiura que via nos outros era só um reflexo de minha natureza".

"Sempre foi um mistério para mim", disse Elbert Hubbard, "por que as pessoas passam tanto tempo se enganando deliberadamente criando desculpas para esconder suas fraquezas. Se usado de maneira diferente, esse mesmo tempo pode ser suficiente para curar as fraquezas, e nenhuma desculpa seria necessária."

Para encerrar, eu lembraria o leitor: "A vida é um tabuleiro de xadrez, e o jogador na sua frente é o tempo. Se você hesita antes de um movimento, ou deixa de mover a peça prontamente, suas peças serão dizimadas do tabuleiro pelo tempo. Você está jogando contra um parceiro que não tolera indecisão!".

Antes, você podia ter uma desculpa lógica para não forçar a vida a entregar o que você pedia, mas esse álibi agora é obsoleto, porque está de posse da Chave-Mestra que destranca a porta para a riqueza abundante da vida.

A Chave-Mestra é intangível, mas poderosa! Ela é o privilégio de criar, em sua mente, um desejo ardente para uma forma definida de riqueza. Não há penalidade para o uso da Chave, mas tem um preço que você tem que pagar se deixa de usá-la. O preço é o fracasso. Há uma recompensa de proporções estupendas se você usa a Chave. É a satisfação que chega para todos que dominam o eu e forçam a vida a pagar o preço que for pedido.

A recompensa vale seu esforço. Você está disposto a começar e ser convencido?

"Se nos identificamos", disse o imortal Emerson, "vamos nos conhecer." Para encerrar, tomo emprestado esse pensamento e digo: "Se nos identificamos, nós, através destas páginas, nos conhecemos."

FIM

ESTE FABULOSO EXÉRCITO ESTÁ AO SEU DISPOR

Nesta ilustração, você vê o mais poderoso exército da Terra. Observe a ênfase na palavra poderoso. Esse exército está alerta, de prontidão para atender a qualquer pessoa que o comande. É o seu exército, se você assumir o comando dele.

Esses soldados são rotulados: Chefe Objetivo Definido; Hábito de Economizar; Autoconfiança; Imaginação; Iniciativa; Liderança; Entusiasmo; Autocontrole; Fazer Mais do que Aquilo Pelo que se É Pago; Personalidade Agradável; Pensamento Preciso; Concentração; Cooperação; Fracasso; Tolerância; Regra de Ouro; MasterMind.

Um longo estudo da vida de quinhentos grandes homens e mulheres norte-americanos, bem como o aval de líderes conhecidos nacionalmente, prova que há princípios básicos sobre os quais todo sucesso verdadeiro e duradouro é construído.

O poder vem do esforço organizado. Você vê nessa ilustração, nesses "soldados", as forças que integram todo esforço organizado. Domine essas dezesseis forças ou qualidades pessoais e você poderá ter o que quiser na vida.

ALGUMAS PALAVRAS DOS EDITORES

E porque vão ajudá-lo a dominar essas forças, os editores de *Pense e enriqueça* querem ter uma conversinha com você. Por mais de trinta anos, a "Ralston" forneceu a centenas de milhares, sim, provavelmente milhões, de homens e mulheres ambiciosos livros para estudo domiciliar que abordam Saúde, Riqueza, Poder e Felicidade.

Temos muitos livros didáticos incomuns, privados, animadores abordando todos os poderes humanos. De tempos em tempos, fazemos um convite a você que lê esses cursos. Mas, por enquanto, vamos nos concentrar na mensagem inspiradora que Napoleon Hill, autor de *Pense e enriqueça*, tem para você. O importante homem de negócios e mestre do sucesso John Wanamaker, príncipe mercante de Nova York e da Filadélfia, disse:

> Se eu tivesse um filho jovem, insistiria para ele ler cada palavra de A lei do sucesso, de Napoleon Hill, e os livros do Dr... Esses dois homens são, talvez, os escritores mais inspiradores do mundo. Sei que seus 17 princípios fundamentais do sucesso são sólidos porque os tenho aplicado nos meus negócios há mais de trinta anos.

NAPOLEÃO HILL ESCREVEU UM CURSO DE PÓS-GRADUAÇÃO PARA VOCÊ

Sentimos honestamente que cada leitor deste livro deve se dedicar a esse curso de pós-graduação, conhecido como A lei do sucesso, por isso tomamos a liberdade de revelar aqui algumas coisas sobre esse brilhante trabalho.

A lei do sucesso apresenta, pela primeira vez na história do mundo, a verdadeira filosofia sobre a qual todo sucesso duradouro é construído. Ideias, quando traduzidas em planos inteligentes de ação, são o começo de toda realização bem-sucedida. Assim, A lei do sucesso se dedica a mostrar ao leitor como criar ideias práticas para cada necessidade humana.

E faz isso em lições fáceis de entender.

Napoleon Hill passou 25 anos aperfeiçoando essa Filosofia do Sucesso. Durante os longos anos em que trabalhou nela, algumas partes, ou sua totalidade, foram revistas e avaliadas por muitos dos maiores norte-americanos do nosso tempo.

Entre eles estão quatro presidentes dos Estados Unidos, Theodore Roosevelt, Woodrow Wilson, Warren G. Hardin, Wm. H. Taft. Também estão Thomas Edison, Luther Burbank, Wm. J. Wrigley, Alexander Graham Bell, juiz E. H. Gary, Cyrus H. K. Curtis, Edward Bok, E. M. Statler – dezenas de nomes de destaque na política, nas finanças, na educação e nas invenções.

ANDREW CARNEGIE DEU INÍCIO A ISSO

Há mais de 25 anos, Napoleon Hill, então um jovem investigador especial de uma revista de negócios nacionalmente conhecida, foi designado para entrevistar Andrew Carnegie. Durante essa entrevista, Carnegie insinuou certo poder que usava; uma lei mágica da mente humana, um princípio psicológico pouco conhecido cujo poder era espantoso.

Carnegie sugeriu que, com base nesse princípio, Hill poderia construir a filosofia de todo sucesso pessoal, fosse ela medida em termos de dinheiro, poder, posição, prestígio, influência, acúmulo de riqueza.

Essa parte da entrevista não foi publicada pela revista de Hill. Mas lançou o jovem autor em vinte anos de pesquisa. E hoje abrimos para você a descoberta e os métodos para usar a força revolucionária que Carnegie insinuou discretamente. Os métodos sensacionais para usá-la são agora ensinados em oito livros conhecidos como *Law of Success* (lançado no Brasil pela Citadel editora como *O manuscrito original*).

No rastro de *O manuscrito original*, lições se tornam realizações, não só entretenimento e diversão para matar o tempo. Atrás disso vêm negócios mais poderosos, contas bancárias maiores, pagamentos mais altos; pequenos empreendimentos ganham nova vida e força para crescer; empregados mal remunerados aprendem a progredir aos saltos.

É impossível dar uma ideia real neste pequeno espaço das lições inspiradoras reveladas nos oito livros de *O manuscrito original.* Mas você vai perceber que há uma recompensa maravilhosa à sua espera quando ler o que alguns líderes norte-americanos disseram, homens que viram partes da filosofia enquanto ela estava em processo de criação. (Veja também as duas páginas na frente do livro.)

> *Permita-me expressar meu reconhecimento do elogio que me fez enviando o manuscrito de Law of Success. Posso ver que dedicou muito tempo e pensamento preparando o livro. Sua filosofia é sólida e você merece os parabéns por ter mantido seu trabalho por tantos anos. Seus alunos serão amplamente recompensados pelo trabalho que terão.*
>
> – Thomas A. Edison
>
> (maior inventor do mundo)

> *Seu trabalho e o meu são peculiarmente semelhantes. Estou ajudando as leis da natureza a criar espécimes mais perfeitos de vegetação, enquanto você usa essas mesmas leis Law of Success em para criar espécimes perfeitos de pensadores.*
>
> – Luther Burbank
>
> (cientista mundialmente famoso)

> *Certamente fornecerei a informação que solicita. Isto é algo que considero não só um dever, mas também um prazer. Você está trabalhando em prol das pessoas que não têm tempo nem inclinação para identificar as causas de fracasso e sucesso.*
>
> – Theodore Roosevelt
>
> (ex-presidente dos Estados Unidos)

> *Toda a nossa política empresarial na administração dos hotéis se baseia nos dezessete princípios fundamentais de Law of Success, de que sou estudante.*
>
> – E. M. Statler
>
> (fundador do Sistema Grande Hotel)

> *Sinto-me em grande dívida pelo privilégio de ler sua filosofia Law of Success. Se tivesse tido acesso a isso cinquenta anos atrás, suponho que poderia ter feito tudo que fiz em menos da metade do tempo. Espero sinceramente que o mundo o descubra e recompense.*
>
> – Robert Dollar
>
> (magnata da navegação a vapor: The Dollar Lines)

Napoleon Hill produziu o que acredito ser a primeira filosofia prática de realização. Sua característica mais distintiva é a simplicidade com que ela é apresentada.

– David Starr Jordan
(Universidade Leland Stanford)

A melhor evidência da solidez de Law of Success, que conheço pessoalmente, é a realização notável do Sr. Curtis, que construiu um dos maiores negócios editoriais no mundo aplicando os princípios dessa filosofia.

– Edward Bok
(ex-editor: Ladies Home Journal)

Pode dizer que o Sr. Rockefeller endossa os dezessete princípios fundamentais de sucesso do Sr. Hill e que ele os recomenda a quem estiver procurando o caminho para a realização.

– Secretária de John D. Rockefeller

EVIDÊNCIA QUE O DINHEIRO NÃO PODE COMPRAR

Tudo que foi dito anteriormente é evidência e reconhecimento raramente concedidos a algum curso de educação. Dinheiro não pode comprar essas cartas de recomendação de homens que são, ou foram, líderes de nossos tempos.

Milhões de livros foram escritos para divertir, entreter, ajudar a passar suas horas vagas. Mas aqui em *O manuscrito original* há oito livros vibrantes, poderosos, que formam seu destino, enriquecem seu futuro e transformam suas esperanças e seus sonhos em sólidas realidades de sucesso.

Não desperdice seus anos preciosos buscando cegamente a estrada secreta para as alturas. Tire proveito da experiência trazida pelos líderes dos Estados Unidos. Mais de quinhentos grandes e proeminentes homens da América do Norte foram minuciosamente analisados – seus métodos, seus motivos, sua estratégia – para se descobrir os segredos que os puseram no topo.

Seja você rico ou pobre, você tem um bem que é tão grande quanto o do homem mais rico, e esse bem é tempo. Mas a cada pôr do sol você fica um dia mais velho, e tem um dia a menos para alcançar o sucesso e a riqueza que deseja. Milhares de pessoas progressistas na América do Norte perceberam essa importante verdade e recorreram à ajuda ensinada de maneira tão clara e inspiradora em *O manuscrito original*, de Napoleon Hill.

Você não pode se dar ao luxo de deixar dia após dia se transformarem em eternidade sem se apoderar desse curso. Você vai ter grande proveito com as lições em *Pense e enriqueça*. Vai ter recompensas ainda mais gratificantes e brilhantes em *O manuscrito original*. O custo é irrisório; os benefícios são tremendos.

Podemos lhe dar informações detalhadas sobre *O manuscrito original*? Se sua resposta for "sim", escreva para nós dizendo que é leitor deste livro e gostaria de ter informações detalhadas sobre *O manuscrito original*.

– The RALSTON SOCIETY
Meriden, Conn.

BÔNUS ESPECIAL

SUMÁRIO

PREFÁCIO

"TUDO QUE A MENTE
PODE CONCEBER E ACREDITAR,
ELA PODE REALIZAR."

Essa frase contém uma fórmula do sucesso tão simples que qualquer um pode aplicá-la – e, ainda assim, tão exigente que apenas uma minoria da população a vive plenamente. Sobre ela foi construída uma filosofia do sucesso que explica como desejos humanos podem ser traduzidos em realidade material, uma estrutura que repousa sobre a força dos pensamentos para buscar expressão na forma física. Por meio desse conceito singular, as pessoas mais ricas e bem-sucedidas do mundo – ricas em dinheiro, relacionamentos, poder, paz de espírito e posição social – construíram e mantiveram sua prosperidade. Essa é a base do programa Ciência do Sucesso, de Napoleon Hill – uma filosofia de realização que ajudou efetivamente a encerrar a Grande Depressão e que, desde então, fez mais milionários, ícones culturais e líderes do pensamento que qualquer outra.

Hill nasceu em 1883, em uma cabana de um cômodo no Rio Pound em Wise County, na Virgínia. Ele começou a carreira de escritor aos 13 anos como repórter da montanha para jornais de cidades pequenas. Em 1908, como jornalista de uma revista de negócios conhecida nacionalmente, foi designado para entrevistar o grande magnata do aço Andrew Carnegie. Durante a entrevista, Carnegie revelou o segredo que permitiu a ele acumular centenas de milhões de dólares – uma lei mágica da mente humana, um princípio psicológico pouco conhecido de poder impressionante.

Convencido de que essa fórmula mágica deveria ser compartilhada com aqueles que não tinham tempo ou recursos para descobri-la por conta própria, Carnegie encarregou Hill de dedicar vinte anos ou mais desenvolvendo esse princípio para construir uma filosofia de sucesso pessoal. Essa pesquisa seria conduzida sem remuneração; para testar sua fórmula de sucesso, a única coisa que Carnegie deu a Hill foi acesso a mais de quinhentos dos maiores líderes da América em seus segmentos profissionais. Em 1937, depois de 29 anos pesquisando e escrevendo, Hill publicou *Pense e enriqueça*, que contém os treze princípios do sucesso que formam a essência da Ciência do Sucesso. Desde seu lançamento, o livro vendeu mais de cem milhões de cópias no mundo todo. Nenhuma obra literária no gênero do desenvolvimento pessoal teve maior impacto criativo do que *Pense e enriqueça*.

Este livro fornece uma sinopse do texto original da obra-prima de Hill de 1937, *Pense e enriqueça*. Ele extrai os princípios-chave, instruções e exemplos para que o profissional moderno, mesmo que muito ocupado, possa se beneficiar da sabedoria atemporal encontrada no livro de Hill.

Para receber o maior benefício possível de sua sabedoria, não leia mais que um capítulo por dia, dando espaço e tempo para digerir completamente seus *insights* e para que suas faculdades imaginativas coloquem em prática os impulsos de pensamento gerados por eles. Você também vai ter mais progresso se trabalhar este conteúdo no ambiente de um clube de leitura ou grupo de estudo, onde o princípio do MasterMind pode ser aplicado para alcançar ordens de pensamento de nível mais elevado. Independentemente de sua abordagem, quando se comprometer com a prática dos passos propostos neste livro, você vai se abrir para um grande crescimento pessoal e impulso para realizar seus sonhos.

INTRODUÇÃO

PENSAMENTOS SÃO COISAS

Este livro pretende estimular sua mente, seus sonhos e o desejo de conquistar, ir além de onde você está agora em recursos financeiros, relacionamentos significativos e aspirações profissionais. Com base em treze princípios ou passos práticos e comprovados, você terá as ferramentas e o incentivo para progredir na vida – o céu é o limite! E tudo começa com como você pensa.

Realmente, "pensamentos são coisas" – e coisas poderosas, aliás, quando misturadas com definição de objetivo, persistência e um *desejo ardente* por sua tradução em riquezas, ou outros bens materiais.

Existe uma história real sobre Edwin C. Barnes que vale a pena contar aqui. Ele é um excelente exemplo de como as pessoas podem usar seus pensamentos para se motivar na busca de seus objetivos e, posteriormente, colher abundantes recompensas financeiras e pessoais por seus esforços.

Barnes descobriu que as pessoas realmente podem *pensar e enriquecer*. Ele não descobriu essa verdade do dia para a noite. Foi pouco a pouco, a partir de um desejo ardente de trabalhar com o grande inventor Thomas Edison. Não era só um desejo ardente; era um objetivo definido: Barnes queria trabalhar *com* Edison, não *para* ele.

Ele se apresentou no laboratório do Sr. Edison e anunciou que estava ali para tratar de negócios com o inventor. Provavelmente não foi a aparência do rapaz que abriu as portas para ele no escritório de Edison, porque ela o atrapalhava, definitivamente. Foi o que ele *pensava* que fez a diferença.

Meses se passaram, e aparentemente nada de importante acontecia no sentido de conquistar seu objetivo. Mas algo importante *acontecia* na cabeça de Barnes. Ele estava constantemente intensificando o desejo de tornar-se sócio de Edison. Psicólogos disseram corretamente que, quando você está pronto para alguma coisa de verdade, essa coisa aparece. Barnes estava pronto para uma sociedade com Edison; além disso, *ele estava determinado a se manter pronto até conseguir o que queria.*

Com o passar do tempo, essa aliança comercial se tornou uma realidade e existiu por mais de trinta anos. Com ela, Barnes conquistou riqueza financeira, mas fez algo infinitamente maior: ele provou que as pessoas podem realmente *pensar e enriquecer.*

Não há como saber quanto dinheiro aquele *desejo* original de Barnes valia para ele. Talvez tenha rendido uns dois ou três milhões de dólares; mas a quantia, qualquer que tenha sido, é insignificante se comparada ao bem maior que ele adquiriu na forma de conhecimento definido de que um impulso intangível de pensamento pode ser transmutado em sua contraparte física pela aplicação de princípios conhecidos.

Uma boa ideia é tudo que você precisa para chegar ao sucesso. Os princípios descritos neste livro contêm o melhor e o mais prático de tudo que se conhece sobre meios de criar ideias úteis.

Antes de seguirmos em frente em nossa abordagem para a descrição desses princípios, você tem o direito de receber esta importante sugestão: *Quando as riquezas começam a chegar, elas chegam tão depressa, e com tamanha abundância, que você pode se perguntar onde elas se esconderam durante todos aqueles anos de escassez.* Essa é uma informação chocante, e mais ainda quando levamos em consideração a crença popular de que as riquezas só chegam para aqueles que trabalham muito e por muito tempo.

RIQUEZAS COMEÇAM COM UM ESTADO MENTAL.

Quando você começa a *pensar e enriquecer*, observa que as riquezas começam com um estado mental, com a definição de objetivo, com pouco ou nenhum trabalho árduo. Você deveria estar interessado em saber como adquirir o estado mental que vai atrair riquezas. Passei 25 anos pesquisando, analisando mais de 25 mil pessoas, porque eu também queria saber como determinadas pessoas enriqueceram.

Observe com muita atenção que, assim que você passa a dominar os princípios desta filosofia e a seguir as instruções para aplicá-los, seu status financeiro tende a melhorar, e tudo que você toca começa a se transmutar em um recurso para seu benefício. Impossível? De jeito nenhum!

Um dos principais pontos fracos da humanidade é a familiaridade da pessoa comum com a palavra "impossível". Conhecemos todas as regras que *não* funcionam. Conhecemos todas as coisas que *não podem* ser feitas.

Este livro foi escrito para aqueles que buscam as regras que tornaram outras pessoas bem-sucedidas e que estão dispostos a apostar tudo nelas.

O sucesso chega para quem se torna *consciente do sucesso.* O fracasso recai sobre aqueles que se permitem tornar, de maneira indiferente, *conscientes do fracasso.* O propósito deste livro é ensinar a todos os interessados a arte de mudar a mente de *consciente do fracasso* para *consciente do sucesso.*

O SUCESSO CHEGA PARA AQUELES QUE SE
TORNAM CONSCIENTES DO SUCESSO.

Outro ponto fraco presente em muita gente é o hábito de medir tudo e todos por suas impressões e crenças. Alguns leitores vão pensar que ninguém pode *pensar e enriquecer.* Essas pessoas não conseguem pensar em termos de riquezas, porque seus hábitos de pensamento foram embasados na pobreza, na carência, na miséria, no fracasso e na derrota.

Quando William Ernest Henley escreveu os proféticos versos "Eu sou o senhor do meu destino, eu sou o capitão da minha alma", ele nos informou sobre nossa capacidade de controlar o nosso próprio destino – *porque temos o poder de controlar nossos pensamentos.*

Existe no Universo um poder que se *adapta* à natureza dos pensamentos que mantemos em mente e nos *influencia,* de maneira natural, a transmutar pensamentos em seu equivalente físico.

Esse poder não faz distinção entre pensamentos destrutivos e construtivos, e vai nos impelir a traduzir em realidade física pensamentos de pobreza com a mesma rapidez que pensamentos de riquezas.

O cérebro se torna magnetizado com os pensamentos dominantes que mantemos em mente, e, por meios que ninguém conhece, esses "ímãs" atraem as forças, as pessoas e as circunstâncias de vida que combinam com a natureza de nossos pensamentos dominantes.

Antes de podermos acumular riquezas em grande abundância, precisamos magnetizar a mente com um *desejo ardente* por riquezas e nos tornar "conscientes do dinheiro", até que o *desejo* por dinheiro nos impulsione a criar planos definidos para adquiri-lo.

Quando Edwin C. Barnes desceu do trem de carga em Orange, Nova Jersey, ele podia parecer um maltrapilho, mas seus pensamentos eram os de um rei! Quando ele se dirigiu dos trilhos da ferrovia para o escritório de Edison, sua mente estava trabalhando. Ele se viu parado diante de Edison. Ouviu-se pedindo uma oportunidade para realizar a obsessão mais contundente de sua vida, um desejo ardente de tornar-se sócio do grande inventor.

COM UM DESEJO DEFINIDO, SEU SONHO DOMINANTE NA VIDA SE TORNARÁ UMA REALIDADE.

O desejo de Barnes não era uma esperança! Não era uma vontade! Era um *desejo* agudo, pulsante, que transcendia todo o resto. Era *definido.*

Quando ele procurou Edison, seu desejo não era uma novidade. Era um desejo dominante havia muito tempo. No começo, quando o desejo apareceu pela primeira vez em sua cabeça, é provável que tenha sido só uma vontade, mas não era mais uma mera vontade quando ele se apresentou a Edison levando esse desejo.

Alguns anos mais tarde, Barnes estava novamente diante de Edison, no mesmo escritório onde havia conhecido o inventor. Dessa vez, seu *desejo* tinha sido traduzido em realidade. Ele mantinha negócios com Edison. *O sonho dominante de sua vida tinha se tornado uma realidade*. Pessoas que conheciam Barnes o invejavam pelo "golpe de sorte" que a vida dera a ele. Elas o viam em seus dias de triunfo, sem se dar o trabalho de investigar a causa de seu sucesso.

Barnes obteve sucesso porque escolheu um objetivo definido e dedicou todo o seu esforço, energia e força de vontade, tudo àquele objetivo. Ele não se tornou sócio de Edison no dia em que chegou. Ficou satisfeito por começar no trabalho mais básico, desde que tivesse a oportunidade de dar um passo, pelo menos, na direção de seu valioso objetivo.

Esse é um exemplo impressionante do poder de um *desejo definido*. Barnes alcançou seu objetivo porque desejava ser um associado comercial do Sr. Edison mais do que qualquer outra coisa. Ele criou um plano para alcançar esse objetivo. Queimou todas as pontes que deixou para trás. Permaneceu com seu *desejo* até ele se tornar a obsessão dominante de sua vida e, finalmente, tornar-se um fato.

REVEJA OS PONTOS PRINCIPAIS

- Todas as coisas começam com um pensamento – positivo ou negativo.
- Riquezas começam com um estado mental e um objetivo definido.
- Aprender a controlar os pensamentos é ainda mais valioso do que o dinheiro que isso vai lhe render.
- Pensamentos destrutivos vão se traduzir em realidade tão certamente quanto os pensamentos positivos. É importante escolher seus pensamentos com cuidado.

Capítulo 1

DESEJO

O PRIMEIRO PASSO PARA AS RIQUEZAS

Há muito tempo, um grande general enfrentou uma situação que o obrigou a tomar uma decisão que garantiu seu sucesso no campo de batalha. Ele estava prestes a enviar seu exército contra um inimigo poderoso, com um batalhão muito mais numeroso que o dele. Colocou seus soldados em navios, navegou para o território inimigo, desembarcou soldados e equipamentos, depois ordenou para que as embarcações que os haviam transportado fossem queimadas.

Ao se dirigir aos homens antes da primeira batalha, ele disse: "Vocês estão vendo os barcos virando fumaça. Isso significa que não podemos deixar estas praias, a menos que sejamos vencedores. Agora não temos escolha, ou vencemos, ou perecemos!". Eles venceram.

Toda pessoa que vence em qualquer empreitada precisa estar disposta a queimar seus navios e cortar todas as vias de recuo. Só assim podemos ter certeza da manutenção do estado mental conhecido como *desejo ardente de vencer*, que é essencial para o sucesso.

APENAS QUERER NÃO VAI TRAZER RIQUEZAS.

Todo ser humano que chega à idade de compreender o propósito do dinheiro quer tê-lo. Apenas querer não traz riquezas. Mas desejar riquezas com um estado mental que se torna uma obsessão, depois planejar maneiras e meios definidos de adquirir essas riquezas e respaldar esses planos com uma persistência que não reconhece fracasso, vai, sim, trazer riquezas.

Quem se torna "consciente do dinheiro" acumula grandes riquezas. "Consciência do dinheiro" significa que a mente se tornou tão inteiramente tomada de *desejo* por dinheiro que a pessoa consegue se ver já de posse dele.

Os passos não pedem "trabalho árduo". Não pedem sacrifício. Não requerem que você se torne ridículo ou crédulo. Aplicá-los não exige grande formação acadêmica. Mas a aplicação bem-sucedida desses seis passos demanda imaginação suficiente para que você possa ver e entender que acumular dinheiro não é algo que pode ser deixado ao acaso, à sorte. Você precisa perceber que todos que acumularam grandes fortunas antes se dedicaram muito a *sonhar, esperar, querer, desejar e planejar,* para depois adquirir dinheiro.

O método pelo qual o *desejo* por riquezas pode ser transmutado em seu equivalente material consiste em seis passos práticos, definidos. Perceba que a fórmula se aplica igualmente a qualquer forma de riqueza, seja nas relações pessoais, seja na área profissional, intelectual, financeira ou de outra natureza.

Primeiro. Determine em sua cabeça a quantia exata de dinheiro que deseja. Não é suficiente dizer apenas "quero muito dinheiro". Seja exato em relação à quantia (existe uma razão psicológica para a definição, e ela é descrita em um capítulo posterior).

Segundo. Determine exatamente o que pretende dar em troca pelo dinheiro que deseja (não existe uma realidade em que se obtenha alguma coisa em troca de nada).

Terceiro. Defina uma data até a qual pretende ter o dinheiro que deseja.

Quarto. Crie um plano definido para realizar seu desejo, e comece imediatamente, estando pronto ou não, a colocar esse plano em ação.

Quinto. Escreva uma declaração clara e concisa sobre o valor que pretende adquirir, estipule a data-limite para essa aquisição, determine o que pretende dar em troca por esse dinheiro e descreva claramente o plano com o qual pretende acumulá-lo.

Sexto. Leia sua declaração em voz alta duas vezes por dia: uma antes de se deitar, à noite, e uma após acordar, pela manhã. *Enquanto lê, veja, sinta e acredite já estar de posse do dinheiro.*

É importante que você siga as instruções descritas nesses seis passos. É especialmente importante que você observe e siga as instruções do sexto passo. Você pode alegar que é impossível "ver-se de posse do dinheiro" antes de realmente tê-lo, mas é aí que um *desejo ardente* ajuda. Se você realmente *deseja* intensamente esse dinheiro, a ponto de seu desejo tornar-se uma obsessão, então não terá dificuldade para se convencer de que já o tem. O objetivo é desejar o dinheiro (ou qualquer que seja seu objetivo principal definido) e tornar-se tão determinado a tê-lo que você se *convence* de que o terá.

SE VOCÊ NÃO VÊ GRANDES RIQUEZAS EM SUA IMAGINAÇÃO, NÃO AS VERÁ EM SUA CONTA BANCÁRIA.

Se você não vê grandes riquezas em sua imaginação, nunca as verá em sua conta bancária. Tolerância e mente aberta são necessidades práticas para o sonhador do presente. Quem tem medo de novas ideias está condenado antes de começar. Nunca houve um tempo mais favorável para os pioneiros do que o presente. É verdade, não existe um Oeste selvagem para ser conquistado, mas existem vastos mundos comerciais, financeiros, industriais e o ciberespaço a serem explorados, remodelados e redirecionados em novas e melhores linhas.

Acorde, levante-se e afirme-se, sonhador do mundo. Sua estrela está agora em ascensão. As crises econômicas mundiais criaram oportunidades para inovação e grandiosidade. Elas ensinaram às pessoas humildade, tolerância e a importância de uma mente aberta.

O mundo oferece uma abundância de oportunidades que os sonhadores do passado jamais conheceram. Nós, que estamos nessa corrida por riquezas, devemos ser incentivados a entender que este mundo modificado em que vivemos precisa de novas ideias, jeitos novos de fazer as coisas, novos líderes, novas invenções, novos métodos de ensino, novos métodos de comercializar, novos livros, nova literatura, novos conteúdos para os meios de comunicação e novas ideias para o cinema. Por trás de toda essa demanda por coisas novas e melhores, há três qualidades que você precisa ter para vencer: 1) definição de objetivo, 2) conhecimento sobre o que você quer e 3) um *desejo* ardente de ter essa coisa.

A recessão marcou a morte de uma era e o nascimento de outra. Esse mundo modificado requer sonhadores práticos que coloquem seus sonhos em ação. Os sonhadores práticos sempre foram e sempre serão os criadores de padrão da civilização.

Um *desejo ardente de ser e fazer* é o ponto de partida pelo qual o sonhador deve começar. Sonhadores não nascem da indiferença, da preguiça ou da falta de ambição.

Como você pode domar e usar o poder do desejo? Essa pergunta é respondida ao longo deste e dos próximos capítulos deste livro. Esta mensagem está chegando ao mundo durante tempos tumultuados. É razoável presumir que ela possa atrair a a atenção de muitos que foram prejudicados pelo caos econômico – aqueles que perderam suas fortunas, os que perderam sua posição e muitos que precisam reorganizar seus planos e orquestrar um retorno. A todos esses, quero transmitir o pensamento de que toda realização, seja qual for sua natureza ou seu propósito, deve começar com um desejo ardente intenso por alguma coisa definida.

TODA REALIZAÇÃO COMEÇA COM UM DESEJO ARDENTE INTENSO POR ALGUMA COISA DEFINIDA.

Por algum estranho e poderoso princípio de "química mental" nunca divulgado, a natureza envolve no impulso do forte desejo "aquela alguma coisa" que não reconhece a palavra "impossível" e não aceita o fracasso.

Há uma diferença entre *desejar* uma coisa e estar *pronto* para recebê-la. Ninguém está pronto para uma coisa até acreditar que pode adquiri-la. O estado mental deve ser de *crença*, não apenas esperança ou desejo. A mente aberta é essencial para a crença. A mente fechada não inspira fé, nem coragem, nem crença.

Lembre-se de que o esforço para buscar coisas grandiosas na vida, exigindo abundância e prosperidade, é o mesmo que para aceitar miséria e pobreza.

REVEJA OS PONTOS PRINCIPAIS

- Sucesso começa com o estabelecimento de um objetivo definido.
- Escreva uma declaração clara e concisa de seu objetivo principal definido. Seja específico. Se for monetário, escreva o valor exato que deseja adquirir. Determine uma data-limite para alcançar seu objetivo principal definido. Leia sua declaração em voz alta duas vezes por dia. Quando a ler, veja, sinta e acredite já estar de posse do seu desejo.
- Se você não vê grandes riquezas em sua imaginação, nunca as verá em sua conta bancária.
- Nunca na história do mundo houve uma oportunidade tão grande para os sonhadores práticos quanto agora.
- O mundo em que vivemos precisa de novas ideias, novas invenções e jeitos novos de fazer as coisas. Isso significa oportunidade. Para lucrar com essas oportunidades que estão sempre surgindo, você precisa ter definição de objetivo, conhecimento sobre o que quer e um desejo ardente de obter isso.
- Um desejo ardente de ser e fazer é o ponto de partida do qual você, o sonhador, deve começar.

Capítulo 2

FÉ

O SEGUNDO PASSO PARA AS RIQUEZAS

A visualização e a crença na obtenção do desejo.

Fé é um estado mental que pode ser induzido ou criado por afirmações ou instruções repetidas à mente subconsciente pelo princípio da autossugestão.

Como exemplo, pense no motivo pelo qual você está lendo este livro. A intenção, naturalmente, é desenvolver a habilidade de transmutar o impulso de pensamento intangível em sua contraparte física: dinheiro. Seguindo as instruções dadas nos capítulos sobre a autossugestão e a mente subconsciente, você pode *convencer* a mente subconsciente de que acredita que vai receber o que está pedindo, e ela vai agir a partir dessa crença, devolvendo-a na forma de "fé", seguida por planos definidos para garantir o que você deseja.

O método pelo qual se desenvolve a *fé* quando ela não existe é extremamente difícil de descrever. Fé é um estado mental que você pode desenvolver depois de ter dominado e aplicado os treze princípios – ou passos – discutidos ao longo deste livro. A repetição de afirmações sobre a certeza de seu sucesso – dirigida à sua mente subconsciente – é o único método conhecido de desenvolvimento voluntário da emoção da fé.

O significado de fé pode ficar mais claro com a explicação a seguir sobre como as pessoas, às vezes, se tornam criminosas. Nas palavras de um famoso criminologista: "Quando os homens entram em contato com o crime pela primeira vez, eles o rejeitam. Se permanecem em contato por um tempo, eles se acostumam e o suportam. Se continuam em contato por tempo suficiente, finalmente o aceitam e são influenciados por ele".

Isso equivale a dizer que qualquer impulso de pensamento que é passado repetidamente para a mente subconsciente é, por fim, aceito e posto em prática por ela, que se dispõe a traduzir esse impulso em seu equivalente físico pelo procedimento prático mais disponível.

Em relação a isso, considere esta afirmação: *Todos os pensamentos emocionais (que ganharam sentimento), misturados com a fé, começam imediatamente a se traduzir em seu equivalente físico ou sua contraparte.*

As emoções, ou a porção "sentimento" dos pensamentos, são os fatores que dão vida, força e ação aos pensamentos. As emoções de fé, amor e sexo, quando misturadas a qualquer impulso de pensamento, dão a ele mais ação do que poderia dar qualquer emoção sozinha.

PENSAMENTOS EMOCIONAIS MISTURADOS COM A FÉ SE TRADUZEM FISICAMENTE DE IMEDIATO.

A mente subconsciente pode ser alcançada e influenciada não apenas por impulsos de pensamento que foram misturados com fé, mas também por aqueles misturados com qualquer emoção positiva ou negativa.

A partir dessa afirmação, é possível entender que a mente subconsciente traduz em seu equivalente físico um impulso de pensamento de natureza negativa ou destrutiva tão prontamente quanto um impulso de pensamento de natureza positiva ou construtiva. Isso explica o estranho fenômeno chamado de "azar" ou "má sorte", experimentado por milhões de pessoas.

Há milhões de pessoas que *acreditam* estar "condenadas" à pobreza e ao fracasso por causa de alguma força estranha sobre a qual *julgam* não ter nenhum controle. Elas são as criadoras dos próprios "infortúnios" devido à sua *crença* negativa, que é captada pela mente subconsciente e traduzida em seu equivalente físico.

Ao longo dos tempos, as pessoas em dificuldades foram instruídas a "ter fé", mas ninguém disse a elas *como* ter fé. Elas não sabiam que "fé é um estado mental, que pode ser induzido por autossugestão".

FÉ É UM ESTADO MENTAL INDUZIDO POR AUTOSSUGESTÃO.

Lembre-se sempre de ter fé em si mesmo e fé no Infinito. E ainda:

- Fé é o "elixir eterno" que dá vida, força e ação ao impulso de pensamento!
- A frase anterior merece ser lida pela segunda vez, e pela terceira e quarta. Vale a pena ler em voz alta!
- Fé é o ponto de partida para todo acúmulo de riquezas!
- Fé é a base de todos os "milagres" e mistérios que não podem ser analisados pelas leis da ciência!
- Fé é o único antídoto conhecido para o fracasso!
- Fé é o elemento, a "química", que, quando misturado à prece, fornece comunicação direta com a Inteligência Infinita.
- Fé é o elemento que transforma a vibração comum de pensamento, criada pela mente finita dos humanos, em um equivalente espiritual.
- Fé é o único meio pelo qual a força cósmica da Inteligência Infinita pode ser dominada e utilizada por você.

Cada uma dessas afirmações é comprovável!

DECIDA SE LIVRAR DE INFLUÊNCIAS NEGATIVAS E CONSTRUIR SUA VIDA EM ORDEM.

Você verá a seguir uma Fórmula de Autoconfiança. Há cinco afirmações importantes para serem absorvidas mentalmente e depois aplicadas à sua vida diária. Encontre um lugar quieto e privado e escreva cada componente da fórmula; depois fale cada um em voz alta – com confiança.

Primeiro. Sei que tenho a capacidade de alcançar o meu objetivo definido na vida; portanto, *exijo* de mim ação persistente e contínua para sua realização, e prometo, aqui e agora, manter essa ação.

Segundo. Percebo que os pensamentos dominantes de minha mente vão, em algum momento, se reproduzir em ação externa física, e aos poucos se transformar em realidade material; portanto, vou me concentrar durante trinta minutos diários na tarefa de pensar na pessoa que pretendo me tornar, criando, assim, em minha mente uma imagem clara dessa pessoa.

Terceiro. Sei que, pelo princípio da autossugestão, qualquer desejo que eu mantiver em mente de forma persistente vai acabar buscando expressão por algum meio prático para alcançar o objetivo por trás dele; portanto, vou dedicar dez minutos diários a exigir de mim o desenvolvimento da autoconfiança.

Quarto. Escrevi uma definição clara do meu objetivo principal definido na vida, e nunca vou parar de tentar até ter desenvolvido autoconfiança suficiente para sua realização.

Quinto. Percebo completamente que nenhuma riqueza ou posição pode durar muito a menos que seja construída com a verdade e a justiça; portanto, não vou me envolver em nenhuma transação que não beneficie a todos os envolvidos nela. Vou ter sucesso atraindo para mim as forças que quero usar e a cooperação de outras pessoas. Vou induzir outros indivíduos a me servir, por causa da minha disponibilidade para servir aos outros. Vou eliminar o ódio, a inveja, o ciúme, o egoísmo e o cinismo, desenvolvendo amor por toda a humanidade, porque sei que uma atitude negativa em relação aos outros nunca poderá me trazer sucesso. Vou fazer os outros acreditarem em mim, porque vou acreditar neles e em mim mesmo.

Vou assinar esta fórmula, guardá-la na memória e repeti-la em voz alta uma vez por dia com completa *fé* de que, aos poucos, ela vai influenciar meus *pensamentos e atitudes* de forma que eu me torne uma pessoa autossuficiente e bem-sucedida. Essa fórmula tem em sua base uma lei da natureza chamada lei da "autossugestão".

REVEJA OS PONTOS PRINCIPAIS

- Fé é um estado mental que pode ser induzido ou criado por afirmações ou instruções repetidas fornecidas à mente subconsciente.

- Todos os pensamentos que são emocionais e misturados com a fé começam imediatamente a se traduzir em um equivalente físico ou sua contraparte.
- Sua crença, ou fé, é o elemento que determina a ação de sua mente subconsciente.
- Há milhões de pessoas que *acreditam* que são "condenadas" à pobreza e ao fracasso por causa de alguma força estranha sobre a qual *julgam* não ter nenhum controle. Essas pessoas criam o próprio infortúnio.
- Fé é o ponto de partida de todo acúmulo de riquezas.
- Fé dá vida, força e ação ao impulso de pensamento.
- A mente subconsciente traduz em realidade um pensamento provocado pelo medo tão prontamente quanto traduz em realidade um pensamento provocado pela fé.
- Desenvolva a autoconfiança necessária para conquistar seu objetivo principal definido ativando a lei da autossugestão para se convencer – e assim convencer sua mente subconsciente – da certeza de seu sucesso em algum momento.

Capítulo 3

AUTOSSUGESTÃO

O TERCEIRO PASSO PARA AS RIQUEZAS

Autossugestão: o meio para influenciar a mente subconsciente.

Autossugestão é um termo que se aplica a todas as sugestões e todos os estímulos autoadministrados que chegam à mente da pessoa por meio dos cinco sentidos. Dito de outra forma, autossugestão é se sugestionar. É o agente de comunicação entre aquela parte da mente em que o pensamento consciente acontece e aquela que serve como local de ação para a mente subconsciente.

Por intermédio dos pensamentos dominantes que permitimos que permaneçam na mente consciente (sejam eles negativos ou positivos, não importa), o princípio da autossugestão trabalha para influenciar voluntariamente a mente subconsciente.

Nenhum pensamento, seja negativo ou positivo, *pode entrar na mente subconsciente sem a ajuda do princípio da autossugestão.* Ou seja, todas as impressões sensoriais percebidas pelos cinco sentidos são interceptadas pela mente pensante *consciente* e podem ser autorizadas a entrar na mente subconsciente ou rejeitadas. A faculdade consciente serve como um guarda na entrada do subconsciente.

A natureza nos construiu para que tivéssemos *controle absoluto* sobre o material que chega ao nosso subconsciente pelos cinco sentidos, embora isso não signifique que *exerçamos* sempre esse controle. Na grande maioria dos casos, *não* o exercemos, o que explica por que tanta gente segue pela vida na pobreza e na miséria.

A mente subconsciente é como um jardim fértil em que o mato vai crescer abundante se as sementes de colheitas mais desejáveis não forem plantadas. A autossugestão é o agente de controle pelo qual um indivíduo pode alimentar voluntariamente a mente subconsciente com pensamentos de natureza criativa ou, por negligência, permitir que pensamentos de natureza destrutiva encontrem o caminho para esse rico jardim mental.

Nos seis passos descritos no Capítulo 1, você foi instruído a ler *em voz alta,* duas vezes por dia, a declaração *escrita* de seu *desejo por dinheiro* e a se *ver e sentir como se já possuísse* o dinheiro. Fazendo desse modo, você comunica o objeto de seu *desejo* diretamente à mente *subconsciente* em um espírito de *fé* absoluta. Pela repetição desse procedimento, você cria voluntariamente hábitos de pensamento que são favoráveis aos seus esforços para transmutar o desejo em seu equivalente monetário.

Antes de seguir adiante, volte ao Capítulo 1 e leia de novo os seis passos para realizar o desejo, com muita atenção. Depois, quando chegar ao Capítulo 6, dedique um tempo a contemplar as quatro instruções para organizar seu grupo de MasterMind. Comparando esses dois conjuntos de instruções com o que foi afirmado sobre autossugestão, você vai ver que ambos envolvem a aplicação do princípio da autossugestão.

Lembre-se, portanto, quando ler em voz alta a declaração de seu desejo (pela qual você pretende desenvolver uma "consciência do dinheiro"), de que a *mera leitura das palavras não tem nenhum efeito, a menos que você misture a elas emoção ou sentimento*. Por exemplo, se você repetir um milhão de vezes a célebre frase de Émile Coué, "Dia após dia, em todos os sentidos, vou cada vez melhor", sem misturar emoção e fé às suas palavras, não vai sentir resultados desejáveis. A mente subconsciente reconhece e age *apenas* a partir de pensamentos que foram entremeados com emoção ou sentimento.

A MENTE SUBCONSCIENTE RECONHECE E AGE APENAS A PARTIR DE PENSAMENTOS QUE FORAM ENTREMEADOS COM EMOÇÃO OU SENTIMENTO.

Esse é um fato de tamanha importância, repetido em praticamente todos os capítulos. A principal razão para a maioria das pessoas que tenta aplicar o princípio da autossugestão não obter os efeitos desejáveis é que elas não entendem que a mente subconsciente reconhece e age *apenas* a partir de pensamentos que foram entremeados com emoção ou sentimento.

Palavras simples e sem emoção não influenciam a mente subconsciente. Você não vai ter resultados apreciáveis até aprender a abordar a mente subconsciente com pensamentos ou palavras bem emocionalizadas com crença.

Não desanime se não conseguir controlar e dirigir suas emoções na primeira vez que tentar. Lembre-se de que não existe a possibilidade de obter alguma coisa em troca de nada. A capacidade de abordar e influenciar a mente subconsciente tem seu preço, e você precisa pagar.

Você não pode trapacear, nem que queira. O preço da capacidade de influenciar a mente subconsciente é a eterna *persistência* na aplicação dos princípios descritos nos Capítulos 1 a 13. *Só você* deve decidir se a recompensa que está buscando (a consciência do dinheiro) vale o preço que vai ter que pagar em esforço.

Sabedoria e "esperteza" sozinhas não vão atrair e reter dinheiro, exceto em alguns poucos casos bem raros em que a lei das médias favorece a atração do dinheiro por meio dessas fontes. O método para atrair dinheiro descrito neste livro não depende da lei das médias.

Sua habilidade para usar o princípio da autossugestão vai depender, em grande parte, da capacidade de *concentrar-se* em determinado *desejo* até esse desejo se tornar uma obsessão ardente. Quando você começa a realizar os seis passos descritos no Capítulo 1, precisa recorrer ao poder da *concentração*.

A MENTE SUBCONSCIENTE RECEBE E AGE DE ACORDO COM TODAS AS ORDENS REPETIDAS DADAS COM UM ESPÍRITO DE *FÉ* ABSOLUTA.

Por exemplo, quando "determinar em sua cabeça a quantidade *exata* que deseja em dinheiro", mantenha os pensamentos nesse valor, concentrando-se, ou fixando a atenção, de olhos fechados, até poder *ver realmente* a aparência física do dinheiro. Faça isso uma vez por dia, pelo menos. Ao realizar esses exercícios, *veja a si mesmo como se realmente já tivesse* o dinheiro!

Aqui está um fato importante: a mente subconsciente capta qualquer ordem dada com um espírito de *fé* absoluta e age a partir dessa ordem, embora esta muitas vezes tenha que ser apresentada de novo e de novo, repetidamente, antes de ser interpretada pela mente subconsciente.

As instruções dadas no Capítulo 1 foram resumidas e mescladas com os princípios discutidos neste capítulo, gerando uma fórmula condensada para transmutar o desejo em seu equivalente monetário. Leve a sério estas sugestões e as implemente o mais rápido possível:

Primeiro. Vá a um lugar tranquilo (de preferência na cama, à noite), onde não será perturbado ou interrompido, feche os olhos e repita em voz alta (de forma a poder ouvir as próprias palavras) a declaração escrita do valor em dinheiro que pretende acumular, a data estipulada para isso e uma descrição do serviço ou produto que vai dar em troca pelo dinheiro. Quando cumprir essas instruções, veja a si mesmo já de posse do dinheiro.

Por exemplo, vamos supor que você queira acumular 250 mil reais até o dia 1º de janeiro, daqui a cinco anos, prestando serviço como vendedor em troca do dinheiro. Sua declaração escrita de objetivo deve ser parecida com esta:

> "Até 1º de janeiro de 20..., terei em meu poder 250 mil reais, que chegarão a mim em várias quantias de tempos em tempos durante esse período. Em troca desse dinheiro, serei o mais eficiente possível, entregando a maior quantidade que puder e com a melhor qualidade

possível, prestando serviço como vendedor de (descreva o serviço ou produto que pretende vender).

Acredito que terei esse dinheiro em meu poder. Minha fé é tão forte que posso ver agora esse dinheiro diante dos meus olhos. Posso tocá-lo com minhas mãos. Ele agora espera para ser transferido a mim no tempo e à medida que eu prestar o serviço que pretendo entregar em troca dele. Estou esperando um plano para acumular esse dinheiro, e seguirei esse plano quando ele for recebido".

Segundo. Repita essa ação à noite e de manhã até poder ver (em sua imaginação) o dinheiro que quer acumular.

Terceiro. Coloque uma cópia escrita da sua declaração em um local onde possa vê-la à noite e de manhã. Leia a declaração antes de dormir e ao acordar até que a tenha decorado.

Lembre-se: quando cumprir essas instruções, você estará aplicando o princípio da autossugestão com o propósito de dar ordens à sua mente subconsciente. Lembre-se também de que a mente subconsciente vai agir *apenas* a partir de instruções emocionalizadas e entregues a ela com "sentimento".

Fé é a mais forte e mais produtiva das emoções. Siga as instruções dadas no Capítulo 2 para desenvolver autoconfiança. Essas instruções podem parecer abstratas, de início. Não deixe que isso o incomode. Logo vai chegar a hora – se você seguir as diretrizes também com espírito, não só com ação – em que todo um novo universo de poder vai se descortinar para você.

O ceticismo em relação a *todas* as ideias novas é característico dos seres humanos. Mas, se você seguir as instruções dadas aqui, seu ceticismo logo será substituído por crença, e ela, por sua vez, logo será cristalizada em *fé absoluta*. Então você terá chegado no ponto em que poderá realmente dizer: "Eu sou o senhor do meu destino, eu sou o capitão da minha alma!".

REVEJA OS PONTOS PRINCIPAIS

- Nenhum pensamento, seja ele negativo ou positivo, pode entrar na mente subconsciente sem a ajuda da autossugestão.
- A capacidade de abordar e influenciar sua mente subconsciente tem um preço. O preço é a eterna persistência na aplicação dos treze passos.
- A mente subconsciente acata qualquer ordem dada com um espírito de fé absoluta e as coloca em prática.
- Imagine-se já de posse de seu objetivo definido.
- Coloque sua declaração escrita onde possa vê-la à noite e de manhã. Leia a declaração antes de ir para a cama e, de novo, ao acordar, até que a tenha memorizado.
- Você pode se tornar o senhor de si mesmo e do seu ambiente, porque tem o poder de influenciar sua mente subconsciente.

Capítulo 4

CONHECIMENTO ESPECIALIZADO

O QUARTO PASSO PARA AS RIQUEZAS

Conhecimento especializado:
experiências ou observações pessoais.

Há dois tipos de conhecimento: geral e especializado. Conhecimento geral, por maior que seja em quantidade ou variedade, é de pouca utilidade para quem quer acumular dinheiro. As faculdades e as grandes universidades detêm, se agregadas, praticamente toda forma de conhecimento geral de que a civilização tem notícia. Mas a maioria dos professores tem pouco ou nenhum dinheiro. Eles se especializam em lecionar conhecimento, mas não se especializam na organização ou no uso do conhecimento.

O conhecimento não atrai dinheiro, a menos que seja organizado e direcionado de maneira inteligente por meio de *planos práticos de ação para o fim definido* de acumular dinheiro. A incapacidade para entender esse fato tem sido a origem da confusão de milhões de pessoas que acreditam erroneamente que "conhecimento é poder". Não é nada disso!

O conhecimento só é poder em potencial. Ele se torna poder apenas quando, e se, organizado em planos definidos de ação e direcionado para um fim definido.

Esse "elo perdido" em todos os sistemas de educação pode ser encontrado no fracasso das instituições educacionais em ensinar a seus alunos *como organizar e usar o conhecimento depois que o adquirem.*

Antes de poder ter certeza de sua capacidade para transmutar o *desejo* em seu equivalente monetário, você vai precisar de conhecimento especializado sobre o serviço, produto ou trabalho que pretende oferecer em troca de sua fortuna. Talvez você possa precisar de mais conhecimento especializado do que tem capacidade ou intenção de adquirir; nesse caso, você pode suprir sua lacuna com um grupo de MasterMind.

Andrew Carnegie declarou que, pessoalmente, não sabia nada sobre a parte técnica da siderurgia; mais ainda, não tinha interesse particular em saber nada sobre isso. O conhecimento especializado de que ele precisava para a manufatura e a comercialização do aço estava à disposição dele nos indivíduos de seu grupo de MasterMind.

O acúmulo de grandes fortunas requer o *poder* que é obtido por meio de conhecimento especializado altamente organizado e direcionado de maneira inteligente; mas esse conhecimento não tem que pertencer necessariamente à pessoa que acumula a fortuna.

O parágrafo anterior deveria dar incentivo e esperança a qualquer um com ambição para acumular uma fortuna e sem a necessária "formação acadêmica" para suprir esse conhecimento especializado requerido. Muita gente passa pela vida sofrendo com "complexo de inferioridade" por não ter "formação". A pessoa capaz de organizar e dirigir um grupo de MasterMind composto por indivíduos que têm conhecimento útil para acumular dinheiro é alguém que tem tanta formação quanto qualquer um no grupo.

Se você tem algum sentimento de inferioridade por ter tido uma formação escolar limitada, lembre-se de que Edison frequentou a escola por apenas três meses durante toda a vida. Ele não sentiu falta da formação escolar; nem morreu pobre. E Henry Ford, fundador da Ford Motor Company, parou de estudar antes de concluir o sexto ano, mas conseguiu se tornar uma enorme influência no mundo industrial introduzindo novos e revolucionários métodos de produção em massa e a primeira linha de montagem para carros, o que o beneficiou muito financeiramente.

À MEDIDA QUE O CONHECIMENTO É ADQUIRIDO, ELE DEVE SER ORGANIZADO E COLOCADO EM USO PARA UM OBJETIVO DEFINIDO POR MEIO DE PLANOS PRÁTICOS.

O conhecimento especializado está entre as formas de serviço mais abundantes e acessíveis. Em primeiro lugar, determine o tipo de conhecimento especializado de que precisa e o propósito para o qual ele é necessário. Em grande medida, seu objetivo principal na vida, o propósito pelo qual você está trabalhando, ajuda a determinar de qual conhecimento você precisa. Resolvida essa questão, o próximo passo é obter uma informação precisa sobre fontes confiáveis de conhecimento. As mais importantes são:

- Sua experiência e formação
- Experiência e formação disponíveis pela cooperação de outras pessoas (aliança de MasterMind)
- Faculdades e universidades
- Bibliotecas públicas (livros e periódicos nos quais se pode encontrar todo o conhecimento organizado pela civilização)
- Cursos de especialização (escolas noturnas e estudo particular ou on-line)
- Fontes na internet

À medida que o conhecimento é adquirido, ele deve ser organizado e colocado em uso para um objetivo definido por meio de planos práticos. Conhecimento não tem valor, a menos que seja destinado para algum fim válido. Esse é um dos motivos pelos quais diplomas de ensino superior não são mais altamente valorizados. Eles não representam nada além de uma miscelânea de conhecimento.

Se você pensar em um estudo formal adicional, determine antes o propósito para o qual quer o conhecimento que está buscando; depois pesquise onde esse tipo específico de conhecimento pode ser obtido de fontes confiáveis.

Pessoas bem-sucedidas, em todas as áreas, nunca param de adquirir conhecimento especializado relacionado ao seu objetivo principal, negócio ou profissão. Aqueles que não são bem-sucedidos normalmente cometem o erro de acreditar que o período de aquisição de conhecimento acaba quando eles terminam a escola. A verdade é que o estudo formal faz pouco mais que colocar uma pessoa no caminho para aprender como adquirir conhecimento prático.

A *base de todas as ideias* é o conhecimento especializado. Infelizmente, para aqueles que não encontram riquezas em abundância, o conhecimento especializado é mais fácil de adquirir que *ideias*. Por causa dessa verdade, existe uma demanda universal e uma oportunidade cada vez maior para a pessoa capaz de ajudar homens e mulheres a vender seus serviços pessoais de forma vantajosa.

Capacidade significa *imaginação*, a única qualidade necessária para combinar o conhecimento especializado com *ideias* na forma de *planos organizados* criados para render riquezas.

Se você tem uma imaginação aguçada, o próximo capítulo pode apresentar uma ideia suficiente para servir como o início das riquezas que você deseja. Lembre-se: a *ideia*, o pensamento, é o principal. O conhecimento especializado pode ser encontrado ali na esquina – em qualquer esquina!

REVEJA OS PONTOS PRINCIPAIS

- Há dois tipos de conhecimento: geral e especializado.
- Conhecimento geral tem pouca utilidade para quem quer acumular dinheiro.
- Conhecimento não atrai dinheiro, a menos que seja organizado e direcionado de maneira inteligente por meio de planos práticos de ação para o objetivo definido de acumular dinheiro.
- O elo perdido em todos os sistemas de educação conhecidos pela civilização hoje é como organizar e usar o conhecimento depois que ele é adquirido.
- Decida que tipo de conhecimento especializado você precisa e o objetivo para o qual ele é necessário. Em seguida, obtenha esse conhecimento de uma fonte confiável.

- Conhecimento não tem valor, exceto o que pode ser obtido com sua aplicação em alguma finalidade válida.
- Pessoas bem-sucedidas, em todas as áreas, nunca deixam de adquirir conhecimento especializado relacionado ao seu objetivo principal, negócio ou profissão.

Capítulo 5

IMAGINAÇÃO

O QUINTO PASSO PARA AS RIQUEZAS

Imaginação: a oficina da mente.

A imaginação é, literalmente, a oficina onde todos os planos são criados. Um impulso do indivíduo, ou *desejo*, ganha forma e *ação* com a ajuda da faculdade imaginativa da mente.

Já foi dito que as pessoas podem criar qualquer coisa que podem imaginar. De todas as eras da civilização, esta é a mais favorável para o desenvolvimento da imaginação, porque é uma era de mudança rápida. Cada vez que nos viramos, encontramos um estímulo que desenvolve a imaginação.

Com a ajuda da nossa faculdade imaginativa, descobrimos e dominamos mais forças da natureza nos últimos cinquenta anos do que em toda a história da raça humana. Conquistamos o ar tão completamente que quase ultrapassamos os pássaros na arte de voar. Dominamos o éter e o usamos como um meio de comunicação instantânea com qualquer parte do mundo.

Analisamos e pesamos o Sol a uma distância de milhões de quilômetros e determinamos, com a ajuda da *imaginação*, os elementos de que ele é formado. Descobrimos que o cérebro é uma estação de transmissão e recepção para a vibração de pensamento. E estamos começando a aprender agora como fazer uso prático dessa descoberta.

A FACULDADE IMAGINATIVA CONSISTE EM IMAGINAÇÃO SINTÉTICA E IMAGINAÇÃO CRIATIVA.

A faculdade imaginativa opera em dois modos: a "imaginação sintética" e a "imaginação criativa".

Imaginação sintética: por meio da imaginação sintética, podemos rearranjar antigos conceitos, ideias ou planos em novas combinações. Essa faculdade não cria nada; apenas processa o material de experiência, educação e observação com que é alimentada para gerar ideias estruturadas de maneira diferente. Ela é a faculdade usada com mais frequência pelo inventor, com exceção do "gênio", que recorre à imaginação criativa quando não consegue resolver um problema pela imaginação sintética.

Imaginação criativa: pela faculdade da imaginação criativa, a mente finita dos humanos tem comunicação direta com a Inteligência Infinita. Essa é a faculdade pela qual recebemos "palpites" e "inspirações". É por meio dessa faculdade que todas as ideias básicas ou novas chegam às pessoas.

A imaginação criativa trabalha automaticamente da maneira descrita nas próximas páginas. Essa faculdade *só* funciona quando a mente consciente está vibrando em um ritmo muito rápido – por exemplo, quando a mente consciente é estimulada pela emoção de um desejo forte. A faculdade criativa torna-se mais alerta, mais receptiva a vibrações das fontes mencionadas, em proporção ao seu desenvolvimento pelo *uso*. Essa afirmação é importante! Pense nela antes de continuar a leitura.

Enquanto segue estes treze passos, ou princípios, mantenha em mente que a história inteira só estará completa quando você tiver *dominado, assimilado e começado a usar* todos eles.

Os grandes líderes do comércio, da indústria e das finanças, assim como os grandes artistas, músicos, poetas e escritores, se distinguiram porque desenvolveram a faculdade da imaginação criativa. As faculdades sintética e criativa da imaginação tornam-se mais alertas com o uso, assim como se desenvolve qualquer músculo ou órgão do corpo.

Desejo é só um pensamento, um impulso. É nebuloso e efêmero. É abstrato e sem nenhum valor, até ser transformado em sua contraparte física. A imaginação sintética é a mais frequentemente usada no processo de transformar o impulso do *desejo* em dinheiro. Mas não se esqueça de que você pode enfrentar circunstâncias e situações que também requerem o uso da imaginação criativa.

TRANSFORMAR UM DESEJO INTANGÍVEL NA REALIDADE TANGÍVEL DO DINHEIRO REQUER UM PLANO.

Sua faculdade imaginativa pode ter enfraquecido em consequência da inação. Ela pode ser revitalizada e aguçada pelo *uso*. Essa faculdade não morre, embora possa ser silenciada pela falta de uso.

A transformação do *impulso intangível do desejo na realidade tangível do dinheiro* requer o uso de um plano, ou mais. Esses planos precisam ser formados com a ajuda da imaginação – principalmente com a ajuda da faculdade imaginativa sintética.

Comece imediatamente a pôr sua imaginação para trabalhar na construção de um ou mais planos, para a transformação de seu desejo em dinheiro. Em quase todos os capítulos foram dadas instruções detalhadas para a construção de planos. Siga as instruções mais adequadas às suas necessidades e escreva seu plano, se ainda não fez isso.

REVEJA OS PONTOS PRINCIPAIS

- O impulso de pensamento do desejo ganha forma e ação com a ajuda da faculdade imaginativa da mente.
- Já foi dito que as pessoas podem criar tudo que podem imaginar.
- De todas as eras da civilização, esta é a mais favorável para o desenvolvimento da imaginação, porque é uma era de mudança rápida.
- Sua única limitação, dentro do razoável, está no desenvolvimento e uso da sua imaginação.
- A imaginação sintética reorganiza antigas ideias, conceitos e planos em novas combinações.
- A imaginação criativa gera novas ideias em colaboração com a Inteligência Infinita.

Capítulo 6

PLANEJAMENTO ORGANIZADO

O SEXTO PASSO PARA AS RIQUEZAS

Planejamento organizado:
a cristalização do desejo em ação.

Você aprendeu que tudo que a humanidade cria ou adquire começa na forma de um *desejo*, e esse desejo é levado do abstrato ao concreto na primeira etapa dessa jornada pela oficina da *imaginação*, em que *planos* para sua transição são criados e organizados.

No Capítulo 1, você foi instruído a dar seis passos concretos, práticos, como primeiro movimento para traduzir o desejo por dinheiro em seu equivalente físico. Um desses passos é a formação de um plano prático, *definido*, por meio do qual essa transformação pode ser feita – inclusive formando um grupo de MasterMind.

A seguir você vai ver quatro passos para construir planos práticos pelo mecanismo de uma aliança de MasterMind:

1. Alie-se com um grupo de pessoas, tantas quantas forem necessárias, para a criação e implementação de um plano para acumular dinheiro, fazendo uso do princípio do MasterMind descrito no Capítulo 9. (Seguir essa diretriz é absolutamente essencial. Não a negligencie.)
2. Antes de formar sua aliança de MasterMind, decida que vantagens e benefícios pode oferecer aos membros do seu grupo em troca da cooperação deles. Ninguém inteligente pede ou espera que outra

pessoa trabalhe sem a adequada compensação, embora nem sempre ela ocorra em dinheiro.

3. Organize reuniões com os membros do seu grupo de MasterMind pelo menos duas vezes por semana – mais, se possível – até aperfeiçoarem juntos o plano necessário para o acúmulo de dinheiro.
4. Mantenha uma *perfeita harmonia* entre você e cada membro do seu grupo de MasterMind. Se deixar de seguir essa instrução ao pé da letra, você pode fracassar. O princípio do MasterMind não funciona onde não prevalece uma perfeita harmonia.

Mantenha em mente estes fatos:

Primeiro. Você está engajado em uma empreitada da maior importância para você. Para ter certeza do sucesso, precisa ter planos impecáveis.

Segundo. Você precisa ter a vantagem da experiência, da formação acadêmica, da capacidade inata e da imaginação de outras mentes. Isso está em harmonia com os métodos seguidos por todas as pessoas que acumularam uma grande fortuna.

Ninguém tem experiência, formação, capacidade inata e conhecimento suficientes para garantir o acúmulo de uma grande fortuna sem a cooperação de outras pessoas. Cada plano que você adotar em sua empreitada para acumular riqueza deve ser uma criação conjunta sua e de outros membros do seu grupo de MasterMind. Você pode dar origem aos próprios planos, seja no todo ou em parte, mas *garanta que eles sejam revisados e aprovados pelos membros de sua aliança de MasterMind.*

Se o primeiro plano que você adotar não for bem-sucedido, substitua-o por um novo plano; se esse novo plano não funcionar, substitua-o; e este por outro, e assim por diante, *até você encontrar um plano que funcione.* Este é o ponto em que a maioria das pessoas encontra o fracasso – na falta de *persistência* para criar novos planos que substituam aqueles que não deram certo.

SUAS REALIZAÇÕES NÃO PODEM SER MAIORES DO QUE A QUALIDADE DE SEUS PLANOS.

Henry Ford acumulou uma fortuna não por sua mente superior, mas porque adotou e seguiu um *bom plano*. Mil pessoas poderiam ser citadas por terem uma formação melhor que a de Ford, mas essas mil vivem na pobreza, porque não têm o plano certo para acumular dinheiro.

A pessoa mais inteligente não pode ter sucesso ao acumular dinheiro – nem em qualquer outra empreitada – sem planos práticos e funcionais. Mantenha esse fato em mente quando seus planos fracassarem: *derrota temporária não é fracasso permanente*. Pode significar apenas que seus planos não foram bons. Construa outros planos. Comece tudo de novo.

Edison "falhou" dez mil vezes antes de aperfeiçoar a lâmpada elétrica incandescente. Isto é, ele sofreu dez mil derrotas temporárias antes de seus esforços serem coroados pelo sucesso.

A derrota temporária deve significar apenas uma coisa: a certeza de que tem alguma coisa errada com seu plano. Milhões de pessoas passam pela vida na miséria e na pobreza por não terem um bom plano para adquirir felicidade e fortuna.

EXISTEM DOIS TIPOS DE PESSOAS NO MUNDO: LÍDERES E LIDERADOS. DECIDA DESDE JÁ QUAL DELES VOCÊ PRETENDE SER.

Veja a seguir os maiores e mais importantes atributos de liderança:

1. *Coragem inabalável* baseada em conhecimento sobre si mesmo e sua profissão. Nenhum liderado quer seguir um líder que não tem autoconhecimento e coragem. Nenhum liderado inteligente será dominado por um líder como esse por muito tempo.
2. *Autocontrole.* As pessoas que não conseguem se controlar não podem controlar os outros. O autocontrole estabelece um exemplo poderoso para seus liderados, e será seguido pelos mais inteligentes.

3. *Aguçado senso de justiça.* Sem um senso de justiça, nenhum líder pode conquistar e manter o respeito de seus liderados.
4. *Firmeza de decisão.* Quem hesita em suas decisões mostra que não é seguro de si. Não pode liderar outras pessoas com sucesso.
5. *Definição de planos.* Líderes bem-sucedidos devem planejar seu trabalho e trabalhar em seu plano. Um líder que age por adivinhação, sem planos práticos, definidos, é como um navio sem leme. Mais cedo ou mais tarde, vai acabar nos rochedos.
6. *O hábito de fazer mais do que é pago para fazer.* Um dos ônus da liderança é a necessidade de se dispor a fazer mais do que é solicitado a seus liderados.
7. *Uma personalidade agradável.* Uma pessoa desleixada, descuidada, não pode se tornar um líder de sucesso. Liderança pede respeito. Os liderados não vão respeitar um líder que não tenha boa classificação em todos os fatores de uma personalidade agradável.
8. *Solidariedade e compreensão.* O líder bem-sucedido precisa ser solidário com seus liderados. Além disso, bons líderes devem compreender os liderados e seus problemas.
9. *Domínio de detalhes.* Liderança bem-sucedida requer domínio dos detalhes da posição de líder.
10. *Disponibilidade para assumir total responsabilidade.* O líder bem-sucedido precisa se dispor a assumir responsabilidade pelos erros e insuficiências de seus liderados. Se um líder tenta transferir sua responsabilidade, não seguirá sendo líder. Se um liderado comete um erro que demonstra sua incompetência, o líder precisa aceitar que é dele o fracasso por ter contratado essa pessoa.
11. *Cooperação.* O líder bem-sucedido precisa entender e aplicar o princípio do esforço cooperativo e ser capaz de induzir seus liderados a fazerem a mesma coisa. *Liderança pede poder, e poder pede cooperação.*

É TÃO ESSENCIAL SABER O QUE NÃO FAZER
QUANTO SABER O QUE FAZER.

Há dez causas principais para o fracasso em liderança:

- *Incapacidade para organizar detalhes.* Liderança eficiente requer a capacidade de organizar e dominar detalhes. Nenhum líder autêntico jamais está "ocupado demais" para qualquer coisa que faça parte de sua posição como líder. Seja você líder ou liderado, quando admite estar "ocupado demais" para mudar seu plano ou dar atenção a uma emergência, está admitindo ineficiência. O líder bem-sucedido precisa ser o senhor de todos os detalhes relacionados à posição. Isso significa, é claro, adquirir o hábito de delegar tarefas a colegas capacitados.
- *Indisponibilidade para prestar serviço humilde.* Líderes realmente grandes são disponíveis, quando a ocasião pede, para executar qualquer tipo de trabalho que pediriam para outra pessoa fazer.
- *Expectativa de pagamento pelo que "sabem", em vez de pelo que "fazem" com o que sabem.* O mundo não paga às pessoas pelo que elas "sabem", mas, sim, pelo que elas *fazem*, ou induzem os outros a fazer.
- *Medo de concorrência dos subordinados.* O líder que teme que um de seus subordinados queira seu lugar está praticamente fadado a que esse medo se concretize, mais cedo ou mais tarde. Por outro lado, o líder capaz treina substitutos e *delega* tarefas. Só desse jeito um líder pode se multiplicar e se preparar para estar em vários lugares, dando atenção a várias coisas ao mesmo tempo. É uma verdade absoluta que as pessoas recebem mais pela *capacidade de induzir o desempenho dos outros* do que poderiam ganhar com o próprio esforço. Um líder eficiente pode, por meio do conhecimento do cargo e do magnetismo de sua personalidade, aumentar muito a eficiência dos outros e induzi-los a prestar mais e melhor serviço do que poderiam sem sua ajuda.
- *Falta de imaginação.* Sem imaginação, o líder é incapaz de resolver emergências e criar planos para guiar os liderados com eficiência.
- *Egoísmo.* O líder que aceita todo o mérito do trabalho da equipe certamente vai provocar ressentimento. O líder realmente grandioso

não toma para si nenhum mérito. Contenta-se em ver as honras, quando existem, irem para os liderados, consciente de que muita gente se esforça mais pelo reconhecimento do que apenas pelo dinheiro.

- *Intemperança.* Liderados não respeitam um líder destemperado. Além disso, a intemperança em qualquer uma de suas formas destrói a resistência e a vitalidade de todos que sucumbem a ela.
- *Deslealdade.* A deslealdade talvez devesse estar no topo da lista. O líder que não é leal ou confiável com associados – tanto acima quanto abaixo de sua posição – não consegue se manter na liderança por muito tempo. Deslealdade classifica uma pessoa como desprezível. Falta de lealdade é uma das maiores causas de fracasso em todas as esferas da vida.
- *Ênfase na "autoridade" da liderança.* O líder eficiente lidera pelo incentivo, não pelo medo. O líder que tenta impressionar os liderados com "autoridade" é colocado na categoria de "liderança pela força". Se é um líder de verdade, não precisa anunciar esse fato, exceto pela boa conduta – simpatia, compreensão, justiça e uma demonstração de que conhece o trabalho.
- *Ênfase no título.* O líder competente não precisa de "título" para ter o respeito dos liderados. O líder que dá muita importância a um título geralmente tem pouco mais a enfatizar. As portas do escritório do verdadeiro líder estão abertas a todos que queiram entrar, e seu ambiente de trabalho é livre de formalidade ou ostentação.

REVEJA OS PONTOS PRINCIPAIS

- Estabeleça um grupo de MasterMind para a formação de planos organizados.
- Crie e mantenha sua aliança de MasterMind identificando indivíduos cuja experiência, formação, capacidade inata e imaginação complementem (não apenas reproduzam) seus próprios recursos; determine o que vai oferecer a eles por essa cooperação; faça reuniões

regulares – pelo menos duas vezes por semana; e garanta que haja perfeita harmonia no grupo.

- Se o primeiro plano que você adotar não funcionar bem, substitua-o por outro; e continue substituindo até encontrar um que funcione.
- A pessoa mais inteligente não consegue acumular dinheiro – nem obter sucesso em nenhuma outra empreitada – sem planos práticos e funcionais.
- Suas conquistas não podem ser maiores que a qualidade de seus planos.
- Milhões de pessoas passam pela vida na miséria e na pobreza porque não têm um bom plano para acumular uma fortuna.
- Existem dez principais causas de fracasso em liderança: incapacidade para organizar detalhes, indisponibilidade para prestar serviço humilde, expectativa de pagamento pelo que "sabem", não pelo que fazem com o que sabem, medo da concorrência dos subordinados, falta de imaginação, egoísmo, intemperança, deslealdade, ênfase na "autoridade" da liderança e ênfase no título. Qualquer uma dessas falhas é suficiente para causar fracasso.

Capítulo 7

DECISÃO

O SÉTIMO PASSO PARA AS RIQUEZAS

Decisão: a superação da procrastinação.

Uma análise precisa de mais de 25 mil homens e mulheres que experimentaram o fracasso revelou que a *falta de decisão* está perto do topo da lista das trinta maiores causas de *fracasso*. Isso não é mera afirmação de uma teoria; é um fato.

Procrastinação, o oposto de *decisão*, é um inimigo comum que quase todo ser humano precisa vencer.

Você vai ter uma oportunidade de testar sua capacidade de tomar *decisões* rápidas e definidas quando terminar de ler este livro e estiver pronto para colocar em *ação* os princípios que aprendeu.

CRIE O HÁBITO DE TOMAR DECISÕES DE MANEIRA RÁPIDA E DEFINIDA E, SE FOR MUDÁ-LAS, QUE SEJA LENTAMENTE.

A análise de várias centenas de pessoas que acumularam fortunas muito além do marco de um milhão de dólares revelou que todas elas tinham o hábito de *tomar decisões prontamente* e de mudar essas decisões *lentamente*, se preciso fosse.

Pessoas que *fracassaram* em acumular dinheiro, sem exceção, têm o hábito de tomar decisões, *quando as tomam,* muito devagar e de mudar essas decisões rapidamente e com frequência.

Uma das qualidades mais relevantes de Henry Ford era o hábito de tomar decisões rapidamente e de maneira definida e mudá-las devagar. Essa qualidade era tão pronunciada no Sr. Ford que deu a ele a reputação de ser obstinado. No entanto, foi essa característica que levou o Sr. Ford a continuar produzindo seu famoso Modelo "T" quando todos os seus conselheiros, e alguns compradores do carro, o incentivavam a mudá-lo.

Talvez o Sr. Ford tenha demorado demais para fazer a mudança, mas o outro lado da história é que a sua firmeza de decisão rendeu uma imensa fortuna antes de a mudança no modelo se tornar necessária. É pouco provável que o hábito de firmeza de decisão do Sr. Ford assuma a proporção de obstinação, mas essa qualidade é preferível à lentidão em tomar decisões e rapidez em mudá-las.

A maioria das pessoas que não consegue acumular dinheiro suficiente para suas necessidades geralmente é influenciada com facilidade pelas "opiniões" dos outros. Essas pessoas permitem que jornais e vizinhos "fofoqueiros" "pensem" por elas. Opiniões são os produtos mais baratos que existem. Todo mundo tem uma coleção de opiniões prontas para serem despejadas sobre quem as aceitar. Se você é influenciado por opiniões quando toma decisões, não vai ter sucesso em nenhuma empreitada, muito menos naquela de transmutar seu desejo em dinheiro.

Se você é influenciado pelas opiniões dos outros, não terá desejo próprio.

Quando começar a pôr em prática os princípios descritos aqui, tome suas decisões e as sustente. Não confie em ninguém, exceto nos membros de seu grupo de MasterMind; e, ao selecionar esse grupo, tenha muita certeza de que escolheu só aqueles que estarão em completo acordo e total harmonia com seu objetivo.

Amigos próximos e parentes, mesmo sem ter intenção, frequentemente prejudicam alguém com opiniões não solicitadas e deboche, mesmo que a intenção seja apenas fazer uma brincadeira. Milhares de homens e mulheres carregam complexos de inferioridade por toda a vida porque alguma pessoa bem-intencionada, mas ignorante, destruiu sua confiança com opiniões ou deboche.

Você tem cérebro e mente. *Use-os* para tomar as próprias decisões. Se precisar de fatos ou informações de outras pessoas para poder tomar decisões, e provavelmente vai precisar em muitos casos, adquira esses fatos ou informações sem alarde, sem revelar seu objetivo.

É característico de quem tem só uma parca noção ou um conhecimento superficial tentar dar a impressão de que tem muito conhecimento. Essas pessoas geralmente *falam demais e ouvem pouco.* Mantenha olhos e ouvidos bem abertos – e a boca fechada – se quiser adquirir o hábito de tomar decisões prontamente. Quem fala demais não faz muito mais que isso. Se você fala mais do que ouve, não só se priva de muitas oportunidades para acumular conhecimento útil, mas também revela seus *planos e objetivos* para pessoas que vão sentir grande prazer em derrotá-lo, porque o invejam.

O VALOR DAS DECISÕES DEPENDE DA
CORAGEM NECESSÁRIA PARA TOMÁ-LAS.

As grandes decisões que serviram como base da civilização foram tomadas com grandes riscos, que muitas vezes significavam a possibilidade de morte.

A decisão de Abraham Lincoln de fazer sua famosa Proclamação de Emancipação foi tomada com total consciência de que o ato colocaria milhares de amigos e apoiadores políticos contra ele. Lincoln também sabia que o anúncio daquela proclamação significaria a morte para milhares de homens no campo de batalha. No fim, ela custou a vida de Lincoln. Aquilo exigiu coragem.

A decisão de Sócrates de beber a taça de veneno, em vez de comprometer sua crença pessoal, foi uma decisão de coragem. Ela adiantou o tempo em mil anos e deu a pessoas que nem sequer haviam nascido ainda o direito à liberdade de pensamento e expressão.

Mas a maior decisão de todos os tempos, no que diz respeito a qualquer cidadão norte-americano, foi tomada na Filadélfia em 4 de julho de 1776, quando 56 homens assinaram um documento que, bem sabiam, traria a liberdade a todos os norte-americanos ou levaria à forca cada um dos 56!

Analise os acontecimentos que levaram à Declaração de Independência e você vai se convencer de que essa nação, que hoje tem uma posição de respeito e poder entre todas as nações do mundo, nasceu de uma *decisão* criada por um grupo de MasterMind formado por 56 homens.

Perceba que foi a *decisão* deles que garantiu o sucesso dos exércitos de George Washington, porque o espírito daquela decisão estava no coração de cada soldado que lutou com ele e serviu como um poder espiritual que não reconhece fracasso.

Note também (com grande benefício pessoal) que o poder que deu a essa nação sua liberdade é o mesmo que deve ser usado por todo indivíduo que se torna autodeterminado. Esse poder é produzido pelos princípios descritos neste livro. Não é difícil detectar na história da Declaração de Independência pelo menos seis desses princípios: *desejo, decisão, fé, persistência, aliança de MasterMind* e *planejamento organizado.*

Ao longo dessa filosofia encontra-se a sugestão de que o *pensamento*, amparado por forte *desejo*, tem a tendência de transmutar-se em seu equivalente físico. Antes de seguir em frente, quero deixar você com a sugestão de que pode encontrar, na história do estabelecimento da América, uma perfeita descrição do método pelo qual o pensamento faz essa impressionante transformação. Mas, ao procurar o segredo do método, não busque um milagre, porque não o encontrará. Você vai encontrar apenas as leis eternas da natureza. Essas leis estão disponíveis a toda pessoa que tem *fé* e *coragem* para usá-las. Elas podem ser usadas para trazer liberdade a uma nação ou acumular riquezas. Não há cobrança, exceto o tempo necessário para entendê-las e se apropriar delas.

Aqueles que tomam decisões prontamente e de maneira definida sabem o que querem e geralmente alcançam seu propósito. Líderes em todas as esferas da vida decidem com rapidez e firmeza. Essa é a principal razão pela qual são líderes. O mundo costuma abrir espaço para aqueles cujas palavras e ações mostram que eles sabem para onde estão indo.

AQUELES QUE TOMAM DECISÕES PRONTAMENTE E DE MANEIRA DEFINIDA GERALMENTE CONSEGUEM O QUE QUEREM.

Indecisão é um hábito que normalmente começa na juventude. O hábito vai ganhando permanência à medida que o jovem passa pela escola fundamental, pelo ensino médio e até pela faculdade sem definição de objetivo. A principal falha de todos os sistemas educacionais é que eles não ensinam nem estimulam o hábito da decisão definida.

Seria benéfico se nenhuma faculdade permitisse a matrícula de um aluno antes de ele declarar seu objetivo principal ao se matricular. Seria ainda mais benéfico se cada aluno que ingressasse na escola fosse treinado para criar o hábito de tomar decisões e forçado a passar por um exame satisfatório sobre o tema antes de ter permissão para avançar.

O hábito da indecisão, adquirido por causa de deficiências em nossos sistemas educacionais, acompanha o estudante na ocupação escolhida – se, de fato, uma ocupação for escolhida. Geralmente, o jovem que acabou de sair da escola procura um emprego qualquer, e aceita o primeiro que encontra. Arrisco-me a dizer que noventa e oito de cada cem pessoas assalariadas, hoje em dia, estão em empregos nos quais permanecem porque não tiveram a firmeza de decisão para planejar uma posição definida nem o conhecimento de como escolher um empregador.

A firmeza de decisão sempre requer coragem – às vezes muita coragem. Os 56 homens que assinaram a Declaração de Independência apostaram a vida na decisão de colocar sua assinatura naquele documento. A pessoa que toma uma decisão definitiva de obter determinado emprego e fazer com que a vida pague o preço pedido não arrisca a vida nessa decisão; a decisão é apostada na *liberdade econômica.*

Independência financeira, riquezas e cargos desejáveis não estão ao alcance da pessoa que negligencia ou se recusa a *esperar, planejar e exigir* essas coisas. A pessoa que deseja riquezas com a mesma disposição com que Samuel Adams desejou a liberdade para as colônias certamente vai acumular riqueza.

QUANTAS DESTAS TRINTA CAUSAS PARA O FRACASSO O ESTÃO IMPEDINDO DE PROGREDIR?

1. *Histórico hereditário desfavorável.* Pouco pode ser feito por aqueles que nasceram com alguma deficiência intelectual; mas esta filosofia oferece um método para suprir essa fraqueza – com a ajuda do MasterMind. No entanto, observe com proveito que essa é a *única* das trinta causas de fracasso que não pode ser corrigida com facilidade por ninguém.
2. *Falta de um objetivo bem definido na vida.* Não há esperança de sucesso para a pessoa que não tem um propósito central ou objetivo definido a buscar. Noventa e oito de cada cem analisados não tinham esse objetivo. Talvez essa tenha sido a principal causa de seu fracasso.
3. *Falta de ambição para buscar mais que a mediocridade.* Não oferecemos esperança para a pessoa que é tão indiferente que não quer progredir na vida e não está disposta a pagar por isso.
4. *Formação acadêmica insuficiente.* Essa limitação pode ser superada com relativa facilidade. A experiência provou que as pessoas mais instruídas são, muitas vezes, aquelas conhecidas como "autodidatas". É preciso mais que um diploma de faculdade para educar uma pessoa. Qualquer um que seja educado aprendeu a conseguir o que quer na vida sem violar os direitos dos outros. Educação consiste nem tanto em conhecimento, mas em conhecimento aplicado com eficiência e persistência. As pessoas não são pagas apenas pelo que sabem, mas especificamente por aquilo que fazem com o que sabem.
5. *Falta de autodisciplina.* Disciplina se alcança pelo autocontrole. Isso significa que você precisa controlar todas as suas qualidades negativas. Antes de poder controlar condições, você precisa se controlar. Autodomínio é o trabalho mais difícil que você vai desenvolver. Se não dominar sua personalidade, você vai ser dominado por ela. Diante do espelho, você pode ver ao mesmo tempo seu melhor amigo e seu maior inimigo.

6. *Falta de saúde.* Ninguém pode desfrutar de sucesso relevante sem boa saúde. Muitas causas de doença são submetidas por domínio e controle. Elas são, principalmente:
    - Comer demais
    - Hábitos errados de pensamento, expressando os negativos
    - Mau uso e indulgência excessiva no sexo
    - Falta de exercício físico adequado
    - Suprimento inadequado de ar fresco, devido à respiração inadequada.
7. *Influências ambientais desfavoráveis durante a infância.* "Se o galho é entortado, assim crescerá a árvore." Muitas pessoas com tendências criminosas as adquirem em um ambiente ruim e por meio de associações impróprias durante a infância.
8. *Procrastinação.* Procrastinação é uma das causas mais comuns de fracasso. "A velha procrastinação" está ao alcance da sombra de todo ser humano, esperando a oportunidade para arruinar suas chances de sucesso. Muitos seguem pela vida como fracassados porque esperam o "momento certo" para começar a fazer algo de valor. Não espere. O momento nunca vai ser "perfeito". Comece de onde está, e trabalhe com as ferramentas que tem à sua disposição; ferramentas melhores serão encontradas à medida que você for avançando.
9. *Falta de persistência.* Muitos são bons "iniciadores", mas péssimos "finalizadores" de tudo que começam. Além disso, as pessoas são propensas a desistir aos primeiros sinais de derrota. Não existe substituto para a persistência. A pessoa que faz da persistência seu lema descobre que "o velho fracasso" finalmente se cansa e vai embora. O fracasso não pode superar a persistência.
10. *Personalidade negativa.* Não há esperança de sucesso para quem afasta as pessoas com uma personalidade negativa. O sucesso chega pela aplicação do poder, e o poder é conquistado com a colaboração de outras pessoas. Uma personalidade negativa não atrai cooperação.
11. *Falta de impulso sexual controlado.* A energia sexual é o estímulo mais poderoso que induz as pessoas à ação. Por ser a mais poderosa das

emoções, deve ser controlada por meio de transmutação e desviada para outros canais.

12. *Desejo descontrolado de "alguma coisa em troca de nada".* O instinto de apostar leva milhões de pessoas ao fracasso. Podemos encontrar evidências disso em diversos acontecimentos atuais, bem como em um estudo da quebra da Bolsa de Nova York em 1929, quando milhões de pessoas tentaram lucrar apostando na bolsa de valores.
13. *Falta de poder de decisão bem definido.* Pessoas que alcançam o sucesso tomam decisões prontamente e, se precisarem mudá-las, o fazem muito lentamente. Pessoas que fracassam tomam decisões – quando as tomam – muito lentamente, e as modificam com frequência e rapidez. Indecisão e procrastinação são gêmeas. Onde uma é encontrada, a outra costuma estar presente. Elimine essa dupla antes que ela o amarre ao moinho do fracasso.
14. *Um ou mais dos seis medos básicos.* Esses medos foram analisados no Capítulo 14. Eles precisam ser dominados antes que você possa comercializar seus serviços de maneira eficiente.
15. *Escolha errada de um parceiro conjugal.* Essa é uma das causas mais comuns de fracasso. A relação do casamento coloca as pessoas em contato íntimo. A menos que esse relacionamento seja harmonioso, é provável que o fracasso ocorra. Além disso, será uma forma de fracasso marcada por sofrimento e infelicidade, destruindo qualquer sinal de ambição.
16. *Excesso de cautela.* A pessoa que não corre riscos geralmente tem que aceitar o que sobra depois que os outros escolheram. Excesso de cautela é tão ruim quanto a falta dela. Ambos são extremos a serem evitados. A vida é cheia de riscos.
17. *Escolha errada de associados nos negócios.* Essa é uma das causas mais comuns do fracasso nos negócios. Ao comercializar serviços pessoais, você deve ter muito cuidado ao escolher um empregador que será uma inspiração e que seja inteligente e bem-sucedido. Imitamos aqueles com quem nos associamos de maneira mais próxima. Escolha um empregador que valha a pena imitar.

18. *Superstição e preconceito.* Superstição é uma forma de medo. Também é um sinal de ignorância. Pessoas que alcançam o sucesso mantêm a mente aberta e não têm medo de nada.
19. *Escolha errada de vocação.* Ninguém pode ter sucesso em um trabalho do qual não gosta. O passo mais essencial ao comercializar seus serviços pessoais é escolher uma ocupação à qual você possa se dedicar integralmente.
20. *Falta de concentração de esforço.* O "faz-tudo" raramente é bom em alguma coisa. Concentre todos os seus esforços em *um objetivo principal definido.*
21. *O hábito de gastar indiscriminadamente.* O perdulário não pode alcançar o sucesso, principalmente por estar eternamente com medo da pobreza. Desenvolva o hábito de poupar sistematicamente, reservando uma porcentagem definida da sua renda. Dinheiro no banco fornece uma base de coragem muito segura quando se está negociando a venda de serviços pessoais. Sem dinheiro, você tem que aceitar o que oferecem e se dar por satisfeito por ter alguma coisa.
22. *Falta de entusiasmo.* Sem entusiasmo, você não pode ser convincente. Além disso, o entusiasmo é contagioso, e a pessoa que o tem em uma forma sensata costuma ser bem-vinda em qualquer grupo de pessoas.
23. *Intolerância.* A pessoa com a mente "fechada" sobre qualquer assunto raramente progride. A intolerância significa que a pessoa parou de adquirir conhecimento. As formas mais prejudiciais de intolerância são aquelas relacionadas a diferenças de opinião religiosa, racial e política.
24. *Intemperança.* As formas mais prejudiciais de intemperança são ligadas a comida, bebida e atividades sexuais. Indulgência excessiva em qualquer uma dessas formas é fatal para o sucesso.
25. *Incapacidade de cooperar com os outros.* Muitas pessoas perdem posições e grandes oportunidades na vida mais por causa da incapacidade de cooperar do que por todas as outras razões juntas. Esse é um defeito que nenhum empresário ou líder bem-informado vai tolerar.
26. *Posse de poder que não foi adquirido por esforço pessoal* (filhos de pais ricos e outros que herdam bens que não fizeram por merecer). Poder

nas mãos de alguém que não o conquistou gradualmente é sempre fatal para o sucesso. A riqueza rápida é mais perigosa que a pobreza.

27. *Desonestidade intencional.* Não existe substituto para a honestidade. Alguém pode ser temporariamente desonesto por força de circunstâncias sobre as quais não tem controle, sem dano permanente. Mas não há esperança para a pessoa que é desonesta por opção. Mais cedo ou mais tarde, ela vai pagar pelo prejuízo causado com a perda de reputação, e talvez até com a privação de liberdade.
28. *Egocentrismo e vaidade.* Essas duas qualidades funcionam como luzes vermelhas que avisam aos outros para se manterem afastados. Elas são fatais para o sucesso.
29. *Adivinhar em vez de raciocinar.* Muita gente é indiferente ou preguiçosa demais para buscar fatos a partir dos quais possa raciocinar com precisão. Preferem agir com base em opiniões criadas por suposição ou julgamentos imediatistas.
30. *Falta de capital.* Essa é uma causa comum de fracasso entre aqueles que começam um negócio pela primeira vez sem uma reserva suficiente de capital para absorver o choque de seus erros e dar suporte até que tenham estabelecido uma reputação.

REVEJA OS PONTOS PRINCIPAIS

- Procrastinação, o oposto de decisão, é um inimigo comum que todos devem dominar.
- A análise de várias centenas de milionários mostrou que cada um deles tinha o hábito de tomar decisões prontamente e, se necessário, mudá-las lentamente.
- A maioria das pessoas que não conseguem acumular dinheiro suficiente para suas necessidades geralmente é influenciada com facilidade pelas opiniões dos outros.
- Opiniões são os produtos mais baratos que existem. Todo mundo tem uma coleção delas pronta para despejar sobre qualquer um que as aceite. Aceite conselhos apenas de seu grupo de MasterMind.

- Se você for influenciado por opiniões de terceiros, não terá vontade própria.
- Você tem cérebro e mente – use-os para tomar suas decisões.
- Mantenha os olhos e ouvidos abertos e a boca fechada se quiser adquirir o hábito de tomar decisões prontamente.
- O valor das decisões depende, muitas vezes, da coragem necessária para tomá-las. As grandes decisões que servem como base da civilização foram tomadas com grandes riscos, que frequentemente significavam a possibilidade de morte.
- Independência financeira, riquezas e cargos desejáveis não estão ao alcance da pessoa que negligencia e se recusa a esperar, planejar e exigir essas coisas.
- Existem trinta causas principais de fracasso; determine quais delas estão entre você e o seu sucesso.

Capítulo 8

PERSISTÊNCIA

O OITAVO PASSO PARA AS RIQUEZAS

Persistência: o esforço sustentado necessário para induzir a fé.

Persistência é um fator essencial no processo de transmutar o *desejo* em seu equivalente monetário. A base da persistência é a *força de vontade.*

Força de vontade e desejo, quando adequadamente associados, formam uma dupla imbatível. Pessoas que acumulam grandes fortunas são muitas vezes descritas como "sangue-frio" – às vezes até implacáveis. Frequentemente são incompreendidas. O que elas têm é força de vontade, que agregam à persistência e aplicam a seus desejos para intensificá-los e assim garantir a realização de seus objetivos.

Henry Ford era considerado implacável e sangue-frio. Essa ideia errada nasceu do seu hábito de seguir todos os seus planos com persistência. A maioria das pessoas está pronta para jogar fora seus objetivos e suas metas e desistir ao menor sinal de oposição ou infortúnio. Algumas insistem, apesar de toda oposição, até alcançar seu objetivo. Essas poucas são como Ford, Carnegie, Rockefeller, Edison e muitos homens e mulheres bem-sucedidos dos tempos modernos.

Não pode haver nenhuma conotação heroica para a palavra "persistência", mas essa qualidade é, para a personalidade dos humanos, o que o carbono é para o aço. A construção de uma fortuna geralmente envolve a aplicação de todos os treze princípios desta filosofia. Esses princípios, ou passos, precisam ser compreendidos; e devem ser aplicados com persistência por todos que desejam acumular dinheiro.

Se você está lendo este livro com a intenção de aplicar o conhecimento que ele transmite, o primeiro teste de persistência virá quando você começar a seguir os seis passos descritos no Capítulo 1. A menos que você esteja entre os dois por cento que já perseguem um *objetivo definido* e têm um *plano definido* para sua conquista, poderá ler as instruções e depois seguir com sua rotina diária – sem nunca as seguir.

A FALTA DE PERSISTÊNCIA PODE SER SUPERADA; DEPENDE INTEIRAMENTE DA INTENSIDADE DE SEU DESEJO.

A falta de persistência é uma das principais causas de fracasso. A experiência com milhares de pessoas provou que a falta de persistência é uma fraqueza comum à maioria, mas que pode ser superada pelo esforço. A facilidade com que a falta de persistência pode ser superada depende inteiramente da intensidade de seu desejo.

O ponto de partida para toda realização é o desejo. Mantenha isso em mente sempre. Desejos fracos trazem resultados fracos, assim como uma fogueira pequena gera pouco calor. Se você perceber que não tem persistência, essa fraqueza pode ser remediada providenciando uma fogueira maior ardendo sob seus desejos.

Continue lendo até o fim; depois volte ao Capítulo 1 e comece imediatamente a seguir as instruções dadas em relação aos seis passos para transmutar seu desejo em riquezas. A dedicação com que você segue essas instruções indica claramente o quanto você realmente deseja acumular dinheiro. Se descobrir que é indiferente, pode ter certeza de que ainda não adquiriu a "consciência de dinheiro" que precisa ter antes da certeza de acumular uma fortuna.

Fortunas chegam para pessoas cuja mente foi preparada para "atraí-las", com a mesma certeza com que a água chega ao oceano. Nesse sistema de sucesso, podem ser encontrados todos os estímulos necessários para sintonizar qualquer mente normal com as vibrações que vão atrair o objeto de seus desejos.

Se você descobre que é fraco na persistência, foque a atenção nas instruções contidas no próximo capítulo, dedicado ao poder do MasterMind. Procure cercar-se de um grupo de MasterMind e, com o esforço cooperativo dos membros desse grupo, você pode desenvolver a persistência. Você vai encontrar instruções adicionais para o desenvolvimento de persistência nos capítulos sobre autossugestão (Capítulo 3) e a mente subconsciente (Capítulo 11). Siga as instruções fornecidas nesses capítulos até que a natureza do hábito estabeleça na mente subconsciente uma imagem clara do objeto que você deseja. Desse ponto em diante, você não será restringido pela falta de persistência.

A mente subconsciente trabalha de maneira contínua – quando você está acordado e quando dorme. O esforço ocasional para aplicar as regras não terá nenhum valor para você. Para obter resultados, você deve aplicar todas as regras até que se tornem um hábito fixo. Não há outra maneira para desenvolver a necessária consciência do dinheiro.

SEM PERSISTÊNCIA, VOCÊ SERÁ DERROTADO ANTES MESMO DE COMEÇAR. COM PERSISTÊNCIA, VOCÊ VAI VENCER.

A pobreza é atraída por qualquer pessoa cuja mente seja favorável a ela, como o dinheiro é atraído por qualquer um cuja mente seja deliberadamente preparada para ele – e pelas mesmas leis. A consciência da pobreza se apodera voluntariamente da mente que não é ocupada pela consciência do dinheiro. A consciência da pobreza se desenvolve sem a aplicação consciente de hábitos favoráveis a ela. A consciência do dinheiro precisa ser criada por encomenda, a menos que se tenha nascido com ela.

Compreenda todo o significado das afirmações descritas no parágrafo anterior e você vai entender a importância da persistência para o acúmulo de uma fortuna. Sem persistência, você será derrotado antes mesmo de começar. Com persistência, você vai vencer.

Se você já teve um pesadelo, vai entender o valor da persistência. Você está deitado na cama, meio acordado, com a sensação de que está sufocando. Não consegue se virar ou mover um músculo sequer. Percebe que *precisa começar a recuperar o controle* sobre seus músculos. Com um esforço persistente da força de vontade, você finalmente é capaz de mexer os dedos de uma das mãos. Ainda mexendo os dedos, você estende o controle para os músculos de um braço até ser capaz de levantá-lo. Depois assume o controle sobre o outro braço da mesma maneira. Finalmente, você controla os músculos de uma perna, e depois da outra. Então, com um supremo esforço de vontade, recupera o controle completo sobre seus movimentos e *supera* o pesadelo. A operação foi feita passo a passo.

Você pode descobrir que é necessário *superar* a inércia mental por um procedimento semelhante – com movimentos lentos, no início, depois aumentando a velocidade até obter controle completo sobre sua vontade. Seja persistente, por mais que no início tenha que se mover devagar. O sucesso vem com a persistência.

NÃO EXISTE SUBSTITUTO PARA A PERSISTÊNCIA!

Se você selecionar seu grupo de MasterMind com cuidado, vai incluir nele uma pessoa, pelo menos, que o ajudará a desenvolver a persistência. Alguns indivíduos que acumularam grandes fortunas chegaram ao sucesso por causa da necessidade. Eles desenvolveram o hábito da persistência porque eram tão conduzidos pelas circunstâncias que tiveram que se tornar persistentes.

Não existe substituto para a persistência! Ela não pode ser suplantada por nenhuma outra característica! Lembre-se disso e você vai se sentir fortalecido, especialmente no início, quando o progresso pode parecer difícil e lento.

Quem cultivou o hábito da persistência tem uma garantia contra o fracasso. Não importa quantas vezes for derrotado, no fim, ele chegará ao topo da escada. Às vezes, parece que existe um guia oculto cujo dever é testar as pessoas com todo tipo de experiências desanimadoras. E para aquelas que se levantam depois da derrota e continuam até chegar ao topo, o mundo grita: "Bravo! Eu sabia que você conseguiria!". Mas o guia oculto não permite que ninguém tenha grandes realizações sem passar pelo teste de persistência. Quem não passa por ele simplesmente não se forma.

As pessoas que conseguem "passar" no teste são bem recompensadas por sua persistência, e recebem o objetivo que estão perseguindo, seja ele qual for. E não é só isso! Recebem uma coisa infinitamente mais importante que a compensação material: o conhecimento de que "todo fracasso traz nele a semente de um benefício equivalente".

REVEJA OS PONTOS PRINCIPAIS

- A base da persistência é a força de vontade.
- A maioria das pessoas está pronta para jogar fora seus objetivos e suas metas e desistir ao primeiro sinal de oposição ou infortúnio.
- A falta de persistência é uma das principais causas de fracasso.
- Todos os passos contidos neste sistema de sucesso devem ser aplicados com persistência.
- Se você perceber que não tem persistência, essa fraqueza pode ser remediada providenciando uma fogueira maior que arde sob os seus desejos.
- Sem persistência, você será derrotado antes de começar. Com persistência, você vai vencer.
- Quem cultiva o hábito da persistência tem uma garantia contra o fracasso.

Capítulo 9

O PODER DO MASTERMIND

O NONO PASSO PARA AS RIQUEZAS

O MasterMind: a força motriz.

O MasterMind pode ser definido como "coordenação de conhecimento e esforço, em espírito de harmonia, entre duas ou mais pessoas, para a realização de um objetivo definido".

Para ter um grande poder, você precisa dispor do princípio do MasterMind. Em um capítulo anterior, foram dadas instruções para a criação de *planos* com o propósito de traduzir o *desejo* em seu equivalente monetário. Se você cumprir essas instruções com *persistência* e inteligência e usar o discernimento na seleção de seu grupo de MasterMind, já é meio caminho andado para alcançar seu objetivo antes mesmo de começar a reconhecê-lo.

O PRINCÍPIO DO MASTERMIND TEM DUAS CARACTERÍSTICAS: *ECONÔMICA* E *PSÍQUICA*.

Para que você possa entender melhor as possibilidades de poder "intangível" disponíveis por intermédio de um grupo de MasterMind adequadamente escolhido, vamos explicar aqui as duas características do princípio do MasterMind, uma delas de natureza *econômica*, a outra, *psíquica*.

A característica econômica é óbvia. Vantagens econômicas podem ser criadas por pessoas que se cercam de orientação, aconselhamento e cooperação pessoal de um grupo disposto a prestar ajuda integral em um espírito de *perfeita harmonia*. Essa forma de aliança cooperativa tem sido a base de quase toda grande fortuna. A compreensão dessa grande verdade pode determinar seu status financeiro.

O aspecto psíquico do princípio do MasterMind é muito mais abstrato, muito mais difícil de compreender, porque faz referências a forças espirituais com as quais a raça humana, de um modo geral, não está muito familiarizada. Você pode apreender uma sugestão importante nesta afirmação: "Duas mentes não se juntam sem, a partir daí, criar uma terceira força invisível, intangível, que pode ser comparada a uma terceira mente".

Lembre-se de que só há dois elementos em todo o Universo – energia e matéria. É fato conhecido que a matéria pode ser quebrada em duas unidades de moléculas: átomos e elétrons. Há unidades de matéria que podem ser isoladas, separadas e analisadas. De maneira semelhante, há unidades de energia.

A mente humana é uma forma de energia, uma parte dela de natureza espiritual. Quando as mentes de duas pessoas se coordenam em um *espírito de harmonia*, as unidades espirituais de energia de cada uma formam uma afinidade, que constitui a dimensão psíquica do MasterMind.

É POSSÍVEL ACUMULAR GRANDE PODER E SUCESSO COM O PRINCÍPIO DO MASTERMIND.

O princípio do MasterMind, ou melhor, a sua característica econômica, me foi apresentado por Andrew Carnegie. A descoberta desse princípio foi o que motivou a escolha do trabalho da minha vida.

O grupo de MasterMind do Sr. Carnegie era formado por aproximadamente cinquenta homens, com os quais ele se cercou para o *objetivo definido* de manufaturar e comercializar aço. Ele atribuiu sua fortuna inteira ao *poder* que acumulou por intermédio dessa aliança de MasterMind.

Analise o histórico de qualquer um que tenha acumulado uma grande fortuna e muitos que acumularam fortunas modestas e você vai descobrir que eles empregaram o princípio do MasterMind de maneira consciente ou inconsciente.

AS PESSOAS ABSORVEM A NATUREZA, OS HÁBITOS E O PODER DE PENSAMENTO DAQUELES COM QUEM SE ASSOCIAM EM UM ESPÍRITO DE SOLIDARIEDADE E HARMONIA.

Energia é o tijolo universal da natureza, com o qual se edifica toda coisa material no Universo, inclusive a humanidade, e toda forma de vida animal e vegetal. Por um processo que só a natureza entende completamente, a energia é traduzida em matéria. Os tijolos da natureza estão disponíveis para a humanidade na energia envolvida no *pensamento*! Seu cérebro pode ser comparado a uma bateria elétrica. Ele absorve energia do éter, que permeia cada átomo de matéria e preenche todo o Universo.

Sabe-se que um grupo de baterias elétricas fornece mais energia que uma só bateria. Sabe-se também que uma bateria fornece energia proporcional ao número e à capacidade de células que ela contém.

O cérebro funciona de maneira semelhante. Isso explica o fato de alguns cérebros serem mais eficientes que outros e leva a uma afirmação importante: um grupo de cérebros coordenados (ou conectados), em espírito de harmonia, fornece mais energia do pensamento que um só cérebro, da mesma forma que um grupo de baterias elétricas fornece mais energia que uma só bateria.

Com essa analogia, fica óbvio que o princípio do MasterMind guarda o segredo do *poder* adquirido por pessoas que se cercam de outras pessoas inteligentes. Segue, agora, outra afirmação que vai nos levar ainda mais perto de uma compreensão da dimensão psíquica do princípio do MasterMind: quando um grupo de cérebros individuais é coordenado e funciona em harmonia, a energia aumentada criada por essa aliança torna-se disponível para cada cérebro individual no grupo.

Henry Ford baniu a pobreza, o analfabetismo e a ignorância aliando-se a grandes mentes. Por meio dessa associação com Edison, Burbank, Burroughs e Firestone, o Sr. Ford acrescentou à própria inteligência a soma e a substância de inteligência, experiência, conhecimento e forças espirituais desses quatro homens. Além disso, apropriou-se do princípio do MasterMind e fez uso dele pelos métodos descritos neste livro. *Esse princípio está disponível para você!*

O PODER, OU ESFORÇO ORGANIZADO,
É PRODUZIDO PELA COORDENAÇÃO DE ESFORÇOS
EM UMA ALIANÇA DE MASTERMIND.

Poder é essencial para o sucesso financeiro, por isso os *planos* são inertes e inúteis sem o *poder* suficiente para traduzi-los em *ação*. E por ser o *poder* definido como "conhecimento organizado e dirigido de maneira inteligente", é importante examinar as fontes de conhecimento – depois colocar esse *conhecimento em ação*:

- *Inteligência Infinita.* Essa fonte de conhecimento é absorvida pelo procedimento descrito no Capítulo 11, com a ajuda da imaginação criativa.
- *Experiência acumulada.* A experiência acumulada de uma pessoa (ou aquela porção dela que foi organizada e registrada) pode ser encontrada em qualquer biblioteca pública bem equipada e em fontes confiáveis na internet. Uma parte importante dessa experiência acumulada é ensinada em escolas públicas e faculdades, onde foi classificada e organizada.
- *Experimento e pesquisa.* No campo da ciência, e em praticamente todas as outras esferas da vida, as pessoas coletam, classificam e organizam fatos novos todos os dias. Essa é a fonte à qual recorrer quando o conhecimento não está disponível por meio de "experiência acumulada". Aqui também a imaginação criativa deve ser usada com frequência.

O conhecimento pode ser adquirido de qualquer uma dessas três fontes e convertido em *poder* quando organizado em *planos* definidos, que são expressos em termos de *ação.*

O exame dessas três principais fontes de conhecimento vai revelar prontamente a dificuldade que você pode ter se depender apenas de seus esforços para reunir conhecimento e expressá-lo por meio de planos definidos em termos de ação. Se seus planos são abrangentes e contemplam grandes proporções, você precisa induzir outras pessoas a cooperarem antes de poder injetar neles o necessário elemento de poder.

REVEJA OS PONTOS PRINCIPAIS

- Não existe união de duas mentes sem que se crie uma terceira força invisível, intangível, comparada a uma terceira mente.
- Quando as mentes de duas pessoas são coordenadas em um espírito de harmonia, a energia espiritual de cada mente forma uma afinidade, que constitui a dimensão psíquica do princípio do MasterMind.
- Analise o histórico de qualquer pessoa que tenha acumulado uma grande fortuna, e você vai descobrir que ela empregou o princípio do MasterMind de maneira consciente ou inconsciente.
- Um grupo de cérebros coordenados em espírito de harmonia fornece mais energia de pensamento que um só cérebro.
- As pessoas absorvem a natureza, os hábitos e o poder de pensamento daquelas com quem se associam em um espírito de solidariedade e harmonia.
- Poder é "conhecimento organizado e direcionado de maneira inteligente", e é produzido pela coordenação de esforços de duas ou mais pessoas trabalhando juntas em um espírito de harmonia por um objetivo definido.

Capítulo 10

O MISTÉRIO DA TRANSMUTAÇÃO DO SEXO

O DÉCIMO PASSO PARA AS RIQUEZAS

O significado da palavra "transmutar" é, em linguagem simples, "mudar ou transferir de um elemento ou forma de energia para outro".

A emoção do sexo traz à vida um estado de espírito. Por ignorância, esse estado de espírito é geralmente associado ao físico, e, por causa das influências inadequadas às quais a maioria das pessoas foi submetida ao obter conhecimento sobre sexo, as coisas essencialmente físicas têm enviesado a mente. Este capítulo é sobre os homens, mas as mulheres também podem obter muitas informações e insights com ele.

Por trás da emoção do sexo existe a possibilidade de três potencialidades construtivas:

1. A perpetuação da humanidade.
2. A manutenção da saúde – como agente terapêutico, não há nada igual.
3. A transformação da mediocridade em genialidade pela transmutação.

A transmutação do sexo é simples e fácil de explicar. Significa desviar a mente de pensamentos de expressão física para outros de natureza diferente.

O desejo sexual é o mais poderoso dos desejos humanos. Quando motivados pelo desejo, os homens, particularmente, desenvolvem agudeza de imaginação, coragem, força de vontade, persistência e capacidade criativa desconhecida por eles em outros momentos. O desejo sexual é tão forte e motivador que os homens correm risco de vida e da perda de reputação para consumá-lo. Quando dominado e redirecionado para outras vias, essa força propulsora mantém todos os seus atributos de agudeza de imaginação, coragem etc., que podem ser usados como poderosas forças criativas na literatura, arte ou qualquer outra profissão ou vocação, inclusive, é claro, no acúmulo de riquezas.

A transmutação da energia do sexo exige o exercício da força de vontade, é claro, mas a recompensa é digna do esforço. O desejo por expressão sexual é inato e natural. O desejo não pode e não deve ser sufocado ou eliminado, mas, sim, manifestado por formas de expressão que enriqueçam o corpo, a mente e o espírito. Se não existir esse canal de manifestação pela transmutação, ele vai buscar a saída por canais puramente físicos.

MANIFESTE A ENERGIA DO SEXO
POR MEIO DE EXPRESSÕES QUE ENRIQUEÇAM
O CORPO, A MENTE E O ESPÍRITO.

Um rio pode ser represado e ter sua água controlada por um tempo, mas vai acabar forçando uma saída. Isso vale também para a emoção do sexo. Ela pode ser sufocada e controlada por um tempo, mas sua natureza a faz buscar sempre meios de expressão. Se não for transmutada em algum esforço criativo, ela vai encontrar uma saída menos digna.

Afortunada, de fato, é a pessoa que descobriu como dar vazão à emoção do sexo com alguma forma de esforço criativo, porque, por essa descoberta, ela foi alçada ao status de gênio.

Pesquisas científicas revelaram os seguintes fatos significantes:

1. Os homens de maior realização são aqueles com natureza sexual altamente desenvolvida – homens que aprenderam a arte da transmutação do sexo.
2. Os homens que acumularam grandes fortunas e conquistaram reconhecimento nas áreas de literatura, arte, indústria, arquitetura e outras profissões foram motivados pela influência de uma mulher.

As pesquisas das quais resultaram essas impressionantes descobertas foram feitas em páginas de biografia e História por mais de dois mil anos. Onde quer que houvesse evidência disponível em relação à vida de homens e mulheres de grandes conquistas, ela indicava de maneira muito convincente que essas pessoas tinham natureza sexual altamente desenvolvida.

A emoção do sexo é uma "força irresistível" contra a qual não pode haver oposição como a de um "corpo imóvel". Quando motivados por essa emoção, os homens são dotados de um superpoder para a ação. Compreenda essa verdade e você vai captar a importância da afirmação de que a transmutação do sexo vai elevá-lo ao status de gênio.

Destrua as glândulas sexuais de um homem ou animal e você terá removido a sua maior fonte de ação. Como prova, observe o que acontece com qualquer animal depois de castrado. Um touro se torna dócil depois de ser alterado sexualmente. A alteração sexual tira do macho, homem ou animal, todo o impulso de luta que existe nele. A alteração sexual na fêmea tem o mesmo efeito.

A EMOÇÃO DO SEXO É O MAIS INTENSO E PODEROSO DENTRE TODOS OS ESTÍMULOS MENTAIS.

A mente humana responde a estímulos, por meio dos quais pode ser "provocada" a altos níveis de vibração, conhecidos como entusiasmo, imaginação criativa, desejo intenso etc. Os estímulos aos quais a mente responde mais livremente são:

1. Desejo por expressão sexual
2. Amor
3. Desejo ardente por fama, poder ou ganho financeiro
4. Música
5. Amizade entre pessoas do mesmo sexo ou do sexo oposto
6. Uma aliança de MasterMind baseada na harmonia entre duas ou mais pessoas que se aliam por progresso espiritual ou temporal
7. Sofrimento mútuo, como aquele experimentado por pessoas que são perseguidas
8. Autossugestão
9. Medo
10. Narcóticos e álcool

O desejo por expressão sexual está no topo da lista de estímulos que elevam com mais eficiência as vibrações da mente e fazem "girar as engrenagens" da ação física. Oito desses estímulos são naturais e construtivos. Dois são destrutivos.

A lista é apresentada com o propósito de permitir que você faça um estudo comparativo das principais origens da estimulação mental. Percebe-se prontamente que a emoção do sexo é, com grande vantagem, o mais intenso e poderoso dentre todos os estímulos mentais.

O "MAGNETISMO PESSOAL" NADA MAIS
É DO QUE ENERGIA SEXUAL.

Indivíduos com natureza sexual altamente desenvolvida são, geralmente, os melhores vendedores. Isso acontece porque eles têm a característica de personalidade do "magnetismo pessoal", que nada mais é do que energia sexual. Essa força vital pode ser comunicada por meio de cinco vias primárias:

1. *Um aperto de mão.* O toque da mão indica instantaneamente a presença de magnetismo, ou a falta dele.
2. *Seu tom de voz.* Magnetismo, ou energia sexual, é o fator com o qual a voz pode ser modulada, ganhar musicalidade ou encanto.
3. *Postura e como você se movimenta.* Pessoas altamente sexuadas se movem com vitalidade, graça e facilidade.
4. *Vibrações de pensamento.* Pessoas com alta energia sexual misturam a emoção do sexo com seus pensamentos e influenciam quem está à sua volta.
5. *Enfeites.* Pessoas com alta energia sexual costumam ser muito cuidadosas com a apresentação pessoal. Normalmente, escolhem um estilo de roupa que combina com sua personalidade, físico, aparência etc.

Ao contratar um profissional de vendas, um gerente competente olha a qualidade do magnetismo pessoal como primeiro requisito. Pessoas sem energia sexual nunca serão entusiastas, nem inspiram entusiasmo em outras pessoas – e o *entusiasmo é um dos requisitos mais importantes para o vendedor, seja qual for o produto.* Vendedores altamente bem-sucedidos chegam ao status de “mestre” porque, de maneira consciente ou inconsciente, transmutam a energia do sexo em entusiasmo de vendas!

REVEJA OS PONTOS PRINCIPAIS

- Transmutação do sexo significa mudar a sintonia da mente de pensamentos de expressão física para pensamentos de alguma outra natureza.
- O desejo sexual é o mais poderoso desejo humano.
- A emoção do sexo é o mais intenso e poderoso dentre todos os estímulos mentais.
- Quando motivado pelo desejo sexual, o indivíduo desenvolve agudeza de imaginação, coragem, força de vontade, persistência e capacidade criativa desconhecida por ele em outras ocasiões.
- A transmutação da energia sexual exige o exercício da força de vontade, mas a recompensa vale o esforço.
- A intemperança no sexo é tão prejudicial quanto no consumo excessivo de álcool e comida.

Capítulo 11

A MENTE SUBCONSCIENTE

O DÉCIMO PRIMEIRO PASSO PARA AS RIQUEZAS

O subconsciente: o elo entre a mente finita e a Inteligência Infinita.

A mente subconsciente consiste em um campo de consciência no qual todo impulso de pensamento que alcança a mente objetiva, por meio de qualquer um dos cinco sentidos, é classificado e registrado, e do qual pensamentos podem ser recuperados ou retirados, como se fossem pastas retiradas de um arquivo.

A mente subconsciente recebe e arquiva impressões sensoriais ou pensamentos, independentemente de sua natureza. Você pode plantar *voluntariamente* na mente subconsciente qualquer plano, pensamento ou objetivo que deseje traduzir em seu equivalente físico ou monetário. O subconsciente age primeiro a partir dos desejos dominantes que foram misturados com um sentimento emocional, como a fé.

Pense nisso em relação às instruções dadas no Capítulo 1, sobre transmutação de desejo, e às instruções dadas no Capítulo 6, sobre construir planos, e você vai entender a importância do pensamento transmitido.

A MENTE SUBCONSCIENTE FUNCIONA DIA E NOITE.

Por meio de um processo desconhecido pela humanidade, a mente subconsciente recorre às forças da Inteligência Infinita para ter o poder com o qual transmuta voluntariamente os desejos da pessoa em seu equivalente físico, usando sempre o meio mais prático pelo qual essa meta pode ser alcançada.

Você não pode controlar inteiramente seu subconsciente, mas pode entregar a ele voluntariamente qualquer plano, desejo ou objetivo que queira ver concretizado. Leia novamente no Capítulo 3, sobre autossugestão, as instruções para usar a mente subconsciente.

Há muita evidência apoiando a crença de que a mente subconsciente é o elo entre a mente finita dos humanos e a Inteligência Infinita. Ela é o intermediário pelo qual podemos recorrer às forças da Inteligência Infinita quando quisermos. Só ela contém os processos pelos quais os impulsos mentais são modificados em seu equivalente espiritual. Só ela é o meio pelo qual a prece pode ser transmitida para o recurso capaz de respondê-la.

As possibilidades de esforço criativo conectadas à mente subconsciente são estupendas e imponderáveis. Elas nos inspiram com admiração.

É impossível abordar a discussão sobre a mente subconsciente sem um sentimento de pequenez e inferioridade, devido talvez ao fato de todo o nosso estoque de conhecimento sobre esse assunto ser tão lamentavelmente limitado. O simples fato de a mente subconsciente ser o meio de comunicação entre a mente pensante dos humanos e a Inteligência Infinita é, por si só, um pensamento que quase paralisa a razão de uma pessoa.

Depois de aceitar a realidade da existência da mente subconsciente e entender suas possibilidades como um meio para transmutar desejos em seu equivalente físico ou monetário, você vai compreender toda a importância dos seis passos detalhados no Capítulo 1. Você também vai entender por que tem sido repetidamente aconselhado a *deixar seus desejos claros e escrevê-los.* Também vai entender a necessidade de *persistência* ao seguir as instruções.

Os treze princípios, ou passos, são os estímulos com que você desenvolve a habilidade de acessar e influenciar sua mente subconsciente. Não desanime se não conseguir na primeira tentativa. Lembre-se de que a mente subconsciente só pode ser voluntariamente guiada pelo hábito, usando as instruções dadas no Capítulo 2, sobre fé. Você ainda não teve tempo de dominar a fé. Seja paciente. Seja persistente.

CONTROLE A MENTE PARA QUE NENHUM PENSAMENTO INDESEJÁVEL ENTRE EM SEU SUBCONSCIENTE.

Muitas afirmações feitas nos capítulos sobre fé e autossugestão serão repetidas aqui, para o bem da sua mente subconsciente. Lembre-se de que a mente subconsciente funciona voluntariamente, quer você faça ou não um esforço para influenciá-la. Isso, naturalmente, sugere que pensamentos sobre medo e pobreza, e todo tipo de pensamentos negativos, servem como estímulos para a mente subconsciente – a menos que você domine esses impulsos e dê a ela alimentos mais saudáveis.

A mente subconsciente não fica ociosa! *Se você deixar de plantar desejos* na mente subconsciente, ela vai se alimentar dos pensamentos que nela chegarem como resultado de sua negligência. Já explicamos que impulsos de pensamento, tanto negativos quanto positivos, chegam à mente subconsciente o tempo todo.

Por ora, é suficiente se você se lembrar de que vive diariamente no meio de todo tipo de impulsos de pensamento que chegam à sua mente subconsciente sem seu conhecimento. Alguns desses impulsos são negativos; alguns são positivos. Você agora está engajado em tentar desligar o fluxo de impulsos negativos e influenciar deliberadamente a mente subconsciente por meio de impulsos positivos de desejo construtivo e deliberado.

Quando conseguir, você vai ter a chave que abre a porta da sua mente subconsciente. Além disso, vai controlar essa porta tão completamente que nenhum pensamento indesejável vai influenciar sua mente subconsciente.

OS PENSAMENTOS EMOCIONAIS TÊM MAIS INFLUÊNCIA DE AÇÃO – SE NÃO A ÚNICA – SOBRE A MENTE SUBCONSCIENTE.

A mente subconsciente é mais suscetível à influência de impulsos de pensamento misturados com "sentimento" ou emoção do que de outros que se originam somente da porção racional da mente. De fato, há muita evidência respaldando a teoria de que *apenas* pensamentos emocionais têm alguma *influência de ação* sobre a mente subconsciente. É fato conhecido que as emoções, ou sentimentos, governam a maioria das pessoas.

Se é verdade que a mente subconsciente responde mais rapidamente a impulsos de pensamentos misturados com emoção, e é influenciada mais prontamente por eles, então é essencial familiarizar-se com a mais importante das emoções. Existem sete principais emoções positivas e sete principais emoções negativas. As negativas se inserem voluntariamente nos impulsos de pensamento, que garantem a entrada na mente subconsciente. As positivas precisam ser injetadas pelo princípio da autossugestão nos impulsos de pensamento que queremos passar para a mente subconsciente. No Capítulo 3 foram dadas instruções para isso.

Essas emoções – ou impulsos de sentimento – podem ser comparadas ao fermento em uma receita de pão, porque constituem o elemento ativador que transforma os impulsos de pensamento do estado passivo no estado ativo. Assim, podemos entender por que impulsos de pensamento mesclados com emoção são colocados em prática mais prontamente do que impulsos de pensamento originários da "razão fria".

Você está se preparando para influenciar e controlar a "plateia interior" da sua mente subconsciente a fim de entregar a ela o desejo de sucesso, que você quer que seja transmutado em seu equivalente monetário. É essencial, portanto, que entenda o método para abordar essa "plateia interior". Você precisa falar a língua dela, ou ela não vai atender ao seu chamado. Ela entende melhor a linguagem da emoção ou do sentimento.

VOCÊ PRECISA FALAR A LINGUAGEM DA SUA MENTE SUBCONSCIENTE, OU ELA NÃO O OUVIRÁ.

Vamos examinar as sete principais emoções positivas e as sete principais emoções negativas, de forma que você possa recorrer às positivas e evitar as negativas quando der instruções à mente subconsciente.

AS SETE PRINCIPAIS EMOÇÕES POSITIVAS

1. Desejo
2. Fé
3. Amor
4. Sexo
5. Entusiasmo
6. Romance
7. Esperança

Há outras emoções positivas, mas essas são as sete mais poderosas e as mais comumente usadas no esforço criativo. Domine essas sete emoções (elas podem ser dominadas apenas pelo *uso*), e as outras emoções positivas estarão à sua disposição para quando precisar delas. Você está estudando um livro que pretende ajudá-lo a desenvolver uma "consciência do dinheiro" preenchendo sua mente com emoções positivas. Você não vai se tornar consciente do dinheiro preenchendo a mente com emoções negativas.

AS SETE PRINCIPAIS EMOÇÕES NEGATIVAS

1. Medo
2. Ciúme
3. Ódio
4. Vingança
5. Ganância
6. Superstição
7. Raiva

Emoções positivas e negativas não podem ocupar a mente ao mesmo tempo. Uma ou outra deve dominar. É sua responsabilidade garantir que as emoções positivas sejam a influência dominante de sua mente. Aqui a lei do *hábito* vem em seu socorro. Adquira o hábito de aplicar e usar emoções positivas! Em algum momento, elas vão dominar sua mente de um jeito tão completo que as emoções negativas não conseguirão entrar.

Seguir essas instruções ao pé da letra e de forma contínua é a única maneira de adquirir controle sobre a mente subconsciente. A presença de uma única emoção negativa em sua mente consciente é suficiente para destruir todas as chances de ajuda construtiva do seu subconsciente.

REVEJA OS PONTOS PRINCIPAIS

- Você não pode controlar inteiramente a sua mente subconsciente, mas pode voluntariamente entregar a ela qualquer plano, desejo ou objetivo que queira concretizar.
- As possibilidades de esforço criativo ligadas à mente subconsciente são estupendas.
- Não desanime se não conseguir controlar a mente subconsciente na primeira tentativa. Ela pode ser guiada pelo hábito.
- Lembre-se de que a mente subconsciente funciona de maneira voluntária, quer você faça ou não algum esforço para influenciá-la.
- Pensamentos negativos servem como estímulos para a mente subconsciente, a menos que você domine esses impulsos e dê a ela alimentos mais saudáveis.

Capítulo 12

O CÉREBRO

O DÉCIMO SEGUNDO PASSO PARA AS RIQUEZAS

O cérebro: uma estação transmissora e receptora de pensamentos.

Quando trabalhava em conjunto com o falecido Dr. Alexander Graham Bell e o Dr. Elmer R. Gates, observei que todo cérebro humano é uma estação tanto transmissora quanto receptora de vibrações de pensamento.

Por meio do éter, de maneira análoga àquela empregada pelo princípio da transmissão de rádio, todo cérebro humano é capaz de captar vibrações de pensamento liberadas por outros cérebros.

Em relação à afirmação do parágrafo anterior, compare e considere a descrição da imaginação criativa, conforme explicada no Capítulo 5. A imaginação criativa é o "aparelho receptor" do cérebro. Ela é o agente de comunicação entre a mente consciente, ou racional, e as quatro fontes das quais podemos receber estímulos de pensamento. A mente subconsciente é a "estação transmissora" do cérebro pela qual as vibrações de pensamento são transmitidas.

PENSAMENTO É ENERGIA EM UMA FREQUÊNCIA DE VIBRAÇÃO EXCESSIVAMENTE ALTA.

Quando estimulada, ou "elevada" a uma frequência alta de vibração, a mente se torna mais receptiva à vibração de pensamento que a alcança pelo éter a partir de fontes externas. Esse processo de "elevação" acontece por meio de emoções positivas ou negativas. Por meio das emoções, as vibrações de pensamentos podem ser aumentadas.

Vibrações em uma frequência excessivamente alta são as únicas captadas e transportadas pelo éter de um cérebro para outro. Pensamento é energia viajando em uma frequência de vibração excessivamente alta. Pensamento, que foi modificado ou "elevado" por qualquer uma das principais emoções, vibra em uma frequência muito mais alta que o pensamento comum, e é esse tipo de pensamento que passa de um cérebro para o outro pelo maquinário de transmissão do cérebro humano.

A emoção do sexo está no topo da lista das emoções humanas no que diz respeito a intensidade e força propulsora. O cérebro estimulado pela emoção do sexo vibra em uma frequência muito mais rápida, comparado a quando essa emoção está tranquila ou ausente.

O resultado da transmutação do sexo é o aumento da frequência de vibração de pensamentos a um ponto em que a imaginação criativa se torna altamente receptiva a ideias, captadas do éter. Por outro lado, quando o cérebro está vibrando em uma frequência rápida, ele não só atrai pensamentos e ideias liberados por outros cérebros por meio do éter, como também dá aos nossos próprios pensamentos aquele "sentimento" que é essencial para que estes sejam captados e colocados em ação por nossa mente subconsciente.

Assim, você vai ver que o princípio de transmissão é o fator pelo qual você mistura sentimento, ou emoção, aos seus pensamentos e os transmite ao subconsciente.

QUANDO VOCÊ QUER USAR SUA ESTAÇÃO TRANSMISSORA, PRECISA TER EM MENTE E APLICAR TRÊS PRINCÍPIOS: A MENTE SUBCONSCIENTE, A IMAGINAÇÃO CRIATIVA E A AUTOSSUGESTÃO.

Junto com os importantes fatores da mente subconsciente e da faculdade da imaginação criativa, que constituem os aparelhos de emissão e recepção da sua máquina mental de transmissão, considere agora o princípio da autossugestão, que é o meio pelo qual você pode colocar sua estação de "transmissão" em operação.

Pelas instruções descritas no Capítulo 3, você foi informado sobre o método pelo qual o desejo pode ser transmutado em seu equivalente monetário.

A operação da sua estação mental de "transmissão" é um procedimento relativamente simples. Você tem três princípios para manter em mente e aplicar quando quiser usar sua estação de transmissão: 1) a mente subconsciente, 2) a imaginação criativa e 3) a autossugestão. Os estímulos pelos quais você coloca esses três princípios em ação foram descritos; o procedimento começa com o desejo.

Se você entende o princípio descrito no Capítulo 9, sobre o MasterMind, é claro que reconhece o procedimento descrito aqui como uma aplicação prática do MasterMind. Esse método de estimulação da mente, por meio da discussão harmoniosa de assuntos definidos entre três pessoas, ilustra o uso mais prático e mais simples do MasterMind.

Adotando e seguindo um plano semelhante, qualquer estudante desta filosofia pode se apoderar da famosa fórmula de Carnegie, descrita brevemente nos capítulos anteriores.

REVEJA OS PONTOS PRINCIPAIS

- Todo cérebro humano é uma estação transmissora e receptora de vibração de pensamento.
- A imaginação criativa é o "aparelho receptor" do cérebro, que recebe pensamentos liberados por outros cérebros.
- A mente subconsciente é a "estação transmissora" do cérebro, pela qual as vibrações de pensamento são transmitidas.
- Pelas emoções, as vibrações de pensamento podem ser aumentadas.
- O cérebro estimulado pela emoção do sexo vibra em uma frequência muito mais rápida do que na ausência ou inatividade dessa emoção.
- O princípio de transmissão é o fator pelo qual você mistura sentimento ou emoção aos seus pensamentos e os passa para a mente subconsciente.

Capítulo 13

O SEXTO SENTIDO

O DÉCIMO TERCEIRO PASSO PARA AS RIQUEZAS

O sexto sentido: a porta para o templo da sabedoria.

O décimo terceiro princípio é conhecido como sexto sentido, por meio do qual a Inteligência Infinita pode e vai se comunicar voluntariamente, sem nenhum esforço ou demanda do indivíduo. Esse princípio é o auge da filosofia. Ele pode ser assimilado, entendido e aplicado *apenas* pelo domínio prévio dos outros doze princípios.

O sexto sentido é aquela porção da mente subconsciente chamada de imaginação criativa. Ele também foi chamado de "aparelho receptor", por meio do qual ideias, planos e pensamentos surgem na mente como flashes. Os "flashes" são chamados de "palpites" ou "inspirações".

O sexto sentido é difícil de descrever! Não pode ser descrito por alguém que não dominou os outros princípios desta filosofia, porque essa pessoa não conhece nem tem nenhuma experiência com a qual o sexto sentido possa ser comparado. A compreensão do sexto sentido vem apenas pela meditação por meio do desenvolvimento da mente a partir do interior.

O sexto sentido é, provavelmente, o meio de contato entre a mente finita dos humanos e a Inteligência Infinita, e por essa razão ele é uma mistura do mental e do espiritual.

PELO SEXTO SENTIDO, VOCÊ SERÁ PREVENIDO SOBRE OS PERIGOS A TEMPO DE EVITÁ-LOS E NOTIFICADO SOBRE AS OPORTUNIDADES A TEMPO DE AGARRÁ-LAS.

Depois de dominar os princípios apresentados nesta filosofia de sucesso, você está apto a aceitar como verdade uma afirmação que, de outra forma, poderia parecer inacreditável: a de que, com a ajuda do sexto sentido, você é prevenido sobre perigos iminentes a tempo de evitá-los e notificado sobre oportunidades a tempo de agarrá-las.

Com o desenvolvimento do sexto sentido, você terá ao seu lado um "anjo da guarda" que em todas as ocasiões vai abrir as portas do "templo da sabedoria". Se essa é ou não uma afirmação da verdade, você jamais saberá, a menos que siga as instruções descritas nas páginas deste livro, ou por algum método semelhante.

O autor não acredita em "milagres" nem os defende, porque tem conhecimento suficiente da natureza para entender que ela nunca se desvia de suas leis estabelecidas. Algumas de suas leis são tão incompreensíveis que produzem o que parece ser um "milagre". O sexto sentido se aproxima tanto de um milagre quanto qualquer coisa que já experimentei, e só digo isso porque nunca entendi completamente o método pelo qual esse princípio funciona.

Mas uma coisa é certa: existe um poder, uma Causa Primeira, ou Inteligência, que permeia cada átomo de matéria e envolve toda unidade de energia perceptível à humanidade; e essa Inteligência Infinita converte bolotas em carvalhos, faz a água fluir rio abaixo em resposta à lei da gravidade, traz o dia depois da noite e o verão depois do inverno, e cada um mantém seu devido lugar e um perfeito relacionamento com o outro. Essa Inteligência pode, por meio dos princípios desta filosofia, ser induzida a ajudar a transmutar desejos na sua forma concreta ou material. O autor tem esse conhecimento porque fez experiências com ela – e a *experimentou*.

Passo a passo, ao longo dos capítulos anteriores, você foi conduzido até este último princípio. Se dominou cada um dos princípios anteriores, você está agora pronto para aceitar sem ceticismo as estupendas alegações feitas aqui. Se não dominou os outros princípios, precisa dominá-los antes de poder determinar definitivamente se as alegações feitas neste capítulo são fato ou ficção.

O sexto sentido não é algo que se possa tirar e pôr à vontade. A habilidade de usar esse grande poder vem devagar, pela aplicação dos outros princípios explicados neste livro. Raramente alguém adquire o conhecimento prático sobre o sexto sentido antes dos quarenta anos. Mais frequentemente, esse conhecimento não está disponível até que a pessoa ultrapasse os cinquenta, porque as forças espirituais com as quais o sexto sentido está intimamente relacionado não amadurecem e se tornam úteis sem anos de meditação, autoexame e pensamento sério.

O capítulo sobre o sexto sentido foi incluído porque *Pense e enriqueça* foi planejado com o propósito de apresentar uma filosofia completa pela qual os indivíduos podem se guiar infalivelmente para alcançar tudo o que desejarem da vida. O ponto de partida de toda aquisição é o desejo. O ponto de chegada é o tipo de conhecimento que leva à compreensão – a compreensão de si mesmo, dos outros, das leis da natureza, e o reconhecimento e a compreensão da felicidade.

REVEJA OS PONTOS PRINCIPAIS

- O sexto sentido é a porção da mente subconsciente chamada de imaginação criativa.
- A compreensão do sexto sentido chega apenas pela meditação, por meio do desenvolvimento da mente a partir do interior.
- O sexto sentido é uma mistura do mental e do espiritual.
- O sexto sentido não é algo que se possa tirar e pôr à vontade. A habilidade de usar esse grande poder chega devagar, pela aplicação dos outros doze princípios, ou passos.

Capítulo 14

COMO VENCER OS SEIS FANTASMAS DO MEDO

Faça um inventário de si mesmo.

Antes de conseguir usar qualquer parte desta filosofia com sucesso, sua mente precisa estar preparada para recebê-la. A preparação não é difícil. Começa com estudo, análise e compreensão de três inimigos que você tem que eliminar da sua mente: *indecisão, dúvida* e *medo*!

Seu sexto sentido nunca vai funcionar enquanto esses três pontos negativos, ou qualquer um deles, permanecerem em sua mente. Os membros desse trio profano têm relação próxima; onde um estiver, os outros dois estarão por perto.

Indecisão é a semente do medo! Lembre-se de que a indecisão se cristaliza em dúvida; as duas se misturam e viram medo! O processo de "mistura" é lento. Esse é um dos motivos pelos quais esses três inimigos são tão poderosos. Eles germinam e crescem sem que sua presença seja notada.

O objetivo deste capítulo é direcionar o holofote para a causa e a cura dos seis medos básicos. Antes de podermos dominar um inimigo, temos que saber seu nome, seus hábitos e onde ele mora. Durante a leitura, faça uma autoanálise atenta e determine quais dos seis medos comuns você tem, se houver algum.

Não se engane com os hábitos desses inimigos sutis. Às vezes, eles permanecem escondidos na mente subconsciente, onde são difíceis de localizar e ainda mais difíceis de eliminar.

MEDOS NÃO SÃO MAIS DO QUE ESTADOS MENTAIS.

Existem seis medos básicos que todo ser humano sente em um momento ou outro. Sorte daqueles que não sentem todos os seis. Citados na ordem em que aparecem mais comumente, são os medos de:

1. Pobreza
2. Crítica
3. Doença
4. Perda do amor de alguém
5. Velhice
6. Morte

Todos os outros medos são menos importantes e podem ser agrupados nessas seis categorias.

A prevalência desses medos, como uma maldição contra o mundo, acontece em ciclos. Durante quase seis anos, na Grande Depressão, muita gente submergiu no ciclo do medo da pobreza. Durante as guerras mundiais, muitos viveram o ciclo do medo da morte. Depois, muita gente viveu o ciclo do medo de doenças, evidenciado pelas epidemias no mundo todo.

Medos não são mais do que estados mentais. Nossos estados mentais são sujeitos ao nosso controle e direção. Pelos princípios detalhados neste livro, você pode controlar seus pensamentos e dominar seus medos, de forma a traduzir pensamentos de abundância em realidade física, em vez de traduzir impulsos de pensamento destrutivo que nascem do medo.

Lembre-se: o ser humano não pode criar nada que não tenha concebido antes na forma de um impulso de pensamento. Depois dessa afirmação, há outra de importância ainda maior: *nossos impulsos de pensamento começam imediatamente a se traduzir em um equivalente físico, sejam pensamentos voluntários ou involuntários.* Impulsos de pensamento captados por mero acaso (pensamentos que foram liberados por outras mentes) podem determinar seu destino financeiro, comercial, profissional ou social de maneira tão certa quanto os impulsos de pensamento que criamos com intenção e propósito.

Estamos aqui criando a base para a apresentação de um fato de grande importância, para quem não entende por que algumas pessoas parecem "ter sorte", enquanto outras, de igual ou maior capacidade, treinamento, experiência e inteligência, parecem destinadas a viver com o azar. Esse fato pode ser explicado pela afirmação de que *todo ser humano tem a habilidade de controlar completamente a própria mente; e com esse controle, obviamente, toda pessoa pode abrir a mente para os impulsos de pensamento negativo que são liberados por outros cérebros, ou fechar bem as portas e admitir apenas os impulsos de pensamento que escolher.*

A natureza nos dotou de absoluto controle sobre uma coisa: o pensamento. Esse fato, associado a outro adicional – o de que tudo que criamos começa na forma de um pensamento –, nos leva bem perto do princípio pelo qual o medo pode ser dominado.

Se é verdade que *todo pensamento tem a tendência de se revestir de seu equivalente físico* (isso é verdadeiro, não existe espaço razoável para dúvida), é igualmente verdade que impulsos de pensamento de medo e pobreza não podem ser traduzidos em termos de coragem e ganho financeiro.

Os seis medos básicos são traduzidos pela indecisão em um estado de preocupação. Siga estas etapas para superar os medos:

- Livre-se para sempre do medo da morte decidindo aceitá-la como um evento inevitável.
- Elimine o medo da pobreza tomando a decisão de viver com qualquer riqueza que conseguir acumular *sem preocupação.*
- Pise no pescoço da crítica decidindo não se preocupar com o que as outras pessoas pensam, fazem ou dizem.
- Elimine o medo da velhice decidindo aceitá-la, não como um obstáculo, mas como uma grande bênção que traz com ela sabedoria, autocontrole e compreensão, desconhecidos na juventude.
- Liberte-se do medo da doença procurando e aceitando a orientação de profissionais da medicina confiáveis, quando necessário.
- Domine o medo de perder o amor decidindo viver sem amor, se for necessário.

Mate o hábito da preocupação em todas as suas formas, tomando uma decisão geral e abrangente de que nada que a vida tenha a oferecer vale o preço da preocupação. Com essa decisão vem o equilíbrio, a paz de espírito e a tranquilidade de pensamento, que trarão felicidade.

Uma pessoa cuja mente está cheia de medo não só destrói suas chances de ação inteligente como também transmite essas vibrações destrutivas para a mente de todos com quem entra em contato.

REVEJA OS PONTOS PRINCIPAIS

- Antes de você conseguir colocar em prática esta filosofia com sucesso, precisa eliminar da mente três inimigos: indecisão, dúvida e medo.
- Indecisão é a semente do medo. Ela se cristaliza em dúvida, e as duas se misturam e se tornam medo.
- Existem seis medos básicos: pobreza, crítica, doença, perda do amor de alguém, velhice e morte.
- Os seis medos básicos se traduzem em um estado de preocupação por meio da indecisão.
- Medos não são mais do que estados mentais que podem ser alterados e eliminados.

CONCLUSÃO

O autor descobriu, analisando pessoalmente centenas de pessoas bem-sucedidas, que todas seguiam o hábito de trocar ideias. Quando tinham problemas a resolver, elas se sentavam juntas e conversavam com liberdade, até descobrirem, pela contribuição conjunta de ideias, um plano que serviria ao seu propósito.

Você vai tirar mais proveito do que aprendeu neste livro colocando em prática o princípio do MasterMind. Você pode fazer isso (como outros estão fazendo, com muito sucesso) formando um grupo de estudo composto por qualquer número desejado de pessoas que sejam amigáveis e harmoniosas. O grupo deve se reunir regularmente, uma vez por semana, para a leitura de um capítulo em cada reunião, cujo conteúdo será discutido livremente por todos os membros. Cada pessoa deve fazer anotações, escrevendo ideias que surjam inspiradas pela discussão.

Ao seguir esse plano, você não só vai se beneficiar da soma do melhor conhecimento organizado a partir das experiências de centenas de indivíduos bem-sucedidos, mas também, e o mais importante, vai ter acesso a novas fontes de conhecimento em sua própria mente, além de adquirir conhecimento de valor inestimável dos outros membros.

RIQUEZAS NEM SEMPRE PODEM SER MEDIDAS EM DINHEIRO!

Lembre-se de que riquezas nem sempre podem ser medidas em dinheiro! Dinheiro e bens materiais são essenciais para a liberdade do corpo e da mente, mas há quem sinta que as maiores riquezas só podem ser avaliadas em termos de amizades duradouras, relacionamentos familiares harmoniosos, simpatia e compreensão entre associados e harmonia introspectiva que traz paz de espírito mensurável apenas em valores espirituais.

Mesmo assim, se você entender e aplicar os treze passos e adotar esta filosofia, estará mais bem preparado para atrair e desfrutar de estados mais elevados que sempre foram e sempre serão negados a todos, exceto aos que estão prontos para eles.

Portanto, esteja pronto, quando se deixar influenciar por esta filosofia, para experimentar uma vida modificada que não apenas o ajudará a vivenciar um caminho com harmonia e compreensão, mas também irá prepará-lo para o acúmulo de riquezas materiais em abundância!

EPÍLOGO

Pense e enriqueça para o leitor moderno não é um livro que você lê apenas uma vez e deixa de lado. É um livro ao qual você retorna semana após semana, mês após mês, ano após ano, para aumentar sua consciência de sucesso e maximizar a capacidade de traduzir seu objetivo principal definido em realidade. Os maiores empreendedores do mundo lhe dirão que reviram os princípios descritos no livro de Hill uma vez ao ano, pelo menos, para garantir que os conceitos permanecessem frescos em sua cabeça.

Agora que terminou de ler o livro, volte capítulo por capítulo, dia a dia, e perceba como sua compreensão da filosofia de realização se aprofunda e como, no processo, novos impulsos de pensamento surgem em sua mente. Continue registrando seu progresso, e vai ficar surpreso com o quanto de sucesso vai encontrar!